国家社科基金项目（13BMZ011）结项成果
部校共建宁夏大学新闻传播学院项目经费资助

SHAOSHUMINZUDIQU GONGGONGXINXI FUWUTIXI YANJIU

少数民族地区
公共信息服务体系研究

李世举　著

民族出版社

目 录

第一章　绪　论

一、选题背景与研究意义

（一）选题背景

“中华人民共和国是全国各族人民共同缔造的统一的多民族国家。迄今为止，通过识别并经中央政府确认的民族有56个，即汉、蒙古、回、藏、维吾尔、苗、彝、壮、布依、朝鲜、满、侗、瑶、白、土家、哈尼、哈萨克、傣、黎、傈僳、佤、畲、高山、拉祜、水、东乡、纳西、景颇、柯尔克孜、土、达斡尔、仫佬、羌、布朗、撒拉、毛南、仡佬、锡伯、阿昌、普米、塔吉克、怒、乌孜别克、俄罗斯、鄂温克、德昂、保安、裕固、京、塔塔尔、独龙、鄂伦春、赫哲、门巴、珞巴、基诺等民族。在中国，由于汉族以外的55个民族相对汉族人口较少，习惯上被称为‘少数民族’。”① 我国把民族团结和民族平等作为基本国策，尊重少数民族文化，保护和发展少数民族文化。“中国55个少数民族中，除回族和满族通用汉语文外，其余53个民族都有自己的民族语言。有文字的民族有21个，共使用27种文字，其中壮、布依、苗、纳西、傈僳、哈尼、佤、侗、景颇（载佤文系）、土等十多个民族使用的13种文字是由政府帮助创制或改进的。”②

---

① 国务院新闻办：《中国的少数民族政策及其实践》，http://www.china.com.cn/ch-book/shaoshu/ishaoshu.htm。

② 国务院新闻办：《中国的少数民族政策及其实践》，http://www.china.com.cn/ch-book/shaoshu/ishaoshu.htm。

我国少数民族人口分布十分广泛，总体呈现出了大杂居、小聚居、相互交错居住的特点。其中，边疆地区为少数民族分布最为广泛的区域。这种分布格局是长期历史发展过程中各民族间相互交往、流动而形成的。我国根据当地民族关系、经济发展等条件，参酌历史情况确定民族区域自治地方，并依据少数民族聚居区人口的多少、区域面积的大小，分为自治区、自治州、自治县三级。在国家统一领导下，各少数民族聚居的地方设立自治机关，行使自治权，实行区域自治。《中华人民共和国宪法》和《中华人民共和国民族区域自治法》，对民族区域自治及其实施做出明确规定。1954 年，中华人民共和国第一部宪法颁布，明确了民族区域自治的法律地位。1984 年，《民族区域自治法》颁布实施，进一步以法律的形式把民族区域自治政策固定了下来，使民族区域自治进入法制化轨道。2001 年，新修订的《民族区域自治法》颁布实施。

“中华人民共和国成立之前的 1947 年，在中国共产党领导下，已经解放的蒙古族地区就建立了中国第一个省级少数民族自治地方——内蒙古自治区。中华人民共和国成立后，中国政府开始在少数民族聚居的地方全面推行民族区域自治。1955 年 10 月，新疆维吾尔自治区成立；1958 年 3 月，广西壮族自治区成立；1958 年 10 月，宁夏回族自治区成立；1965 年 9 月，西藏自治区成立。截至 2003 年年底，中国共建立了 155 个民族自治地方，其中包括 5 个自治区、30 个自治州、120 个自治县（旗）。”① 此外，我国还有 1200 多个民族乡。“在全国 55 个少数民族中，有 44 个民族建立了自治地方。实行自治的少数民族人口占少数民族人口总数的 70% 以上。自治地方的数量和布局，与中国的民族分布和构成基本上相适应。”②

广义上而言，民族地区除了上述民族自治地方以外，国家把少数民族分布比较集中的云南、贵州、青海也纳入到民族地区政策优惠和支持范畴。中央财政从 1980 年起对 5 个自治区以及云南、贵州、青海实行财政定额补助制度。1994 年，国家实施以分税制为主的改革后，对上述八省区以及其他省的

---

① 国务院新闻办：《中国的民族区域自治制度》，http://news.xinhuanet.com/ziliao/2003-08/22/content_1039500.htm。

② 国务院新闻办：《中国的民族区域自治制度》，http://news.xinhuanet.com/ziliao/2003-08/22/content_1039500.htm。

少数民族自治州，专门增设了民族地区政策性转移支付制度。① 5 个民族自治区加上云南、贵州、青海，统称为“少数民族八省区”。我国少数民族地区和全国其他地区相比，还存在着很大的发展差距。少数民族地区地域辽阔、文化多样，关系到国家统一、民族团结、边疆巩固和社会主义现代化建设事业的顺利进行。改革开放以来，我国领导人对民族地区发展都给予了高度重视。邓小平曾指出，社会主义的本质，是解放生产力，发展生产力，消灭剥削，消除两极分化，最终达到共同富裕，“如果搞两极分化，情况就不同了，民族矛盾、区域间矛盾、阶级矛盾都会发展，相应地中央和地方的矛盾也会发展，就可能出乱子”②。通过加快少数民族和民族地区的发展，缩小差距，实现地区之间、民族之间的协调发展，实现各民族的共同富裕、共同繁荣，是社会主义的本质要求，是巩固社会主义制度的要求，也是实现中华民族伟大复兴的必然要求。江泽民指出：“少数民族和民族地区的经济社会发展，直接关系到我国整个现代化建设目标的顺利实现。民族地区的现代化同全国其他地区的现代化，少数民族的振兴同整个中华民族的振兴，是密不可分、互相促进的。”③ 胡锦涛指出：“我国每一个民族都是祖国大家庭不可或缺的重要成员，我国每一个民族都为中华民族发展壮大做出了重要贡献，我国每一个民族都是全面建设小康社会、加快推进社会主义现代化、坚持和发展中国特色社会主义的重要力量。只有五十六个民族拧成一股绳，中华民族才能拥有强大民族凝聚力，才能不断创造历史伟业，才能战胜各种困难和风险挑战，才能维护祖国统一安全，才能巍然屹立于世界民族之林。”④

党的十八大以来，习近平总书记高度重视民族地区的发展，多次深入民族地区调研，体察少数民族群众冷暖。几年间，习近平总书记的足迹遍布新疆、内蒙古、宁夏、青海、云南等主要少数民族聚居地区。2014 年 3 月 4 日，习近平在看望出席全国政协十二届二次会议的少数民族界委员时指出，要全面贯彻落实党的民族政策，不断增强各族人民对伟大祖国的认同、对中华民

---

① 国务院新闻办：《中国的民族区域自治制度》，http://news. xinhuanet. com/ziliao/2003 - 08/22/content_1039500. htm。

② 邓小平：《邓小平文选》第三卷，364 页，北京，人民出版社，1993。

③ 中共中央文献研究室编：《十三大以来重要文献选编》（下），1838 ~ 1839 页，北京，人民出版社，1993。

④ 中共中央文献研究室编：《胡锦涛在国务院第五次全国民族团结进步表彰大会上的讲话》，http://cpc. people. com. cn/GB/64093/64094/10143326. html。

族的认同、对中华文化的认同、对中国特色社会主义道路的认同。要千方百计加快少数民族和民族地区经济社会发展，让民族地区群众不断得到实实在在的实惠。团结稳定是福，分裂动乱是祸。全国各族人民都要珍惜民族大团结的政治局面，都要坚决反对一切危害各民族大团结的言行，使各民族同呼吸、共命运、心连心的光荣传统代代相传，筑牢民族团结、社会稳定、国家统一的铜墙铁壁。高度重视民族问题，就要把加快少数民族和民族地区的发展始终摆在民族工作的突出位置，就要把实现各民族的共同繁荣作为建设有中国特色社会主义伟大事业的重要组成部分。①

我国的民族政策促进了各民族在平等、团结、互助基础上的发展，也促进了各民族之间的交流和联系。但是，社会主义初级阶段远远不是完成民族融合和民族消亡的阶段，民族特点和民族差异仍将长期存在。② 根据“木桶原理”，整个国家最终的发展能力必将受到贫困地区发展能力的限制。随着经济全球化的加快以及信息时代的来临，经济与文化均处于空间边缘的少数民族地区面临着经济文化发展不平衡的局面。在经济上，部分少数民族地区受益于丰富的自然资源以及各级政府的积极推进，其发展水平与发达地区的差距在逐渐缩小。而大多数少数民族地区限于恶劣的自然条件和滞后的发展基础，社会、经济发展缓慢，与发达地区的差距日益扩大。在文化方面，少数民族地区呈现出日益边缘化的发展态势，尤其是在信息传播技术高速发展的今天，以大众媒体为核心的信息传播事业飞速发展，日新月异，少数民族地区受技术、人才、市场等诸多因素的制约，信息传播事业远远落后于发达地区。信息鸿沟并没有随着民族地区经济的发展而缩小，少数民族地区和东部发达地区的信息分化日趋扩大。以信息传播技术与信息传播能力差距为核心的信息鸿沟的扩大，使得少数民族地区和发达地区的社会发展差距再次拉大。如何消除信息鸿沟带来的影响并弥合信息鸿沟，成为近年来诸多研究者关心的问题，也成为我国民族问题研究以及新闻传播学等学科关注的重要问题。

传统上，人们往往把信息传播视为改善和创造社会经济环境的工具，对于少数民族群众的信息权利的重视程度不高，也没有把事实上存在的信息鸿沟视作少数民族地区贫困落后的根源。实际上，人类社会发展始终离不开信

① 国家民委网站：《社会主义时期是各民族共同发展繁荣的阶段》，http://www.seac.gov.cn/art/2014/7/12/art_651_6499.html。

② 彭学云：《构建和谐社会中的民族发展问题》，载《中国民族》，2007（4）。

息传播，信息获取的能力、途径与个人、社会、国家的发展息息相关。纵观信息传播与人类文明的变迁历史，我们不难发现，人类的文明进步和知识、信息传播的范围以及人们获取知识、信息的便捷程度密切相关。一部人类文明史恰似一部信息传播媒介发展史，每一次的信息传播革命都会极大地推进人类进步。文字的发明，使人类可以把自己的文化和历史记录下来，人类文明可以跨越时代、跨越空间相互渗透和影响。活字印刷术的发明，使得跨时代、跨空间的文明传播能够以更大的规模进行。而让文化从精英阶层走向大众的是大众媒体。大众媒体（报刊）的发明和普及使得普通大众能够获得知识与信息。而以广播电视为代表的大众媒体的出现则打破了文字对于知识与信息传播的束缚，拓展了传播的边界。真正给人类社会带来革命性变化的是20 世纪末期开始普及的互联网技术。互联网是一场进行时的革命，生活在当下的每一个人都在经历和见证着这场革命。互联网技术以及互联网媒体不仅融合了人类历史上发明的所有传播媒介的优长，而且突破了地理疆界对于信息传播的障碍，使人类迈进了“地球村”。其结果就是，信息已经构成各民族生存与发展的基础环境要素。信息传播提供了不同民族与文化之间相互了解、相互尊重、和谐共生的基本条件。

从理论上说，作为最重要的信息载体，大众媒体通过传播信息发挥着社会整合、社会协调、环境监控、文化传承等重要功能，是民主法制的推动者、公平正义的体现者、安定有序氛围的营造者、社会和谐观念的传播者。① 在互联网时代，互联网不仅仅是媒体，更是人们生存和发展的基本环境。在享受互联网带来的传播便利和丰富内容的同时，我们也应该认识到，人类社会并没有因为互联网时代的到来而实现信息公平。互联网的发明基于平等、公开的理念，但是，信息和知识的获得和传播从来都不是平等的。利用互联网的传播速度、传播效率，拥有专门知识和传播技术的一部分人在强化信息特权的同时，有可能损害甚至剥夺另外一部分人的信息权利。在互联网时代，解决数字鸿沟、信息分化问题的迫切性尤胜于传统媒体时代。实现互联网时代的信息公平更需要政府的积极介入和强力干预。

在我国改革开放事业不断深入推进的背景下，社会变革触及了政治、经

① 陈力丹：《论传媒在构建和谐社会中的作用》，见《冲突·融合：新闻传播与社会发展》，北京，新华出版社，2006。

济、文化等方方面面的内容，各种深层次矛盾和问题日益突出，其中又以少数民族地区的矛盾更为复杂。可以说，加快少数民族地区发展是实现中华民族伟大复兴征程中无法回避的问题。社会发展是一个具有丰富内涵的概念，既包括社会生产力的持续发展、人们的生活状态的不断改善，也包括建立有序合理的社会结构和平衡协调的社会关系。归根到底，是指社会的全面发展。实践证明，凡是发达的国家和地区，其经济、政治、科技、教育、文化等方面都比较发达，其社会结构合理有序，社会关系平衡协调。民族关系是社会关系的重要组成部分，民族关系的平衡协调发展必然是社会全面发展不可或缺的重要环节。民族平等是民族关系和谐的基础，民族团结是民族关系和谐的保障，民族互助是民族关系和谐的动力。① 归根到底，民族关系和谐是实现我国社会全面发展的基本内容和基础条件。

少数民族地区发展基础和自然条件的特殊性，使其成为实现我国社会全面发展的重点和难点。特殊的自然环境和突出的现实问题决定了信息传播对于少数民族地区社会稳定与和谐具有重要意义。在现实中，少数民族地区与发达地区的信息传播技术与信息传播能力方面的差距不断扩大是一个不争的事实。中华人民共和国成立 70 多年以来，我国长期处于以解决温饱为主要目标的历史时期。因此，我国各民族群众的文化需求被暂时性地抑制了。随着经济的发展和物质需求的充分满足，被长期抑制的文化需求开始出现爆发式增长。反思近年来少数民族地区所发生的重大事件，我们不难发现，没有经济、社会、文化的协调发展，仅仅重视少数民族地区的经济发展是不够的。经济成长越快，人们对自身的文化权利就越关注。作为一项重要的文化权利，少数民族群众信息权利的满足在少数民族地区社会发展过程中必将发挥着越来越重要的作用。

我国十分重视发展少数民族地区信息传播事业。国家制定的《2006—2020 年国家信息化发展战略》提出：国家将采取有效措施缩小区域之间和不同社会群体之间信息技术应用水平的差距，创造机会均等、协调发展的社会环境。2009 年，国务院常务会议专门就繁荣和发展少数民族文化事业进行研究，形成《国务院关于进一步繁荣发展少数民族文化事业的若干意见》，其

① 金炳镐、熊坤新：《推进民族平等和谐、团结进步事业是构建和谐社会的重要保证》，载《西南民族大学学报》，2005（8）。

中，对发展少数民族新闻出版事业和广播电视事业提出新的要求，做出重要部署。国务院制定的《兴边富民行动“十三五”规划》提出，加快完善边境政务信息网络平台，支持电子政务、电子商务、远程教育、远程医疗、网络安全、社会信用体系等重大信息化工程和网络与信息安全设施建设，加快城市光纤宽带接入，完善农村综合信息服务体系，加快推进信息进村入户，实现行政村通宽带、20 户以上自然村和重要交通沿线通信信号覆盖、边境地区农村广播电视和信息网络全覆盖。2017 年 3 月 1 日正式实施的《中华人民共和国公共文化服务保障法》明确规定：“国家扶助革命老区、民族地区、边疆地区、贫困地区的公共文化服务，促进公共文化服务均衡协调发展。”国家的各项重大决策和战略部署为少数民族地区信息传播事业奠定了基础。把国家的宏观决策转变为具体地区和具体行业的具体行动，不仅需要各级党委政府在思想观念上高度重视，也需要在落实政策和执行政策上下功夫。

民族问题产生于民族差异，缩小差异，是实现社会稳定、增加民族团结的前提。物质层面的公平早已得到了我国社会各界的高度关注，国家也采取了诸多政策与措施发展民族地区的经济，提高民族地区人民群众的生活水平。然而精神与文化层面的平等与公平的实现则是一个复杂而长期的任务，需要政府乃至社会各界通力协作，不断推进。传播学有一个著名论断：隔阂产生偏见，偏见产生冲突。信息的传播与接受方面的差距无疑是导致隔阂和偏见的重要因素。平等顺畅的信息传播体系可以使少数民族地区与其他地区以及其内部不同民族、不同语言、不同信仰的群体之间进行有效沟通，消除冲突与对立。可以说，平等顺畅的信息传播体系构成了少数民族地区构建稳定和谐社会的重要支点。通过公民平等、有效地获取生产生活信息、科学文化知识，不断提高公众的思想道德素质和修养，从而不断推动社会进步，是社会发展的内在要求。民族团结、社会稳定建立在有效沟通的基础上，而社会发展则必须以民族团结、社会稳定为前提。因此，大力发展少数民族地区信息传播事业事关少数民族群众信息权利的实现，事关民族地区的团结、稳定、发展，事关社会公平正义的实现。

（二）研究意义

1. 构建完善的少数民族地区公共信息服务体系是实现与推动中华民族和谐发展、共同进步的迫切需要。随着我国信息产业化和市场化的不断推进，少数民族地区在大众媒体构筑的信息空间中已经呈现出日益边缘化的状况。只有发展符合少数民族地区特点、能够充分满足少数民族群众需求的公共信息服务体系，才能更好地推进少数民族地区文化、经济、社会事业的协调发展，从而增强各民族的凝聚力与向心力，实现各民族的共同繁荣与发展，增强国家的综合实力。

2. 构建完善的少数民族地区公共信息服务体系是民族地区社会发展的迫切需要。信息已成为当下社会构成的基本要素，信息需求已成为公众的基本需求，在人们的生产、生活中发挥着越来越重要的作用。少数民族地区的社会、自然条件较为特殊，信息传播事业较为落后，仅依靠“市场这只手”无法满足各族人民群众日益增长的信息需求。唯有立足于发展公共信息服务体系，才是弥合信息鸿沟的根本出路。深入系统地研究少数民族地区公共信息服务体系建设的理论依据、基本特征、现实状况，探讨解决民族地区公共信息服务体系建设的对策，为政府部门决策的科学化、民主化提供依据，进而采取切实可行的政策措施，不断缩小民族地区与发达地区的信息鸿沟，促进民族地区持续健康的发展。

3. 梳理我国公共信息服务体系的发展历程，探讨并揭示少数民族地区公共信息服务体系的特点与规律、问题与对策，同时对相关问题阐幽发微，能够深化并推动相关研究的进展，具有重要的学术价值。

二、文献综述

（一）公共服务理论

公共信息服务是公共服务在信息传播领域的呈现方式，公共信息服务事业是公共服务事业的重要组成部分，因此，公共服务是本项研究的理论基础。2003 年 1 月召开的中共十六届三中全会首次明确提出将提供公共服务作为政府职能之一。然而，什么是公共服务？公共服务的内涵、本质、主体、对象等如何界定？随着学术讨论以及公共服务实践的不断深化，人们的认识也不断清晰和明确。

1. 西方公共服务理论

西方的公共服务理论研究和实践历史较为悠久。在西方的理论家看来，现代政府是公共权力机构，权力来自于人民，具有公共性。而公共性则建立在共同遵守的契约基础上，是人们互相妥协和权力让渡的结果，这就是社会契约论的基本内涵。从古希腊思想家柏拉图、伊壁鸠鲁到近代的卢梭，以及当代学者罗尔斯，不断发展社会契约论，把社会契约论研究从政府权力的合法性发展到社会制度的公平正义性。实现社会公平正义的主体显然是掌握公共资源和行使公共权力的机构——政府。从政府职能的角度看，公众授予政府权力的目的就是要公平合理地使用公共资源，为社会公众提供公共产品，满足公众需求。基于这样的前提，瑞典经济学家威克塞尔在1896年出版的《财政理论研究》提出了“公共物品理论”，而当代著名经济学家萨缪尔森则在20世纪50年代对公共物品理论进行了完善，提出了公共物品的两个本质特征，一是非排他性，二是非竞争性。

20世纪70年代后，新公共管理理论兴起，其核心内容是力图将私营部门和工商企业的方法用于公共部门。[①] 新公共管理的本质就是公共服务市场化，通过社会公共服务供给的民营化，减少政府干预，提高公共服务的效率。[②] 公共服务的市场化并没有能够达到理论家所预期的目标。因此，20世纪90年代以后，随着信息技术与经济全球化，自由主义经济政策饱受批评，由此引发了所谓“第三条道路”福利制度的探讨，即主张公共服务多元化，使政府、市场、社会和个人都参与到公共服务中，避免社会分化。在此基础上兴起了公共服务供给管治理论和新公共服务理论。管治理论希望在公共物品和服务领域建立起一种有效的协调机制，在政府、市场和社会三方之间努力构建多元权力与权利均衡，强调参与各方的功能互补、依赖合作，追求参与主体各方的合作多赢。[③] 新公共服务理论强调政府的职责是服务而不是控制或掌控社会。[④] 政府角色就是努力创造一个利益共享、责任共担的机制，联合多元力量协同解决，确保公共物品提供获得最大多数人的满意。[⑤] 综上，西方国家公共

---

① ［美］罗伯特·B. 丹哈特、珍妮特·V. 丹哈特著，丁煌译：《新公共服务：服务，而不是掌舵》，8页，北京，中国人民大学出版社，2010。

② 高军波、周春山：《西方国家城市公共服务设施供给理论及研究进展》，载《世界地理研究》，2009（4）。

③ 刘筱、闫小培：《公共服务业供应模式及其与城市管治的关系——以广州为例》，载《地理研究》，2006（9）。

④ ［美］罗伯特·B. 丹哈特、珍妮特·V. 丹哈特著，丁煌译：《新公共服务：服务，而不是掌舵》，31页，北京，中国人民大学出版社，2010。

⑤ 周燕、梁樑：《国外公共物品多元化供给观念的演进及启示》，载《首届中国科技政策与管理学术研讨会2005年论文集》，2005（12）。

服务理论研究的基本脉络是一个从重视政府到重视非政府组织，从重视提供者到重视消费者，从重视公共管理到重视公共服务，从重视单项服务到重视服务体系的过程。[①]

2. 国内公共服务研究

国内学者从20世纪80年代开始关注公共服务的供给问题。《国际问题资料》杂志1985年2月发表了一篇题为《日本公共服务事业转向民营化》的文章。这篇文章介绍了日本国营电话电报公司改为股份有限公司的情况，分析了日本的公共服务事业由国营转为民营的利弊，指出日本在部分国营公共服务领域，存在着人浮于事和浪费现象。这样的改革能够促进尖端技术的发展和拓展市场，有助于提高公共服务质量。囿于当时我国的社会现实，文章并未对日本公共服务事业民营化进行深度剖析。可以说，20世纪80年代，在计划经济体制下，我国政府包揽一切，背上了沉重的财政负担，人们关注公共服务的动力源泉是计划经济的体制弊端。

自20世纪80年代末期开始，探讨改革公共服务体制机制成为反思计划经济体制的重要内容之一。于孝同在《城市公共服务的定价》[②] 一文指出，公共服务由政府垄断，由政府授权也可以由私营企业提供，公共服务本身也是一种资源，也存在着供给与需求之间的矛盾。政府可以通过价格调节的方式解决公共服务供需矛盾。程安东《论城市发展与公共服务》[③] 一文从我国公共服务的体制问题入手提出，城市公共服务业的发展必须具备政府的职能保障。政府基本的、主要的职能，其规划、管理、协调、服务的重点，均应集中在以公共服务为主要内容的城市发展本身。20世纪80年代关于公共服务的讨论相对零散，发表的文献数量不多。文献大多从政府职能转变的角度讨论公共服务，公共服务的内容集中于公众日常生活所必需的卫生、交通、商业服务等方面。当然，这主要是因为20世纪80年代我国经济刚刚起步，温饱尚未解决，衣食住行理所应当地成为人们对于政府公共服务的基本需求。

借20世纪80年代的改革开放春风，一些学者开始认识到公共服务是政

---

① 高军波、周春山：《西方国家城市公共服务设施供给理论及研究进展》，载《世界地理研究》，2009（12）。

② 于孝同：《城市公共服务的定价》，载《外国经济与管理》，1986（3）；于孝同：《城市公共服务的定价》，载《外国经济与管理》，1986（4）。

③ 程安东：《论城市发展与公共服务》，载《江西社会科学》，1989（5）。

府的基本职能，且公共服务由政府垄断存在诸多弊端。进入到20世纪90年代以后，特别是社会主义市场经济体制确立以后，对于公共服务的讨论更为深入和具体，人们开始关注公共服务的成本与效益。有偿公共服务是这一时期讨论的重点。曾五一在《关于社会公共服务部门产值的计算》① 一文中介绍了国外“政府服务生产者”与社会公共服务部门两者之间的区别。“政府服务生产者”的范围比后者大得多，它除了包括社会公共服务部门外，还包括了由政府出资并控制的各种非盈利性服务机构（大致相当于我国的事业单位）。社会公共服务部门在取得财政拨款时，付出了相应的劳动，向社会提供了服务。所以，应当将其理解为政府通过税收等再分配渠道取得资金，然后以财政拨款的形式购买社会公共服务部门的活动成果，提供给全社会使用。这同国家财政向非盈利性服务事业单位拨款乃至国家财政的基建拨款，在性质上是类似的。该文分析了政府购买公共服务的内在逻辑，确认了政府购买公共服务的必要性。然而，随着社会主义市场经济体制的确立，对于政府购买公共服务的讨论并没有继续延续下去。在市场化思潮涌动的大背景下，公共服务成本应由公众分摊的认识逐渐占据了主导。任鸿泉《社会公共服务价格研究》② 一文深入分析了社会公共服务成本分摊的内在逻辑，确认公共服务成本分摊的合理性和必要性。

沿袭政府向个体或者部分人群提供公共服务应收取成本的思路，20世纪90年代很多学者从不同的视角论述了政府加大公共服务投入的必要性以及对公众开展有偿服务的合理性。例如，陈宪在《地方政府应强化政府的公共服务职能》③ 一文提出，在经济不断发展的基础上，政府对科学、教育、卫生、文化、社会保障、城乡公益事业建设等重要社会服务项目加大投入。同时，鼓励社会各界对公众开展有偿服务，不断提高社会服务的商品率，促进第三产业的发展，逐步实现政府公共服务的社会化。根据这个要求，各级地方政府应尽快建立同市场经济体制相适应的社会公共服务体系，实现三个转变，即变政府无偿供给型服务为社会有偿经营型服务；变机关和企事业单位封闭式后勤服务为开放型社会公共服务；变政府机关的直接管理为政府宏观间接指导。

向服务对象收取成本降低了政府在公共服务领域的财政压力。但是，导

① 曾五一：《关于社会公共服务部门产值的计算》，载《统计研究》，1991（3）。
② 任鸿泉：《社会公共服务价格研究》，载《价格月刊》，1993（2）。
③ 陈宪：《地方政府应强化政府的公共服务职能》，载《发展》，1996（10）。

致了另外一个恶果，即“服务质量日趋下降，服务成本日益提高，公共部门的官僚作风日甚一日，出现了‘电老虎’‘水老虎’‘气老虎’‘路霸’，等等，‘乱收费、乱罚款、乱摊派’以及‘吃、拿、卡、要、报、占’等等所谓的‘行业不正之风’，其服务的职能已发生严重的偏差，公共服务机构蜕化变质为聚敛公共财富的机构”。[①] 到20世纪90年代末期，公共服务供需矛盾愈发激烈。在政府财力有限和公共需求日益增长的矛盾下，一些学者提出了对公共服务进行私有化/私营化改革的建议。《中国改革》1998年7月刊发题为《公共服务为何难让百姓满意?》的文章指出，我国公共服务面临的困难主要表现在供给不足、服务态度差以及效率低下、浪费严重几个方面。其根源在于长期以来公共服务部门由政府统包统揽，这些部门官僚主义严重，机构臃肿，人浮于事，效率低下。在社会转型时期，这些公共服务部门因袭了计划经济时代的运作方式——公共服务由国家统一包下来：投资、收益、盈亏、人员由国家统一安排、负责。因此，这些机构也就失去了自主性与活力。有学者反思，政府把一切包下来的集权体制真的可以提高效率吗?[②] 李绥州提出了“政府集权悖论”的概念，即政府集权一方面可以实现效率，而另一方面却又成了效率的障碍。问题的症结在于政府提供服务的垄断性。人们在接受政府服务的同时，也接受了政府的垄断。在垄断条件下，垄断机构再也不思改进技术，再也不会提高管理水平，再也不愿降低成本，再也不肯主动去对顾客的需求做出及时的反应，甚至不愿多听顾客一句抱怨的话。李文认为，针对这种情况，提高服务质量、提高效率的办法和出路只有一个，那就是打破政府集权所形成的垄断，把社会力量引入公共服务领域，形成竞争机制。可以说，在90年代后期，引入社会力量、建立公共服务竞争机制在学界达成了共识。[③]

经过十多年实践和理论探讨，有关政府与公共服务关系的认识越来越清晰。曹闻民在《论公共服务改革中的政府责任》[④] 提出，计划体制下的万能责任政府只是动机上的责任政府，而非效果上的责任政府。政府能力的有限

① 李绥州：《略论政府集权与公共服务效率》，载《南京社会科学》，1998（3）。

② 李绥州：《略论政府集权与公共服务效率》，载《南京社会科学》，1998（3）。

③ 刘旭涛：《公共服务市场化：政府职能转变的重要方向》（《新视野》，1999年1月），宋世明：《西方公共服务市场化对中国行政改革的启示》（《理论学刊》，1999年5月）等文章均提出要对公共服务进行市场化改革，引入竞争机制，以解决公共服务供求矛盾。

④ 曹闻民：《论公共服务改革中的政府责任》，载《中国行政管理》，2000（10）。

性决定了它只能量力而行，有所为有所不为。公共服务是一类特殊的公共产品，也是一种特殊的社会消费。按照市场模式改革公共服务的方式，对于提高公共服务的效率和质量，减轻政府负担，缓解财政压力，强化政府责任，转变政府职能，提高政府的权力效能和行政水平，有效回应时代和公民的新需要，都具有现实的针对性和可行性。动机上的责任政府和效果上的责任政府反射出的是计划经济体制在公共服务领域的无奈。在社会主义初级阶段，政府的能力和财力有限，政府既要满足公众不断增长的公共服务需求，又不得不量力而为，那么，最佳的解决办法就是引入市场力量和社会力量。然而，政府不能承担万能责任并不意味着政府可以推卸公共服务提供者的责任。如何在承担责任和量力而行的前提下，为公众提供丰富的公共服务，这是曹文试图回答的问题。曹文认为，在公共服务改革过程中，应充分发挥政府、市场和社会中介组织三只手的作用。以政府计划为主导，以市场化和社会化为主体，以公众满足为标准，建立新的公民与政府、市场之间的联系与交往方式，构建充满竞争和活力的公共服务体系。曹文提出的发挥政府、市场、中介三只手的作用这一思路无疑是有价值的。然而，在经济发展水平尚低、中介组织等社会力量尚不够完善和强大的前提下，实现“构建充满竞争和活力的公共服务体系”这一目标是不可能的。

中国于 2001 年 12 月 11 日正式成为世贸组织成员。对于中国而言，加入世贸组织不仅仅是融入世界经济，更是推动体制改革的契机。入世前后很多学者围绕中国加入世贸组织后我国深化体制改革的路径、内容等进行了探讨。体制改革的核心是政府职能改革，而政府职能改革必然牵涉公共服务体系建设。由于长期实行计划经济体制，我国政府高度集权，既是社会事务、经济活动的参与者，又是社会事务、经济活动的干预者和仲裁者。政府职能特别是经济管理职能较为混乱，政企不分、政事不分，政府既是“裁判员”又是“运动员”的现象还相当多。加入世贸组织对于中国政府的基本要求就是政府要做市场的培育者，“游戏规则”的制定者、监管者，把“不该管、管不了、管不好”的职能剥离出去。薛荣久提出的主要解决办法是将政府承担的部分管理和服务职能让渡给各类中介组织。同时，加快电子政府建设，发挥互联网的作用，实现政府管理的信息化。[①] 把政府承担的部分职能让渡给各类中介

① 薛荣久：《入世与中国政府职能的转变》，载《国际贸易问题》，2001（9）。

组织，具有那个时代的认知局限性，由中介组织承担部分政府职能经实践检验已证明是失败的。附庸于政府职能之上的中介组织往往成为腐败问题滋生的土壤。如今，中介组织已完全与政府脱钩。准确来讲，政府需要让渡的不是其管理职能，而是应该剥离本不应该由政府承担的社会、经济、文化运营的责任，交由市场主体和社会力量去承担。薛文提出的加快电子政府的建设很有前瞻性——利用信息化手段、特别是利用互联网提升公共服务的水平已经成为世界各国政府的普遍选择。

围绕相关主题进行研究的学者还有很多。如，李军鹏在《论中国政府公共服务职能》一文中指出："中国政府职能转变的关键是政府公共服务职能的创新，而政府公共服务职能创新的关键，是建立符合中国国情的公共服务制度，实现公共服务的制度化、公共化、公正化和社会化。"① 在21世纪初期，我国实现公共服务公正化的核心在于如何解决公共服务的身份歧视和地域差别。身份歧视主要体现在城乡二元结构导致的农村公共服务水平低的问题。地域差别主要体现在因经济发展水平差异导致的东西部地区公共服务水平的差距。李军鹏还提出了中国政府公共服务的五大战略重点：一是公共教育服务；二是社会保障公共服务；三是公共医疗服务；四是公共科技服务；五是公共基础设施，特别是信息基础设施、科技基础设施等战略性公共基础设施。在信息化时代，五大公共服务发展战略的实施都离不开信息化水平的提升。

经过近二十年的研究和实践，我国政界、学界对于公共服务的主体、职责、任务逐渐明晰，这也为2003年中共十六届三中全会把公共服务从理论探讨和局部实践层面上升到国家行为和国家战略奠定了坚实的基础。

（二）信息传播与社会发展

人类已经迈入了信息社会。学者们对信息社会的概念有不同的表述，但就其本质而言，信息社会反映出的是信息这种社会要素在社会运行中所发挥的决定性作用。勒纳在1958年就提出国家现代化的实现基础是城镇化、教育和大众传播的普及。其后，施拉姆也提出，信息传播对于任何社会来说，永远是存在的中心环节。在信息社会，信息贫困是收入贫困、人类贫困的重要

① 李军鹏：《论中国政府公共服务职能》，载《国家行政学院学报》，2003（4）。

原因，也是它们的结果。反过来，信息贫困将会导致更加严重的收入贫困①，将会使特定区域和人群处于现代化发展的“边缘”，使之处于“小国寡民”的自我封闭式的生活状态中。

信息社会是建立在工业化社会的基础之上的。所以，也有人把信息社会称之为后工业社会。信息社会相对于工业社会的最大区别在于信息替代了传统的劳动力、机器、资本，成为社会运转的核心要素。社会如何通过转型适应从工业社会迈入信息社会而产生的诸多变革？社会变革又会给人们带来哪些机遇和挑战？信息传播与社会发展的关系是怎样的？对于上述问题的研究和讨论便成为信息时代的核心课题。自20世纪中期以来，一大批学者围绕信息传播与社会发展的关系问题展开了研究。

美国的丹尼尔·贝尔是最早提出信息社会概念的西方学者。1973年，丹尼尔·贝尔出版了著名的《后工业社会的来临》一书。在这本书中，他研究了知识在工业社会发展中所起到的越来越显著的作用。在后工业社会，知识已经成为整个社会运转的中轴线。也就是说，社会运转已经离不开知识，知识决定着社会的发展，“如果工业社会以机器技术为基础，后工业社会是由知识技术形成的。如果资本与劳动是工业社会的主要结构特征，那么信息和知识则是后工业社会的主要结构特征。工业社会是机器和人协作生产商品。后工业社会则是围绕知识组织起来的”②。在丹尼尔·贝尔看来，后工业社会最重要的战略性资源就是知识、信息。

与丹尼尔·贝尔持有相似观点的西方学者很多，如汤姆·斯托尼尔、阿尔温·托夫勒等。汤姆·斯托尼尔在其著作《信息财富》中继承了丹尼尔·贝尔对于工业社会转型的观点，提出信息已经成为现代社会的重要财富，创造了知识经济这一概念。斯托尼尔认为：“信息已经取代了土地、劳力和资本，成为现代生产体系中最重要的投入。信息减少了对土地、劳力和资本的需求，也减少了对原料和能源的需求。”“政府的开支并不是用于消费，而是用于购买该经济（知识经济）赖以生存的服务或进行投资。工商界，乃至公众都应当懂得，政府非但是最大的信息创造者、协调者和提供者，也是未来

---

① 姚君喜：《信息传播与西部贫困地区的社会发展》，载《兰州商学院学报》，2003（1）。

② ［美］丹尼尔·贝尔著，高铦等译：《后工业社会的来临》，9～21页，北京，新华出版社，1997。

经济的最重要的投资者。”[①] 托夫勒的《权力的转移》是一本在中国影响深远的著作。在该书中，托夫勒研究了过去三百年西方社会的发展与演变后提出了所谓的权力三要素（暴力、财富、知识）。[②] 在信息社会到来之前，决定权力转移的要素是财富以及围绕财富而进行的暴力斗争。随着新技术革命到来，知识成为权力转移的中心，而且其重要性会越来越凸显。他提出，随着电子网络的发展，任何公司、集团或者国家，只要能取得对网络系统中信息循环关键环节的控制权，就能掌握决定性的经济权力和巨大的政治权力。而要获得这些权力，主要是靠脑力而非资本。因此，信息问题将成为国内和国际冲突中的中心问题，即谁掌握信息、如何获取信息和使用信息。[③] 20 世纪 90 年代，随着计算机技术和互联网技术的发展，网络对于人类社会的影响日益凸显。在此背景下，美国麻省理工学院教授尼古拉·尼葛洛庞帝提出了著名的“数字化生存”概念。尼古拉·尼葛洛庞帝在 1995 年出版了《数字化生存》一书，该书一经出版，便风靡全球。在《数字化生存》一书中，尼葛洛庞帝提出，人类已经生活在由 1 和 0 构成的数字化信息空间中，时间与空间的作用在减弱，“比特”成为人们思考问题的基础，人类社会构建了一个以“比特”为基础的生存模式。“比特”改变了人们的工作方式、学习方式、娱乐方式以及生活方式。[④] 从丹尼尔·贝尔到尼葛洛庞帝，西方学者敏锐地发现了信息之于社会发展的重要意义，与此同步的是，信息资源的分配问题逐渐成为重要的社会问题。西方学者注意到了社会经济、文化以及技术差异使得人们获得的信息资源并不均衡，信息社会的信息分化日益严重，进而影响到社会的良性运行与可持续发展。

1998 年诺贝尔经济学奖获得者阿玛蒂亚·森（Amartya Sen）认为贫困就是指对人类权力的剥夺，而在信息时代，信息社会的“落伍者”或“边缘化”人群、地区，不能够参与创造和分享以知识为基础的社会文明成果的状

---

① ［美］斯托尼尔著，吴健民、刘钟仁译：《信息财富：简论后工业经济》，1 ~ 2 页，北京，中国对外翻译出版公司，1987。

② ［美］阿尔温·托夫勒著，吴迎春译：《权力的转移》，21 页，北京，中共中央党校出版社，1991。

③ ［美］阿尔温·托夫勒，吴迎春译：《权力的转移》，486 ~ 487 页，北京，中共中央党校出版社，1991。

④ ［美］尼古拉·尼葛洛庞帝著，胡泳译：《数字化生存》，21 ~ 27 页，海口，海南出版社，1997。

态，其本质就是与现代化隔离。[①] 2003 年，联合国信息社会世界首脑会议提出：（各国政府）全力致力于将数字鸿沟转化为人人享有的数字机遇，特别是面临滞后和更加边缘化危险的人们能享有的数字机遇。（各国政府）要坚定不移地赋予穷人，特别是生活在边远地区、农村和边缘化城区的穷人，获得信息和使用信息通信技术的能力，使其借此摆脱贫困。解决因信息分化带来的社会不均等问题成为各国政府社会政策调控的新目标。2005 年联合国发布的"突尼斯承诺"则进一步强调："必须消除在弥合数字鸿沟方面遇到的障碍，特别是那些阻碍各国尤其是发展中国家充分实现经济、社会和文化发展和为其国民谋幸福的障碍。""应特别关注社会边缘群体和弱势群体的特殊需要，包括移民、国内流离失所的人们和难民、失业人员和社会地位低下者、少数民族和游牧民族、年长者和残疾人。"[②]

随着改革开放的深入，信息传播也成为我国社会发展的重要资源，在整个国民经济活动与社会生活中的作用日益重要。20 世纪 80 年代，经济落后地区信息传播的状况就引起了人们的关注。1987 年，陈崇山等在乌鲁木齐地区首次进行少数民族地区受众调查（1989 年出版《中国传播效果透视》一书）；中共中央宣传部和广播电影电视部进行了中国不发达地区农村广播电视调查（1989 年出版《广播电视与农村发展》一书）。这两项研究成果指出：信息传播水平与信息基础设施差距是导致城乡差别的根本原因。经济发展水平影响着信息传播水平，而信息传播差距是造成思想观念差距的主要原因。此后，研究者把重点逐步转移到发达国家与发展中国家、中国东西部地区之间以及城市和农村之间在信息技术使用以及信息化水平方面的"数字鸿沟"。国内学者一般认为，公民特别是经济水平、知识水平处于弱势地位的人群相对于强势人群、社会组织、政府而言，信息权利的实现难度更大。在 20 世纪 90 年代末期，复旦大学与云南大学联合开展的"云南少数民族地区信息传播与社会发展关系研究"，以及在此基础上形成的研究成果《传播与民族发展——云南少数民族地区信息传播与社会发展关系研究》，深化了人们对少数民族地区信息传播重要性的认识：在大众媒介文化的强势影响下，民族传统文化只有借助各种手段，尤其是传播手段，才能增强自我生存和协调发展的能力。

---

① 胡鞍钢、周绍杰：《中国的信息化战略：缩小信息差距》，载《中国工业经济》，2001（1）。

② 详见联合国官网（中文），http://www.un.org/chinese/。

2009年，中国人民大学、5个民族自治区的综合性大学、国家民委所属的6所高校新闻院系联合发起成立了“中国少数民族地区信息传播与社会发展论坛”。“论坛”每年举办一届，除2016年因主办方的原因，“论坛”停办一年，到2019年，“论坛”已经举办10届。大量学术成果通过“论坛”这个平台发表，推进了相关研究的进展，“论坛”也受到社会各界的广泛关注。

经过近三十年的不断推进，学者们对少数民族地区发展信息传播事业的基础与路径有了较为一致的认识：少数民族地区地广人稀、基础差、社会贫困率高，信息基础设施相对落后，发展信息服务业的成本比发达地区更高，需要国家在财力、人力、物力方面给予更大的支持与帮助。可以说，随着研究视野与领域的不断开阔，人们对信息传播在社会发展中特别是少数民族地区社会发展中的重要性的认识已经日趋深入。

（三）公共信息服务体系研究

公共信息服务是信息传播在公共服务领域的具体体现，是满足公众信息权利、实现公共服务均等化的重要途径。公共信息服务事业既是信息传播事业的有机组成部分，也是公共服务事业的重要组成部分。国内最早提及“公共信息”这一概念的文章是1985年发表于《图书馆学研究》上的一篇文章《谈向公共信息图书馆过渡的问题——“科技咨询”引起的思考》，尽管这篇文章所讨论的主题是我国的图书馆如何向“公共信息图书馆”转型的问题，并没有明确界定“公共信息”的内涵，但是文章敏锐地指出：“信息是一种能创造价值和能交换的知识，在西方已经与资本、劳动共同构成了生产的三要素；信息技术革命触及到我们文化的真正核心。”① 而对“公共信息”的内涵与本质进行系统讨论则始于21世纪初期。国内学者对于公共信息的传播主体、公共信息的传播对象、公共信息的传播原则、公共信息的传播媒介等达成了共识。国内学者普遍认为：“公共信息的反映对象是社会公共事务，与每一个社会成员都有着直接或间接的联系。它涉及面广，既包括政府部门发布的信息，也包括社会公益性组织等第三部门（也有人称为非营利部门、非政府组织、利他组织等）提供的信息，企业有时也会提供一些公共信息或准公

① 石宝芳：《谈向公共信息图书馆过渡的问题——“科技咨询”引起的思考》，载《图书馆学研究》，1985（2）。

共信息。”[①] 公众是公共信息的传播对象，而公共信息的特点决定了公共信息传播必须符合公共利益，必须遵循普遍性、开放性、公益性以及机会均等基本传播原则。由于政府是公共信息的主要持有者和公共信息的主要提供者，因此，公共信息传播的主要媒介是政府媒体（政府网站、公告栏、政务新媒体等）和大众媒体（各种新闻媒体、社交媒体、平台媒体等）。

在计算机技术和互联网技术快速发展的背景下，基于充分利用新的信息技术提高公共服务效能的前提，一些国家纷纷倡导发展电子政府。电子政府的发展使得政府公共信息服务的能力和覆盖面扩展至每一个公民。张成福在《电子化政府：发展及其前景》[②] 一文中分析了电子政府演变的过程，指出电子政府是随着信息技术的发展和在政府管理中的应用程度而不断变化和扩展的。20 世纪七八十年代的电子政府主要是指办公自动化，偏重于文件的制作、传送和贮存。从 20 世纪 90 年代以后，随着互联网的发展，人们又提出电子化政府或网络化的政府管理概念，电子政府遂被理解为政府有效利用现代信息和通讯技术，透过不同的信息服务设施，在更方便的时间、地点及方式下，对政府机关、企业、社会组织和公民提供自动化的信息及其他服务，从而建构一个有回应力、有效率、负责任、具有更高服务品质的政府。电子政府的本质是运用互联网和互联网技术为公众提供公共服务的形式。互联网将政府、社会机构、公众有效地联系起来。政府通过互联网可以提高服务效能，公众通过互联网可以缩减获得公共服务的时间、经济成本，并且还能够通过互联网表达诉求。互联网为政府与公众互动提供高效平台，在互动过程中调和矛盾，化解纠纷，达成一致。可以说，电子政府反映出了在数字化时代人们对于提升和完善公共信息服务的期待。在这样的背景下，中西方学者都开展了对于电子政府的研究，发表了大量的学术文章，为我们研究公共信息服务体系问题提供了更为开阔的视野和丰富的文献资源。从较为广义的公共信息服务视角看，电子政府的理念和实践完善了公共信息服务体系建设的形式和内涵。

公共信息服务体系建设涉及的服务主体、服务方式、服务内容、服务对象、服务平台、政策保障、基础设施等都十分繁杂多样，需要建立一套完善

① 夏义堃：《公共信息服务的社会选择》，载《中国图书馆学报》，2004（3）。

② 张成福：《电子化政府：发展及其前景》，载《中国人民大学学报》，2000（3）。

的、可操作的规程和体系，以确保公共信息服务的质量。围绕公共信息服务体系的建设方式、路径、内涵等，国内学者进行了诸多探索。王伟军、孙晶提出可以从结构、内容两个层面来搭建公共信息服务平台。所谓结构是指各级政府电子政务框架中提供公共信息服务的界面结构、技术结构、逻辑结构、组织结构和标准规范等要素有机集成之后所形成的统一公共信息服务模式。而内容则是指公共卫生、社区、农业、科技等各种公共信息资源统一的综合信息服务平台，公共信息服务平台的构建是实现信息一体化的关键，可以提高一个国家或地区的信息传播效率，加快区域经济、文化和技术的发展速度，促进整个社会效率的提高。[①]

中国人民大学冯惠玲教授和苏州大学周毅教授在联合发表的文章《论公共信息服务体系的构建》[②] 一文中提出"五位一体"的公共信息服务体系概念，即建立一个由管理与服务理念、集成服务平台、政策保障体系、专业规划与协调职位和新的产业方向构成的公共信息服务体系。管理与服务理念强调公共信息管理与服务应以公众为中心，强调公众可以公平获取和享受公共信息服务。只有全社会形成了公共信息及其服务是公共物品的理念，才可能从服务机制、公平机制、价格机制、生产与供给机制等多方面实现公共信息管理与服务的创新。集成式公共信息服务平台由信息服务前台与后台两个部分组成。信息服务前台可以是统一的公共信息服务网站、面向公众的公共信息亭或一个公共信息服务机构；信息服务后台则是一个共享式的公共信息数据库。政策保障体系可以分为公共信息开放与开发服务两个不同层面。公共信息开放政策包括公共信息共建共享政策、公共信息开放服务推进政策和公共信息开放服务评估政策等。而公共信息开发服务政策包括开发服务主体多元化选择政策、准入与退出政策以及产品创新政策和价格政策。公共信息服务体系建设最终的落脚点是确保其公益性的基础上，培育和促进公共信息服务产业发展。上述研究从不同角度提出了建构公共信息服务体系的方案，对于丰富和完善我国公共信息服务问题的研究具有重要的参考价值。不过，在信息时代，公共信息服务体系的建构重点或许不在于数据库、平台等技术层面，也不在于电子政务框架的完善。信息是流动的资源，如何让信息的流动

---

① 王伟军、孙晶：《我国公共信息服务平台建设初探》，载《中国图书馆学报》，2007（2）。

② 冯惠玲、周毅：《论公共信息服务体系的构建》，载《情报理论与实践》，2010（7）。

有方向、有秩序、有效益、有公平，才是研究公共信息问题的关键。因此，以公共信息传播秩序建构为核心点和出发点，围绕公共信息的传播、接受、渠道、效果来思考公共信息服务体系建设或许是一个务实有效的思路。

公共信息服务与民族地区社会发展问题也引起了国内学界的关注。但是，总体来讲该领域的研究成果不够丰富。龚剑《我国民族地区信息资源公共获取的障碍因素分析》、雷振扬《我国民族地区基本公共服务存在的问题与对策思考》等研究成果提出：民族地区信息基础设施相对落后，发展公共信息服务体系的成本比发达地区更高，国家应在财力、人力、物力等方面给予更多的支持与帮助。同时，在信息资源丰富和获取途径越来越多的情况下，党和政府必须掌握少数民族地区文化信息传播的主动权，抵制西方国家的文化渗透，丰富、活跃少数民族群众的文化生活。可以说，建立适应民族地区特点的、完善的公共信息服务体系已成为维护国家与民族根本利益的重要保障。长期以来，人们习惯于将信息传播视作营造经济发展环境的重要条件，这种实用主义的倾向忽视了民族地区公共信息服务对于少数民族地区社会发展的重要意义和功能。揭示民族地区公共信息服务的内涵与特殊功能，探寻弥合民族地区与发达地区间数字鸿沟的对策，这正是本项研究要解决的关键问题。

另外，欧美公共媒体的发展已逾百年，西方国家强调公共媒体应与政治、商业隔离开来，保持超然的地位，事实上这是很难做到的。不过，西方公共媒体奉行为公众提供普遍性和多样性的信息传播服务的理念还是值得借鉴的。综上所述，随着研究视野与领域的不断开阔，人们对公共信息服务重要性的认识已经日趋深入。国内外的相关研究成果对本项研究具有重要的参考价值。

三、研究思路、内容与重点

（一）研究思路

在深入调查研究和借鉴国内外最新理论的基础上，力求全面总结我国民族地区公共信息服务体系的特征规律、基本现状及存在的主要问题，并在此基础上提出切实可行的措施。研究工作开展的具体思路与方法是：第一，搜集整理国家及主要少数民族地区推进民族地区公共信息服务体系建设的文献资料，并收集整理国内外公共信息服务理论研究成果，运用文献研究法，通过历史比较分析、统计资料分析、内容分析等方法，研究少数民族地区信息传播、社会发展的历史脉络与规律，探讨少数民族地区社会发展中实际存在的信息分化的现状、特点、成因；第二，深入主要少数民族地区进行实地调研，运用社会学的田野调查法，通过抽样调查、观察、深度访谈等方法，了解民族地区信息传播事业的发展状况以及少数民族地区各族群众信息获取、使用的基本情况，进行数据分析和对比分析，探寻少数民族地区公共信息传播与公共信息服务体系建设的特殊性以及相应的对策；第三，以少数民族地区公共信息服务体系的特征、现状与对策等内容作为研究重点，既要强调本项研究理论梳理的系统性，也要力求清晰描述我国少数民族地区公共信息服务体系的全貌，为相关部门和后续研究提供可资借鉴的素材。

（二）研究内容

1. 公共信息服务理论的历史脉络和现实发展。公共信息服务理论和实务研究较为薄弱，这与公共信息社会需求的发展变化有关。公共信息需求是伴随着信息资源成为社会主要资源的进程逐渐出现和不断增长的。公共信息服务是解决信息分化问题的基本出路，是实现公共服务均等化和社会公平的重要途径。改革开放后我国公共信息服务体系发展迅速，但也存在着发展不均衡等多方面的问题。

2. 少数民族地区公共信息服务体系建设的价值与意义。市场机制的高效隐含着社会分化的危险，经济发展水平差异、信息资源配置不均衡等问题助推了社会差别的不断拉大。完善的公共信息服务体系为少数民族地区不同民族、不同语言、不同信仰的群体之间搭建起交流与沟通的平台；顺畅的信息传播机制是少数民族地区增强危机预警能力和缓和冲突的重要条件；健全且有效运行的公共信息服务体系是弥合少数民族地区社会分化的黏结剂。

3. 少数民族地区公共信息服务体系发展的现状与问题。少数民族地区在国家地理空间上的边缘性，政治、经济、文化发展的特殊性，民族地区信息服务设施、技术的落后性等诸种因素都使得少数民族地区公共信息服务体系建设面临着更多的困难。资金、观念、语言、机制、技术、人才成为影响少数民族地区公共信息服务体系发展的主要制约因素。

4. 少数民族地区公共信息服务体系建设的内涵与对策。少数民族地区公共信息服务体系建设的核心是确保少数民族地区及少数民族群众拥有平等分享公共信息资源与获得公共信息服务的机会。要坚定不移地落实国家发展少数民族地区公共文化服务事业的政策和决策；继续加快民族地区信息基础设施建设；完善公共信息服务体系建设的制度环境；普及媒介素养教育，提高少数民族群众的信息技术应用能力；完善对口支援政策，将少数民族地区公共信息服务体系建设纳入对口支援范围；加快少数民族公共信息服务人才队伍建设等。

（三）研究重点

1. 少数民族地区信息传播事业发展的社会基础和经济基础都比较薄弱，经营性信息服务机构不具备大发展大繁荣的条件。全面客观地掌握少数民族地区公共信息服务的发展基础和发展状况，厘清少数民族地区公共信息服务体系建设的核心问题并提出相应对策，是本书研究的重点。我国少数民族地区的经济社会发展的滞后性决定了很难照搬东部发达地区公共信息服务体系的建设模式。而民族区域自治制度和国家制定的相关政策则为少数民族地区建设符合少数民族地区特点、与少数民族地区社会、经济、文化相适应的公共信息服务体系提供了法律和政策保障。因此，采取切实可行的措施，大力发展公共信息服务体系，才是满足少数民族地区各族群众信息需求的根本途径。课题组将通过深入调研，从理论和现实两个层面揭示少数民族地区公共信息服务体系建设的基础、现状、问题、措施，以推进少数民族地区公共信息服务体系建设。

2. 难点是少数民族地区公共信息服务体系建设问题认识的全面性和对策研究的针对性。我国少数民族地区分布广泛，各地的情况千差万别，我国少数民族地区公共信息服务体系建设既有共性也有差异性，全面反映少数民族地区公共信息服务体系建设的各个领域和层面极为困难。因此，本书试图在尽可能全面掌握研究素材的基础上，重点解剖部分典型地区，以点带面，窥一斑而知全豹，以探寻民族地区公共信息服务体系面临的共性问题，提出带有普遍性的对策建议。

3. 通过调查与剖析少数民族地区公共信息服务体系建设的现状，深刻认识少数民族地区公共信息服务体系建设面临的问题，明确公共信息服务是国家在少数民族地区提供的一项基本公共服务。大力推进公共信息服务体系建设是实现少数民族地区经济发展与社会和谐的重要战略举措。

4. 探索民族地区公共信息服务体系建设的特殊性与复杂性，试图突破传统的研究公共信息服务体系建设的模式。一方面，民族地区信息传播的对象主要是少数民族群众，特有的民族心理与信息需求影响着他们对公共信息的接受程度。另一方面，民族地区公共信息传播渠道和内容较其他地区更为复杂多样，既包括以汉语为传播载体的信息，也包括以少数民族语言为传播载体的信息。民族地区公共信息服务体系建设既受到政府政策的影响，也受到少数民族群众信息接受与使用能力的影响，具有特殊的复杂性。基于此，本书紧扣公共信息服务体系中信息传播这个关键环节，从传播媒介、传播渠道、传播内容、传播效果几个方面入手来探讨少数民族地区公共信息服务体系建设问题。

第二章　公共信息服务理论述略

第一节　西方公共服务理论的起源与发展

一、社会契约论

公共性是现代政府设立的基础，其逻辑前提为政府是接受人民委托为人民办事的公共权力机构，政府的一切权力来自于人民。从实践意义上说，只有政府具有公共性，人民才有参政议政、行使民主权利的正当理由。从西方社会的演变来看，政府公共服务的理论依据和行动指南是社会契约论。社会契约论在西方世界源远流长，其思想基础最早可以追溯到古希腊哲学。在古希腊的经典哲学家眼中，以均衡与和谐等为内核的自然法则是社会与自然运行的最高法则。在遵循自然正义的基础上，为了避免人类彼此伤害，古希腊哲学家认识到了契约的重要性。古希腊思想家柏拉图曾经说过："在我看来，之所以要建立一个城邦（国家的雏形），是因为我们每一个人不能单靠自己达到自足，我们需要很多东西。"[①] 在柏拉图看来，城邦源于人们对于互助的需要。古罗马的西塞罗则提出了"互助论"，他说："如果说我在过去繁忙的时候也在为我的同胞们服务，那么我在闲暇之时也同样能为他们服务。"[②] 在"互助论"的基础上，古希腊晚期的著名思想家伊壁鸠鲁提出了著名的"契约

---

① ［古希腊］柏拉图著，郭斌和、张竹明译：《理想国》，38 页，北京，商务印书馆，1997。

② ［古罗马］西塞罗著，石敏敏译：《论神性》，20 页，北京，生活·读书·新知三联书店，2007。

论”思想。伊壁鸠鲁认为，个人是社会存在的基础，正是出于个人对于利益、快乐和安全的需要，人们互相妥协达成方案，于是，国家和法律便产生了，“在任何地点、任何时间，只要有一个防范彼此伤害的相互约定，公正就产生了”①。伊壁鸠鲁认为，契约是人类福利的约定，其目的是为了避免互相伤害；而国家则是人们订立契约的产物，其职能是保障个人的自由和安全。② 马克思、恩格斯在其《家庭、私有制和国家的起源》中对此也表示认可：“国家起源于人们相互之间的契约，起源于社会契约，这一观点就是伊壁鸠鲁最先提出来的。”③

随着西方近代国家的形成和发展，西方学者以契约论为基础，从人的权利、人的理性与经验、国家的产生与基础、国家权力的有限性等不同角度和层面深化了契约论理论，形成并完善了社会契约论。卢梭是社会契约论的集大成者。卢梭认为国家之所以能够产生，在于私有制社会产生后，人与人之间的冲突具有必然性。而人具有理性，因此，人让渡出来部分个人权利，“寻找一种结合方式，使他能够以全部共同的力量来维护和保障每个结合者的人身和财富，并且由于这一结合而使每一个与社会相结合的个人又只不过是在服从自己本人，并且仍然像以往一样地自由”④。在社会契约论者看来，人们之所以需要国家，在于人们需要维护自己的安全和权利。因此，国家理所应当地要担负起维护社会秩序，保障公共安全的责任。而政府代表着国家，理应把满足公众需求作为基本使命，这是政府合法性的基础。当代学者罗尔斯发展了古典社会契约论，把社会契约论的关注点从政府的合法性问题引向社会制度的正义性。⑤ 在社会契约论的基础上，西方形成了所谓的新公共服务理论，主张把公民权利、公共利益、公共责任作为公共服务的基础。

二、公共物品理论

公共服务是一个范围非常广泛的概念，并没有统一的定义。不同的研究者从不同的角度对公共服务进行了大量的研究。公共服务的概念涉及的关键

---

① 北京大学哲学系编译：《古希腊罗马哲学》，347 页，北京，商务印书馆，1982。

② 何怀宏：《契约伦理与社会正义》，11 页，北京，中国人民大学出版社，1993。

③ 《马克思恩格斯全集》，第三卷，147 页，北京，人民出版社，2016。

④ ［法］让-雅克·卢梭著，何兆武译：《社会契约论》，23 页，北京，商务印书馆，1982。

⑤ 王福生：《罗尔斯〈正义论〉中的理论退却及其美国元素》，载《辽宁大学学报（哲学社会科学版）》，2018（6）。

词一是“公共”，二是“服务”。“公共”既是指“服务”的对象，即面向全体公众；也是指“服务”的内容是社会公众的共同需求，即服务具有公共性特点。“服务”是指满足他人某种特殊需要的活动。将两个词语连接起来看，公共服务显然是指满足社会公众共同需求的社会活动。公共服务的指向是社会公众，而提供公共服务的主体显然是掌握公共资源和行使公共权力的机构——政府。从政府职能的角度看，公共服务是政府使用公共权力和公共资源为社会公众提供各类公共产品，满足公共需求的社会活动。从公众的需求层面看，但凡社会成员的公共需求，如教育、环境卫生、电力、自来水、暖气、公交、公路、铁路、航空、文化、体育、媒体、娱乐等都属于公共服务的范畴，甚至新鲜的空气、健康的食品、优美的环境等也逐渐成为公共需求。为了更好地把握公共服务的界限，经济学家们创立了公共物品理论，这一理论也成为学者们在讨论公共服务时的经典理论。

“公共物品理论最早可追溯到瑞典经济学家威克塞尔。他在 1896 年的《财政理论研究》中将边际成本定价等设计应用于公用事业服务、带有垄断性的寡头产品等，以此开创了‘纯公共物品理论’。1919 年产生的‘林达尔均衡’是公共物品理论最早的成果之一。1954 年现代福利经济学代表人物之一的萨缪尔森对公共物品的本质进行了归纳，提出了公共物品的两个本质特征，一是非排他性，二是非竞争性。这个归纳成为公共物品的经典定义。”① 实际上，在社会生活中，完全具有非竞争性和非排他性的公共需求是有限的，在现实中还存在许多萨缪尔森提出的公共物品理论不能完全包容的特殊情况。布坎南在修正公共物品理论的基础上，提出了准公共物品（非纯粹公共物品或混合公共产品）的概念，这类公共物品或者只具有非排他性，或者只具有非竞争性，总的特点就是它们不能同时满足萨缪尔森所提出的那两个条件。② 例如水资源这种公共物品，每个人都需要，不具有排他性，但是资源有限，具有一定的竞争性；而道路、公园等公共设施，由于使用人数的限度，具有一定的排他性，但每个人使用的机会是均等的，其竞争性并不明显。

随着新技术和新媒体的发展，公共物品的外延在不断扩大。一些新兴的

---

① 马庆钰：《公共服务的几个基本理论问题》，载《中共中央党校学报》，2005（1）。

② 马庆钰：《公共服务的几个基本理论问题》，载《中共中央党校学报》，2005（1）。

产品是不是公共物品，或者在什么情况下是公共物品？保罗·罗默在1986年提出了两个概念：独享物品和共享物品。独享物品是一次只能被一个人占用的物品，如一个鸡蛋、一个苹果、一本书、一副网球拍或者一间公寓。独享物品在使用中被消耗，而共享物品（如电子阅读器上的书籍、谷歌搜索、操作系统、服装设计、歌曲、电视节目）则可以被无限多的人同时使用。当人们在使用共享物品或者服务时，它们随着联网用户数的增加而呈现出指数级的增加的态势。[①] 罗默揭示了互联网时代公共物品所具有的新的特性以及人们新的公共需求。

实际上，人的需求在不断发展，某种需求此时可能是纯粹的私人需求，而彼时就会发展成为公共需求。因此，公共物品理论在社会发展中始终存在涵盖不完全和解释不充分的问题。例如暖气、电话等，这类物品完全是私人需求，既具有竞争性又具有排他性，但是，这类物品（服务）具有投资成本巨大、规模效应明显（用户数量越多，单位成本越低）、非重复选择（用户一般只需要一家服务提供商）等特点，又具有公共属性，是每一个社会成员都有需要的私人需求，也具有公共物品的属性。

三、公共服务理论

西方的公共服务理论发展可以大体分为三个阶段。[②] 二战结束后到20世纪70年代为第一阶段。二战以后，世界进入到相对和平的时期，新的政治经济格局促使西方资本主义国家经济快速增长。同时，战后的社会重建也需要政府承担主要责任。在此基础上，由政府作为公共服务的唯一提供者成为西方国家的普遍选择，也受到了广泛的支持。政府承担全部公共服务有利于战后重建，确保公民获得较好的生活保障。但是，随着人口和需求不断增长，政府作为公共服务唯一提供者的弊端也逐渐显现出来。一方面，公共服务成本不断上升，使得政府财政压力增大，甚至不堪重负；另一方面，公众不断增长的需求和政府的工作效率之间的矛盾始终无法调和。在应对上述矛盾的过程中，20世纪70年代，西方国家掀起了公共服务民营化的思潮，试图借助

① ［美］乔治·吉尔德（George Gilder）：《知识与权力：信息如何影响决策和财富创造》，104页，北京，中信出版社，2015。

② 高军波、周春山：《西方国家城市公共服务设施供给理论及研究进展》，载《世界地理研究》，2009（12）。

私营机构实现公共服务的商业化。美国及欧洲一些国家相继颁布了鼓励第三方部门参与公共服务的政策和法律。

20 世纪 70 年代以后，西方国家在反思战后 20 多年社会经济发展的基础上，兴起了新自由主义思潮。新自由主义的理论核心是倡导自由化和私有化，反对国家干预经济。与之相适应的是，在公共服务领域兴起了新公共管理理论，主张引入市场机制，力图将私营部门和工商企业的方法用于公共部门。[①] 新公共管理理论的兴起将西方的公共服务理论引入了发展的第二阶段。新公共管理的思想源泉来自于奥斯特罗姆。他在 20 世纪 70 年代初指出，组织有两种对立的形式：官僚制和市场。在奥斯特罗姆眼里，官僚组织相对于市场选择是低效率和低成效的。官僚行政模式缺乏竞争、消费者主权和低成本选择下的激励。[②] 新公共管理理论的本质是公共服务市场化，减少政府对公共服务供给的干预，利用市场化机制满足公众的需求。当然，公共服务的完全私有化有悖于现代政府的职能。从实践层面看，新公共管理理论是不切合实际的，私人垄断公共服务存在着巨大的风险。因此，西方学者提出了“第三部门”的概念。所谓“第三部门”是指不属于政府也不属于私营部门、独立承担公共服务、不以盈利为目的的公益性机构。“政府的刚性制度恰好能弥补第三部门的不足，而第三部门对公众需求回应方面则具备良好的弹性，基于二者在各自组织特征上的互补性，它们间应建立起‘合作关系’。”[③] 发挥“第三部门”的作用，弥补单纯由市场或政府供给公共服务的缺陷，是“第三部门”互补供给理论的核心。“非盈利组织不受‘分配约束’，不会为了追求利润而降低品质，公共物品和服务若由非盈利组织性质的第三部门完成，生产者的欺诈行为便会得到有力的遏制。”[④]

第三阶段为 20 世纪 90 年代至今。信息技术革命打破了传统的地理疆域，世界越来越成为一个整体，资金、技术、人才在更大的空间范围加速流动。各种社会要素的快速流动，也使得公共服务领域里传统的政府和市场界限被打破。西方学者试图在公共物品和服务领域建立起一种有效的协调机制，在

---

① ［美］罗伯特 · B. 丹哈特、珍妮特 · V. 丹哈特著，丁煌译：《新公共服务：服务，而不是掌舵》，8 页，北京，中国人民大学出版社，2010。

② ［澳］欧文 · E. 休斯：《新公共管理的现状》，载《中国人民大学学报》，2002（6）。

③ 周燕、梁樑：《国外公共物品多元化供给研究综述》，载《经济纵横》，2006（2）。

④ 周燕、梁樑：《国外公共物品多元化供给观念的演进及启示》，载《首届中国科技政策与管理学术研讨会 2005 年论文集》，2005（12）。

政府、市场和社会三方之间努力构建多元权力与权利均衡，追求参与主体各方的合作多赢。[①] 在此基础上形成了新公共服务理论。

新公共服务理论的基础是民主公民权理论、社区和公民社会理论、组织人本主义和新公共行政、后现代公共行政。[②] 新公共服务理论的基本观点是：公共利益是就共同利益对话的结果，而不是个人自身利益的聚集；政府必须促进一种集体的、共同的公共利益观念；政府的职责是服务而不是控制或掌控社会；政府服务于公民而非把公民视作顾客；重视公民权和公共服务，等等。[③] 新公共服务理论假定政府角色就是努力创造一个利益共享、责任共担的机制，联合多元力量协同解决，确保公共物品提供获得最大多数人的满意。[④]

西方公共服务理论与实践的发展对于我国公共服务体系建设具有参考借鉴意义。随着我国决胜全面建成小康社会，开启全面建设社会主义现代化国家新征程，我国由高速增长阶段转向高质量发展阶段。新时代我国社会主要矛盾是人民日益增长的美好生活需要和不平衡不充分的发展之间的矛盾，因此，必须坚持以人民为中心的发展思想，不断完善社会治理体制机制，把公共服务体系的建设与完善作为解决我国新时代主要矛盾的重要抓手和着力点。

第二节　我国公共服务理论与实践发展脉络

一、民本主义的文化源泉

从历史发展的脉络看，中国与西方在社会治理文化、社会治理方式上走上了完全不同的道路，也产生了完全不同的结果。与建立在城邦制基础上的西方文明不同的是，走向大一统的中国文明源远流长，一脉相承。绵延不绝的中华文明兼容并包，成为推动中国历史前进的强大力量。为了解释政府的

---

① 刘筱、闫小培：《公共服务业供应模式及其与城市管治的关系——以广州为例》，载《地理研究》，2006（9）。

② ［美］罗伯特·B. 丹哈特、珍妮特·V. 丹哈特著，丁煌译：《新公共服务：服务，而不是掌舵》，19～20页，北京，中国人民大学出版社，2010。

③ ［美］罗伯特·B. 丹哈特、珍妮特·V. 丹哈特著，丁煌译：《新公共服务：服务，而不是掌舵》，31页，北京，中国人民大学出版社，2010。

④ 周燕、梁樑：《国外公共物品多元化供给观念的演进及启示》，载《首届中国科技政策与管理学术研讨会2005年论文集》，2005（12）。

合法性，中国封建统治者创造和完善了“君权神授”的理论。在中国封建社会进程中，曾出现过许多反对“君权神授”的思想家，比如东汉时期的无神论者王充、东晋时期的无君论者鲍敬言等，他们批判君权神授，主张人际平等。不过，在封建统治无比强大和封建思想无比顽固的时代，王充、鲍敬言等所倡导的思想被视之为“异端”，犹如在奔涌的大河中投下几枚石子，所激起的不过是片片涟漪，很快就复于平静。在中国历史演变进程中，尽管没有出现过公民社会，也没有建立基于社会契约论的治理模式，但是，源自西周的民本主义被儒家学者不断吸收和完善，成为儒家文化的核心，也影响和型塑了中国两千年的封建社会政治实践。民本主义文化的精髓也为当今发展以人民为中心的新型社会治理模式提供了重要的历史文化资源和思想资源。

民本主义起源于《尚书》。尚书有“民可近，不可下。民惟邦本，本固邦宁”[①]“天矜于民，民之所欲，天必从之”[②] 等说法，所表达的意思是上天也会遵从老百姓的要求，百姓才是国家的根本，根本稳固，国家才能安宁。在先秦思想体系中，民本思想实际上以各种不同的角度为诸子百家所接纳，这当然与春秋战国时期的社会变革与动荡密切相关。在充分思考社会动乱给天下苍生带来的灾难和痛苦基础上，先秦思想家们提出了各自的看法和解决方案。在民本主义的基础上，先秦诸子基于中国社会现实创立了不同的社会治理学说。与古希腊哲学家相仿的是，中国先秦思想家们也遵循自然法则，把和谐视作社会治理的基本准则。正如吕思勉所说，自然法则为人类“避免混乱、失控的社会秩序，维护自身利益提供强大的心理依据，从而为人类自身的处境寻求一种安全感和秩序感”[③]。当然，在遵循自然法则的基础上，由于中国和欧洲所处的自然环境不同，中西方思想家们思考问题的方法、路径以及由此带来的社会实践存在明显差异。

墨家认为社会混乱的关键是各种社会要素之间的无序，即“无君臣上下长幼之节、父子兄弟之‘礼’，是以乱天下焉”[④]。墨家的解决方案是“兼爱”与“尚同”。墨子说：“视人之国，若视其国；视人之家，若视其家；视人之

---

① 《尚书·夏书·五子之歌》。

② 《尚书·泰誓上》。

③ 吕思勉：《先秦学术史概论》，6页，昆明，云南人民出版社，2005。

④ 《墨子·尚同》。

身，若视其身。是故诸侯相爱，则不野战；家主相爱，则不相篡；人与人相爱，则不相贼；君臣相爱，则惠忠；父子相爱，则孝慈；兄弟相爱，则调和。天下人皆相爱，强不执弱，众不劫寡，富不侮贫，贵不傲贱，诈不欺愚。”①也就是说，如果能把彼此的国家与人民视若自己的国家与人民，那么诸侯之间就能做到彼此友好，而不会发生战争；同理，如果国家内部、家族内部、兄弟之间都能做到彼此友爱，那么，社会自然安定有序，这就是“兼爱”。而“尚同”强调的则是思想文化的高度统一。墨家认为，尚同就能够使各个阶层彼此了解，就能及时化解各种矛盾冲突，最终制止社会动乱，实现社会有序和谐。尽管墨家的思想在当时乃至后世都没有被统治者所采纳，但是，其影响颇为深远，对于儒家文化的形成与发展亦有很大的影响。②

真正被后世发扬光大的民本主义思想来源于儒家。儒家文化吸纳了先秦诸子的思想，在和谐与冲突对立统一的理论体系下，以和谐共处、安定有序为基本目标，提出了一系列社会治理目标、理念、方法。孟子曰：“民为贵，社稷次之，君为轻。是故得乎丘民而为天子，得乎天子为诸侯，得乎诸侯为大夫。”③ 孟子的意思是老百姓最重要，得民心者方能为天子。实际上，先秦圣贤所表达的思想，即人民是治国之根本。战国时期，周王室衰败，诸侯国通过确立土地私有制来提高生产力。私有制的确立在一定程度上激发了人们的生产热情，增强了国力。但是，从另一个角度看，也激发了人们对于财富的追逐欲望。对财富的追逐手段也不可避免地复杂多样，以至于不正当、不合乎传统伦理规则的手段层出不穷。这也是孔子认为当时“礼崩乐坏”的根源。后来的儒家学者就此进行长期的思考，提出相应的社会治理学说。与西方直接将和谐、均衡等自然法则运用到社会政治领域，进而通过建立契约避免人与人之间的伤害不同的是，儒家倡导通过加强个人修养的方式来避免互相伤害，进而建立和谐有序的社会。在孔子建立的思想体系中，“仁”是核心，当人们将“仁”内化为品质与修养，那么人们便不会放纵自己的欲望，会以仁义之心对待他人。若统治阶级以“仁”为行事准则，那么他们便会主动去保民、爱民，社稷自然会安定。孟子所谓的“穷则独善其身，达则兼济天下”，以及《礼记》中提出的格物、致知、诚意、正心、修身、齐家、治

① 《墨子·兼爱》。
② 张金山：《墨子的和谐管理思想》，载《辽宁经济职业技术学院学报》，2011（12）。
③ 《孟子·尽心章句下》。

国、天下平，所强调的都是个体与社会的和谐统一。当所有个体的人格完善了，人际关系、社会关系也就和谐了，社会就安定了。尽管儒家学说在先秦时并不为统治者所接纳，但是，随着汉代“罢黜百家，独尊儒术”以后，儒家被尊奉为治国理政的正统思想。儒家所推崇的社会治理理念、方法、理想延续近两千年，成为中国封建时期占据主导地位的社会治理主张。

汉代以后的历代统治者均以儒家思想为治国之本，把儒家思想从社会教化层面引入到政治教化层面。统治者强调靠道德教化让人们自觉地维护社会的和谐与秩序。当然，统治者也认识到道德教化不仅仅是一种需要内化的力量，也是一种需要外在的制度予以规范的力量。宋代以后儒法合流，儒家主张的道德教化与乡规民约、国家法律等逐渐融合为一体，道德教化不再仅仅是一种个人内在约束，也成为维护社会秩序、约束人们行为的世俗法。这也是“五四运动”时期，人们把礼教视为“吃人”的社会规范的原因。当然，儒家文化中理想的社会秩序不仅有对被统治者的道德约束与教化，也有对统治者进行教化和约束的要求，即统治者以什么样的原则和方式进行社会治理。儒家学者从民本思想出发提出了“仁”和“仁政”的社会治理体系，甚至有人将儒学称为“仁学”。施“仁政”是漫长的中国封建社会对社会治理的基本要求。在儒家文化中，“仁”首先是道德体系中所有道德标准的核心和基础。“仁”不仅是个人道德的核心，也是治国理政的核心。同时，“仁”也具有实践层面的含义，所谓“仁者爱人”“仁心”“仁行”等，都是道德品质与道德实践的统一。从整个儒家文化发展的脉络看，儒家思想把“仁”作为从个体到社会行为的最高道德准则。“仁政”的核心则是《尚书》中所说的“民惟邦本，本固邦宁”的民本思想。

然而，“仁政”并不是以维护人民利益为中心的，而是以维护封建统治为中心。把“民”视为国之根本的目的是为了维护邦国统治的稳固，民众的需求愿望并不是重点。直到明朝中晚期的启蒙思想家诸如王阳明、顾炎武、王夫之等，才扭转了这一思维取向。王阳明等看到了统治中国两千年的圣人之道对于解民之忧往往是口惠而实不至，民生问题、民生疾苦从未得到根本的解决。正如明末思想家黄宗羲所说的“积累莫返之害”。也就是说，中国封建时代每一次的社会改革都是以稳固封建统治为出发点，以加重民众负担为最终归宿，成为循环往复的“黄宗羲定律”。明代启蒙思想家们关注平民生活、体察民间疾苦，提出了“民之质矣，日用饮食”①“私欲之中，天理所寓”②，颠覆了“存天理，灭人欲”的礼教，肯定了人的欲求存在。明末思想家们也提出了与西方公民社会相呼应的政府观。例如，王夫之提出“天下非一姓之天下”，主张“公天下”而非“私天下”。发展到清末民初，孙中山明确提出了三民主义“民族、民权、民生”的纲领，把中国传统的大同理想和民本思想转化为现代意义上的民生主义。尽管中国漫长的封建时代没有催生出现代意义上的公共政府，但是绵延2000年的民本主义文化传统依然具有现代价值，是我们认识和思考现代公共服务体系的思想文化源泉。正因为如此，尽管中国公共服务体系建设比西方晚了很多年，但深厚的民本主义文化传统，为推进现代公共服务体系建设注入了强大的思想文化动力。

二、从为人民服务到公共服务

中华人民共和国成立以后，长期实行计划经济体制，市场经济发育迟缓，公共物品并非按照需求供给而是按照计划供给，公共需求长期受到抑制。用以约束政府及其工作人员行为的基本准则是为人民服务理论。为人民服务是马克思主义群众观点的具体体现，也是中国共产党的基本宗旨。为人民服务就是密切联系群众，为人民谋利益，按人民合理的要求、公平公正地办事。因此，有人认为，为人民服务实际上就是公共服务理念在中国语境下的具体体现。

公共服务与为人民服务有相似之处也有区别。相似之处是二者的诉求、行为主体有很大的重合之处。区别在于人民是一个政治概念，而公共服务的对象超越了人民的范畴。公共服务强调政府无差别地提供特定服务，获得公共服务的机会对所有人都是公平的。例如公交车、公园，具有使用机会的公平性，政府作为供给主体一般情况下并不会特别地对使用者进行筛选。所以，在论及公共服务对象时，使用公众而非人民更为确切。从服务内容看，公共服务所指向的服务内容仅限于满足公众带有普遍性的基本需求，公共服务内容并不会指向个别人的特定需求。而为人民服务的内容则广泛得多，既包括物质层面的，也包括精神层面的；既关注普遍需求，也关注特殊需求。从管

① 顾炎武：《亭林文集·卷五》。

② 王夫之：《四书训义·卷二》。

理程序看，政府是公共服务的提供主体，其他社会机构如企事业单位需获得政府授权，才能够作为公共服务的提供主体开展工作。而为人民服务则不需要任何授权，政府、团体、企事业单位乃至个人都可以为人民服务。在我国没有建立起完善的公共服务体系之前，为人民服务的实践有效地填补了我国公共服务供给不足的空白。同时，为人民服务作为中国共产党的基本宗旨，也将在未来的社会治理中发挥着领航和指引前路的重要作用。

始于20世纪70年代末期的改革开放，逐渐打破了我国的计划经济体制，个体经济、中外合资合作等新的经济形态成星火燎原之势。90年代正式确立的社会主义市场经济体制则完全颠覆了计划经济体制。计划经济体制下建立的全能型政府在社会主义市场经济体制的建立和完善过程中呈现出诸多的不适应，尤其是“市长干着厂长的事，厂长干着市长的事”这一体制弊端极大地阻碍了经济与社会的发展，政府管理体制与社会经济发展之间的矛盾十分尖锐。在反思计划经济体制弊端的背景下，学者们对公共服务的价值以及政府职能进行了诸多反思。政府到底该管什么不该管什么、该干什么不该干什么、怎样提高政府的效能等是反思上述矛盾时被最多提及的问题。在政企不分、政事不分的计划经济体制下，我国政府的主要职能被纠缠在大量的具体事务之中，大到经济建设、企业发展，小到劳资人事、柴米油盐，政府无所不管。但是，人民的基本需求往往被掩盖在冗杂的社会事务中，被忽略甚至漠视，造成政府掌握的公共资源无法在满足广大人民需求方面发挥最大效力，也造成政府的公共服务能力严重滞后于人们日益增长的需求。

改革开放之初，我国政府面临着财力有限、适应新形势的社会治理经验不足等困难，很难全面推开各个领域的公共服务。加之居民收入低，没有能力分摊公共服务成本。因此，公共服务供给与需求之间的矛盾十分突出。到底应该如何发展公共服务事业？应该重点发展哪个领域的公共服务事业？发展公共服务事业的政策与路径应该如何选择？这些都是政府需要解决的问题。最初的解决办法是在公共服务成本和居民收入之间找到平衡点，即由政府和公众适度分摊公共服务成本。这种办法的理论基础是公共服务成本补偿理论。公共服务成本补偿理论的核心是合理确定公共服务的定价，由受益对象支付一定的公共服务成本，同时，防止低收入居民因定价过高而不能得到公共服务。另外，考虑到公民收入差异，可以适度补贴低收入者，适度提高高收入者的收费标准。成本补偿观念在改革开放之初得到了广泛的认同，并大力推行。大量由政府提供的公共服务在成本补偿理论的支撑下，合理合法地收取费用，这一做法对于起步阶段的公共服务事业发挥了积极的促进作用。当然，也为后来愈演愈烈的乱收费、乱罚款、乱摊派现象埋下了祸根。时至今日，我国在公共服务领域的不合理收费现象依然未能完全肃清。

从20世纪80年代初一直到90年代末期，我国对于公共服务的意义、范畴、方式以及提供主体达成了基本的共识，即提供公共服务的主体应该是政府，提供公共服务属于国家行为。政府提供公共服务的方式主要有两种：一种是通过制定法律法规政策明确公共服务的原则、范围、内容、对象等，保障公共服务长期、稳定、有效供给；二是政府通过具体的行为直接或者间接提供公共服务。在政府由全能型政府向服务型政府转变的背景下，政府退出部分社会管理职能、授权其他社会主体提供公共服务也逐渐成为共识。

1999年11月15日，中美双方就中国加入世贸组织（WTO）达成协议。2001年7月3日，世界贸易组织（WTO）成员国就中国正式入世问题达成一致。2001年11月20日，世贸组织宣布中国政府已于2001年11月11日接受《中国加入世贸组织议定书》。加入世贸组织深刻影响到了中国社会的方方面面。在社会治理方面，首先要求政府必须创新管理理念，清理和修改法律法规，改革管理方式，履行入世承诺；其次要打破政府对产业的垄断，开放公共服务领域。公共服务是政府社会治理的基本内容，获取优质高效的公共服务是公众对政府的核心诉求。在履行入世承诺和深化政府管理体制改革的大背景下，政府怎样才能够有效地履行自己的职责，怎样处理好政府公共服务责任与社会力量参与公共服务之间的关系等都成为一时之间热点和难点问题。在探索和解决这些问题的过程中，我国公共服务理论和实践脉络逐渐清晰，公共服务能力不断提升。

三、公共服务成为政府的重要职能

2003年10月召开的中共十六届三中全会把公共服务从理论探讨和局部实践层面上升到国家行为和国家战略层面。十六届三中全会通过的《中共中央关于完善社会主义市场经济体制若干问题的决定》指出："按照中央统一领导、充分发挥地方主动性积极性的原则，明确中央和地方对经济调节、市场监管、社会管理、公共服务方面的管理责权。"把公共服务作为基本政府职能在我国还是第一次。随后在全国十届人大二次会议上通过的政府工作报告强调，各级政府要更加注重履行社会管理和公共服务职能。而公共服务的内涵也进一步明确为提供公共产品和服务，即加强城乡公共设施建设，发展社会就业、社会保障服务和教育、科技、文化、卫生、体育等公共事业等。把公共服务作为政府的重要职能，标志着我国政府管理理念由以经济建设为重心向以公共服务为重心转移。

2005 年十六届五中全会通过的《中共中央关于制定国民经济和社会发展第十一个五年规划的建议》提出“逐步形成覆盖全社会的比较完备的公共文化服务体系”。这标志着，国家对政府的公共文化服务职能予以高度重视。此后，有关公共文化服务的研究逐渐形成热潮。笔者以公共文化服务、公共文化服务体系为关键词检索知网，分别获得了 3843 篇和 2339 篇文献，文献发表的时间集中于 2005 年以后。在早期发表的文献中，学者对于公共文化服务内容的认识还大多限于公共图书馆服务、文博服务、群众艺术、文化演艺服务等，政府是公共文化服务的提供主体，实体场馆是人们获取公共文化服务的主要渠道。① 随着我国传媒事业的繁荣以及互联网的发展，实体化的公共空间逐渐向媒介化公共空间转移，公共文化服务与传播的主渠道逐渐向大众媒体迁移。公共文化服务与公共信息服务的交叉重合越来越多，新闻出版、广播电视等大众媒体提供的信息产品成为公共文化产品的主要组成部分；新闻出版、广播电视、互联网等新闻信息传播渠道，也成为提供公共文化服务的主渠道。

物质需求的不断满足，改变了我国人民的生活方式，精神、文化层面的需求不断增强。从党的十五大一直到党的十八大，中国特色社会主义的内涵经历了从三位一体到五位一体的发展，文化建设在治国理政思想中的地位越来越重要。党的十九大对发展中国特色社会主义文化提出了更为全面的论述，发展中国特色社会主义文化也成为习近平新时代中国特色社会主义理论的重要组成部分。文化是一个国家和民族的灵魂和精神支柱。文化可以是高度抽象的也可以是具象的。从理论层面看，文化是抽象的，体现的是价值体系。从实践层面看，文化的传承与传播只能是具象的，需要具体的体制机制保障，也需要依靠具体载体和传播媒介。广义上来看，文化是人类在社会历史发展

① 杨建新：《大力构建公共文化服务体系》，载《今日浙江》，2005（5）；深圳市文化局公共文化服务体系研究课题组：《深圳公共文化服务体系研究》，载《特区实践与理论》，2006（5）。

过程中所创造的物质财富和精神财富的总和。信息传播是一种文化现象，所以，公共信息服务体系是公共文化服务体系的子系统。但是，从政府管理体制看，文化事业和信息传播事业分属于不同的党政部门管辖，形成了你中有我，我中有你的格局。

2017 年 3 月 1 日，《中华人民共和国公共文化服务保障法》正式实施。这部法律的立法原则是“建立健全有利于激发文化创造活力、保障人民基本文化权益的文化法律制度”，对建立与我国经济社会发展水平和社会公众需求相适应的基本公共文化服务体系发挥着重要作用。[①]《中华人民共和国公共文化服务保障法》明确国务院文化主管部门、新闻出版广电主管部门是公共文化服务工作的主管部门，这一规定显然是为了适应信息时代公共文化服务内容和主渠道的改变，以加强对公共文化服务工作的领导和管理。尽管目前国家尚未制定公共信息服务方面的法律，但是，《公共文化服务保障法》明确提出要把增加“图书、报刊、广播电视节目、网络信息内容”的供给，作为促进城乡公共文化服务均等化的途径，从法律的角度保障了公共信息服务事业的发展。

综上所述，我国有着悠久的民本主义社会治理文化传统，为人民服务、以人民为中心是中国共产党的根本立场。伴随着改革开放的深入，我国不断学习、吸收、消化世界各国公共服务理论和实践的精髓，不断提高和深化公共服务的认识和实践，明确公共服务的提供主体，不断拓展公共服务的领域，人民获得的公共服务数量和质量不断提高。但是，横向来看，公共服务区域不平衡、公共服务与广大人民群众不断增长的需求之间的矛盾、公共服务的法律政策不健全、政府公共服务能力不强等问题依然较为突出。

第三节　公共信息服务理论

一、信息与社会发展

当前，信息与人类社会的生存和发展息息相关，信息已成为人们生产生

① 《公共文化服务保障法草案已形成，文化立法正在加快推进》，http://www.npc.gov.cn/npc/xinwen/jdgz/gzjd/2015－12/11/content_1954428.htm。

活不可或缺的基本资源。例如，人们需要知道国内政治经济环境的现状与趋势，以判断自己的生活与发展是否会受到影响；人们需要知道世界形势是否和平安全，以判断是否会影响到自己的生存环境；人们需要知道国家的大政方针政策的制定与改变，以决定自己未来生活的规划；人们需要知道所生活的城市、社区以及周边有什么新的发展与变动，以更好地融入到现实环境之中；人们还需要知道衣食住行、生产消费领域的各种变动和变化，以决定自己的日常生活行为等。凡此种种，都意味着信息传播与接受已经深深地融入了社会生活之中。

对于信息本质的认识，最具影响力的当属 1948 年香农所提出的信息论。香农有关信息的论述对于信息技术、信息传播等相关学科都产生了深远影响。"香农认为，信息是用来消除随机不确定性的东西。信息论把通信视为特定的信息在噪声（即冗余信息）之间通过一个通道进行的传输，这个通道可以是一根线，也可以是整个世界，并根据由此引发的新闻或者意外来评估这些创造或者通信的结果。信息中排除了冗余后的平均信息称之为信息熵，也可以称之为知识。"① 受众获取信息时必须将信号和噪声区别开来，也就是要能够区别哪些是受众需要的信息，哪些不是。在信息传递的过程中，"通信信息是从信息源传递给接收端，反之，反向的信息传递则会构成干扰信号传输的能量场，这种具有干扰作用的能量场可以被定义为噪声。从传统意义上讲，提高信息传输率的一个途径就是消除噪声，即让信道尽量维持在最大限度的稳定性。"② 香农认为信息的传播具有随机性（stochastic nature），"stochastic 这一词源来自于古希腊语，原意为猜测，这个猜测过程既有概率性又有技巧性，既有不可预测性又有结构性。"③ 按照施拉姆的观点，传播学意义上的信息概念与香农所说的信息并无不同。

从广义上看，香农提出的信息概念反映了信息所具有的属性，即一切表述（或反映）事物的内部或外部互动状态或关系的东西都是信息。④ 建立在

---

① ［美］乔治·吉尔德（George Gilder）：《知识与权力：信息如何影响决策和财富创造》，8 页，北京，中信出版社，2015。

② ［美］乔治·吉尔德（George Gilder）：《知识与权力：信息如何影响决策和财富创造》，11 页，北京，中信出版社，2015。

③ ［美］乔治·吉尔德（George Gilder）：《知识与权力：信息如何影响决策和财富创造》，35 页，北京，中信出版社，2015。

④ 郭庆光：《传播学》（第二版），3 页，北京，中国人民大学出版社，2011。

广义信息概念基础上，世间万物所发生的交往和变动都属于信息传播，例如犬吠鸡鸣、空谷回响等都可以划入信息传播范畴。显然，本项研究所关注的并非广义上的信息传播。民族地区的公共信息传播涉及的是各族群众在社会生产生活和交往活动中所交流或交换的信息，与人的心理活动、思想文化、情感价值、意识形态等相关，尽管在传播过程中也会以一定的物质讯号表现出来，例如文字、影像等，但是这些物质讯号必然与一定的意义（或者称之为价值）相联系。蕴含着意义的物质讯号（信息）是知识的构成元素。“而知识则是经过证实或者证伪的信息，经过处理和解读，可以呈现出不同的意义。知识通常具有本地性、具体性和实践性，是一个经济体内的价值源泉。物质是守恒的，相比之下，知识可以无限扩展和积累。”① 在上述认识的基础上，信息社会的概念逐渐变得清晰起来。

信息社会的概念正式提出于20世纪六七十年代，代表性的学者是贝尔与托夫勒。随着计算机技术和互联网技术的发展，西方国家的许多学者诸如“彼得·德鲁克、丹尼尔·贝尔、马歇尔·麦克卢汉、阿尔温·托夫勒、斯图尔特·布兰特、约翰·佩里·巴洛等，都曾经做出了具有先见之明的预测，即我们即将迎来信息时代和信息经济。他们都发现了这样一个现象：从金融保险到国际贸易和教育，从电脑和通信到咨询管理和生物技术，很多领域的经济活动主要是致力于创建和处理各种符号、软件、编程语言和网络。”② 以计算机和互联网为中心的信息技术在成本和速度上改变了信息传播的格局。托夫勒提出，在信息社会到来之前，决定权力转移的要素是财富以及围绕财富而进行的暴力斗争。随着新技术革命到来，知识成为权力转移的中心，而且其重要性会越来越凸显。随着电子网络的发展，任何公司、集团或者国家，只要能取得对网络系统中信息循环关键环节的控制权，谁就能掌握决定性的经济权力和巨大的政治权力。而要获得这些权力，主要是靠脑力而非资本。因此，信息问题将成为国内和国际冲突中的中心问题，即谁掌握信息、如何获取信息和使用信息。③ 麦克卢汉有一个著名的观点：媒介即讯息。媒介的进

---

① ［美］乔治·吉尔德（George Gilder）：《知识与权力：信息如何影响决策和财富创造》，303～307页，北京，中信出版社，2015。

② ［美］乔治·吉尔德（George Gilder）：《知识与权力：信息如何影响决策和财富创造》，35页，北京，中信出版社，2015。

③ ［美］阿尔温·托夫勒：《权力的转移》，486～487页，北京，中共中央党校出版社，1991。

步改变了信息的传授方式和传播范围，改变了人们了解和认知世界的方式，改变了人们的生产生活观念和行为，催生了新的社会需求。信息对社会的影响力不断扩大，达到托夫勒所说的“权力中心”程度时，信息对政治、经济、文化的影响居于各种社会构成要素之首，信息社会就到来了。郭庆光认为，二战以后的社会信息化过程可以分为初级信息化阶段和高度信息化阶段。初级信息化阶段主要是指传统的报刊、广播电视以及个人媒体如电话、录音、录像、传真等普及的阶段。而高度信息化阶段是指 20 世纪 80 年代末期直至今天，以数字化媒体、计算机、互联网为代表的新媒体、新传播快速发展，使不同媒体的功能出现了融合的趋势，人类社会的信息系统规模更加巨大，结构更加复杂，对人类自身发展的推动作用和制约作用也不断增大。①

伴随着信息对社会结构以及人的观念和生活方式影响的不断加大，媒体及信息传播与社会发展的关系即大众传播在国家发展中的功能定位遂成为一个重要的研究领域，这就是传播学中的重要分支流派“发展传播学”。发展传播学把大众媒体视为国家建设过程中的核心力量，利用传播过程、技术、媒体，帮助人们全面认识他们所处的环境以及变革的手段，帮助人们解决冲突、达成共识，帮助人们制定改革和可持续发展的计划，帮助人们获取必要的知识和技能以改善自身的处境和社会状况、提高国家机构的效力。② 发展传播学的理论核心是创新扩散理论（diffusion of innovation），其关注的核心是新知识在发展中国家被采纳并逐渐普及的过程。发展传播学的代表人物罗杰斯在其著作《创新的扩散》中提出，新知识、新思想的普及要经历五个阶段：认知、说服、决策、实施和确认。他认为，大众传播媒体在这个过程中发挥着独特影响。③ 施拉姆也在其 1964 年出版的著作《大众传播媒体和国家发展》一书中提出，利用大众媒体传播先进的技术和经验，可以使欠发达国家利用几十年的时间，完成西方用了几个世纪才完成的现代化。施拉姆提出，大众传播在国家发展中可以发挥十项功能：“第一，扩大视野，使传统社会的人民把眼光放在将来以及现在的生活形态，并通过媒体唤醒国家意识，促进国家的整合；第二，把公众的注意力集中于国家的重要发展项目；第三，提高人民的

① 郭庆光：《传播学》（第二版），31～33 页，北京，中国人民大学出版社，2011。

② 孙聚成：《信息力—新闻传播与国家发展》，5～6 页，北京，人民出版社，2006。

③ ［美］埃弗雷特・M. 罗杰斯（Everett M. Rogers）著，辛欣译：《创新的扩散》，179 页、184 页，北京，中央编译出版社，2002。

抱负，拒绝被命运摆布；第四，为国家发展创造有利的氛围；第五，与人际管道沟通；第六，赋予人与事以地位；第七，扩大上下沟通的政策对话；第八，执守社会规范，使人不敢轻易逾矩；第九，形成文化口味；第十，改变比较不重要的态度，疏导顽固的态度。”①

在被称之为信息时代的今天，信息以及信息技术不仅创造着财富，也在改变着国家和民族的命运。以色列被称之为信息之国。2012 年，苹果公司斥资 5 亿美元收购了以色列一家只有 5 年历史的小公司 anobit，该公司生产的非易失性存储器使闪存存储器的容量极限翻了一番，延长了存储器的使用寿命，在成本、容量和使用寿命之间实现了最大限度的一致性。该公司的存储器可以让苹果笔记本的存储系统尺寸缩小一半，大大降低存储成本，提高计算机的盈利空间和使用寿命。这类公司以色列有数千家，他们活跃在信息经济的前沿。以色列信息技术的创新产生了广泛的影响，受益的远远不止于计算机公司和通信技术公司。以色列是个水资源贫乏的国家，其在水资源循环利用和海水淡化领域是世界当之无愧的领先者。1948 年建国以来，以色列人口增加了 9 倍，可耕地资源是原来的 3 倍，农业产出是原来的 16 倍，工业产出是原来的 50 倍，但是其年度用水量却令人惊讶地降低了 10%。创造这个奇迹的根本原因在于信息与企业实现了良好的结合。以色列的海水淡化工厂、高科技滴灌系统、废水回收利用系统都得益于监管软件，这些软件能够对信息的变动做出智能反应，能自动监测。以色列取得非凡成就的核心原因在于掌握了信息工具，用知识的力量取代了土地、劳动力和资本的力量。②

信息不仅仅深刻影响社会与经济发展，对于政治活动的影响则更为全面和深远。托夫勒在《第三次浪潮》一书中指出，信息流动速度的加快以及虚拟信息对人们的思想带来巨大冲击，一种新兴传播方式的出现总会带来社会关系的巨变，那些与新知识一起在社会中传播的问题，是任何一个国家都无法回避的问题。李良荣认为：“互联网的本质是传播资源的泛社会化和传播权力的全民化，以‘去中心—再中心’为基本特征，从而形成全新的执政环境。”③ 在高度信息化的社会，无论是悲观者还是乐观者，无一例外地重视大

① 李金铨：《大众传播理论》，243 页，台北，三民书局，1988。

② 以色列案例转引自［美］乔治·吉尔德（George Gilder）：《知识与权力：信息如何影响决策和财富创造》，270 ~ 271 页，北京，中信出版社，2015。

③ 李良荣、郑雯：《论新传播革命》，载《现代传播》，2012（4）。

众传播与政治活动之间的关系。区别之处在于，乐观者认为，互联网改变了传统媒体自上而下的传播形态，为公民提供了更多的参与政治活动的机会和表达个人观点的渠道，同时能够为公民提供更为丰富和全面的信息，避免垄断媒体而带来的政治操控，进而使社会更为民主。悲观者认为互联网可能导致的虚假参与，更容易使社会精英和职业传播专家操控新媒体，使职业的政治传播专家更易于进行有针对性的传播，目标更明确，动员更有效。[①] 无论乐观者还是悲观者都揭示了信息及信息技术对于我们所处社会的改变和即将到来的改变。例如 2016 年美国大选，特朗普有效利用新媒体进行政治动员，帮助其在各种民调和传统媒体一直不看好的情况下当选为第 45 任美国总统。

本书无意于沿着上述思路进行更为深入的理论剖析。所有理论研究最终要归于对实践的指导和实际问题的解决。信息社会并不是无差别的社会，信息具有意识形态属性，信息社会与特定的社会政治经济制度亦会产生相互作用。因此，我们不可能抛开意识形态和具体的社会政治经济制度来看待信息传播与社会发展之间的关系。研究信息与社会发展之间的关系终究要回归到具体的意识形态和政治经济体制范畴。基于这样的认识，本书试图以我国的国情和民族区域自治制度为逻辑起点，观察少数民族地区在信息社会中传播格局的变化、受众信息权利的保障等更为具体的问题。

二、公共信息概念辨析

信息是一个抽象的概念，而公众的构成则是复杂的、多元的。正因为如此，学界对公共信息的理解见仁见智。信息的价值在于传播、交流、共享。在所有语境下，“公共”的本意都与大多数人的利益相关，指向的是与大多数社会公众有关的社会领域，并强调群体内部的共同关系，即多数人共有或者公用。所以说，公共信息从字面意义来看，是指一个特定系统内部大多数人或者群体共有或者公用的信息。无论是经济意义上还是政治意义上的特定系统，构成系统的主体都呈现出多样性。所有系统的运行都需要一定的力量来推进和掌控。自现代政府产生后，社会系统的实际控制主体都是政府。在我国，对“政府”概念的理解和使用一般说来分歧不是很大，即中国政府指国家权力机关的执行机关、国家行政机关。“研究者针对当代中国政府与政治的

---

① 朱春阳：《新媒体时代的政府公共传播》，2 页，上海，复旦大学出版社，2014。

现实状况，一般把执政党、人大、政协、人民团体、司法机关、军事机关以及经济组织、事业单位和群众自治组织统统纳入到政府的研究对象。”① 这与上述机关都参与行使人民民主专政这种公权力有关。这自然与西方政治学研究把政府政治与政党政治看做不同政治主体的研究不同。

从本质上讲，公共信息讨论的是政府与公众的信息交流和传播关系。政府需要通过信息传播进行社会动员、传播政策、解释政策，通过对公共事务、政府行为和政府决策的认知、说服、确认，最终在系统内部达成共识，提升政府公信力，维护政府与公众的良好关系，推动政治、经济、文化等各项事业发展。公众需要政府提供信息以监督政府、获取知识、规避风险、进行决策、丰富生活内容等。信息是决策的基础和权衡的标准。因此，政府应该为公众提供足以对政府服务效能以及自身利益得失做出准确判断的信息。② 公共信息和政府信息不完全等同，换句话说并不是所有公共信息的生产加工发布都由政府承担。政府处理和管理社会公共事务过程中产生的信息涉及公共利益，但在处理和管理内部事务时产生的信息有的涉及公众利益，有的并不涉及公众利益。以人员变动为例，政府首长和关键岗位人员的变动会涉及执政风格、执政理念调整，会涉及公共利益；而政府内部普通工作人员的岗位调整，则并不会涉及公共利益。公共信息指的是涉及公众利益的信息。

公共信息并没有统一的概念，不同学科的学者从不同视角出发做出了不同的解读，归纳起来，有两种类型的定义。第一种是突出信息传播的公共性特征。例如，谢俊贵认为公共信息是指所有发生并应用于公共领域，由公共事务管理机构依法进行管理，具有公共物品特性，并能为全体社会公众共同拥有和利用的信息。③ 黄健荣认为，公共信息是指反映公共生活或与公共生活相关，并为公共生活运行所需要的各种信息，涉及公共领域的各类主体与客体、公众事务、公共生活、公共利益的状况及其变动原因、方式与状态的所有信息。④ 黄健荣所提出的公共信息概念紧扣公共性这一核心，从公共信息的本质出发进行阐述，指出了公共信息最为核心的内涵。然而，正如作者所云，

---

① 陈红太：《中国政府体系与政治：概念、总结与探索》，4～5页，郑州，河南人民出版社，2005。

② 佟德志：《电子政府的信息过程及分析》，载《政治学研究》，2000（1）。

③ 谢俊贵：《公共信息学》，44～45页，长沙，湖南师范大学出版社，2004。

④ 黄健荣：《公共管理导论》，263页，南京，南京大学出版社，2013。

人类社会的公共领域是一个复杂的大系统，公共领域的主体、客体、公共事务、公共利益如何界定，尤其是在公共利益日益多元复杂的今天，如何恰当妥帖地把握公共性恰恰是最为困难的问题。因为随着技术的发展以及人们生活内容的变迁，公众的焦点处于动态发展之中，昔日与公众无关的事务，今日可能成为事关每一个人的公共事务，比如网络安全。昔日对公众影响不大的问题，可能越来越成为危及社会安全以及公共利益的难题，比如个人信息的保护。因此，怎样准确地界定公共信息的主体与客体，如何适时地把握公共事务与公共利益的范畴，是我们理解公共信息的重要依托。从内在属性而言，公共信息传播关系到了政府权力的运行、公共资源的使用、公共利益的维护。从外在表现而言，公共信息传播关系到公众能否分享到公共信息资源以及分享机会的公平等。然而，由于社会地位、经济地位、信息素养等差异的存在，公共信息资源的分配与获取实际上是不平等的。因此，如何在公共生活中寻求更为公平、公正和公开的信息资源共享机制成为公共领域的重要议题。①

第二种是强调公共信息传播的公益属性。杨燕绥指出，“公共信息”是关系人民大众利益、需要大众了解、必须依法公开的信息。② 姚西科认为，所谓公共信息，是基于信息共享性特征而言的，它主要是指公益型的信息，表现在同一内容的信息可以为两个或两个以上的使用者使用而不需要附加任何条件。③ 张士玉等认为，公共信息资源主要是相对私人信息资源而言的一种资源类型。私人信息资源一般是指由私人生产和提供的信息资源，其生产成本由私人承担，并采取等价交换的市场供给方式，即采取“谁付费谁利用”的供给方式。公共信息资源一般是指政府为了维护公共利益和社会公平而向公众提供的信息资源。④ 从公益性的角度界定公共信息注意到了公共信息的本质是维护公共利益。但是，公共利益自诞生之日起便是一个充满争议的词语。用罗伯特·B. 丹哈特和珍妮特·V. 丹哈特的观点来说：“在最近一百年里，公共利益这个概念曾受到过各种各样的嘲弄、称赞、拒斥和复兴—在它意指什

---

① 黄健荣：《公共管理导论》，263～267页，南京，南京大学出版社，2013。

② 杨燕绥：《国家公共安全和公民知情权——“非典”事件引起的法律思考》，载《清华大学学报（哲学社会科学版）》，2003（8）。

③ 姚西科：《我国县级行政组织公开公共信息的义务》，载《河北法学》，1999（10）。

④ 张士玉、董焱：《应用信息资源管理》，301页，北京，清华大学出版社，2016。

么或者它是否是一个有用的概念这一点上，人们几乎没有留下什么共识。”① 试图界定“公共利益”类似于试图界定“爱”，“爱”对于不同的人意味着不同的东西，它会随着实践的推移而发生变化，既涉及实质也包含着过程。公共利益也是如此。公共利益为我们认识公民权、治理以及公共服务带来的丰富性在价值上大大超过了在试图围绕着公共利益确定概念边界时所遇到的困难和歧义性。尽管如此，珍妮特·丹哈特和罗伯特·丹哈特认为，把公共利益看做一个决策的道德和伦理标准是非常重要的一种观点。在这样的观念下，行政官员应该按照自己所认识的那样追求公共利益，而不应该去追求他个人的便利或任何私人的目的或目标。②

上述定义各有侧重点，对于我们理解公共信息这一概念都具有参考价值。不过，目前学者们在理解公共信息概念时大多是从普世的角度入手，并没有着眼中国问题的特殊性。中国的公共信息传播建立在特殊的历史文化传统、意识形态、政治体制、媒体制度基础之上，其功能、角色、方法有其特殊性。我们既要看到公共信息传播所具有的普遍性规律，诸如公共信息的公益性和公共性，也要着眼其特殊性。历史文化传统、意识形态、政治体制毋庸讳言，中西方具有明显的差异。从媒体制度看，大众媒体是公众获取信息的基本渠道。西方国家一般将媒体分为商业媒体和公共媒体，公共信息传播的责任由公共媒体承担。这样的媒体结构延续了百余年的历史，形成了成熟的运行模式。自中华人民共和国成立以来，我国传媒行业实行国有体制，所有媒体既是大众媒体，也是公共媒体。从20世纪90年代开始，中国传媒行业实行了市场化、产业化的改革，但是，媒体根本制度并没有改变。进入新世纪以来，伴随着互联网与新媒体的发展，一些非官方的社交媒体和网络平台开始兴起，改变了我国的媒体结构，形成了官方媒体与非官方媒体共存的多层次传播体系。我国政府在继续利用传统媒体和建立政府网站传播公共信息的基础上，也充分利用非官方的社交媒体和网络平台，建立新的公共信息传播渠道，例如官方微信公号、政务微博账号等，提升公共信息传播能力，更好地与公众沟通。互联网时代，人人都有麦克风，人人都可以围观，公众已经习惯于利

① ［美］罗伯特·B. 丹哈特、珍妮特·V. 丹哈特著，丁煌译：《新公共服务：服务，而不是掌舵》，48页，北京，中国人民大学出版社，2010。

② ［美］罗伯特·B. 丹哈特、珍妮特·V. 丹哈特著，丁煌译：《新公共服务：服务，而不是掌舵》，50页，北京，中国人民大学出版社，2010。

用非官方的网络平台传播自己的声音，维护自己的权益。而政府利用非官方的社交媒体和网络平台传播公共信息、实现与公众的有效沟通，也成为新常态。

在众声喧哗的媒体环境中，我们怎样理解公共信息？如何厘清公共信息的特征和属性？笔者认为，首先，我们之所以要提出和强调公共信息在信息传播中的特殊性，在于我们确认知情权是公民的一项基本权利，公民有权在合法的范围内寻求、接受和传递公共信息，有权从官方或非官方渠道获知有关公共事务和政府行为的情况，尤其是有权了解和获得与公共利益以及与个人利益相关的公共信息。公共信息传播的首要目的在于满足公众的知情权。其次，与公共利益以及公民个人利益关系最为密切的社会机构毫无疑问是掌握公权力的党政机关以及接受党政机关授权的公共服务部门，他们在决策、运行、管理、服务过程中所发生的各种行为、各种联系、各种变动，无不牵涉到公众。最后，我们已经进入利益主体和利益关系的多元化的社会，多元化社会需要一个能够充分表达和沟通意见的公共传播平台，而这样的平台需要把维护公共利益作为核心原则，通过充分沟通交流，各个利益主体才能够消除歧见，达成共识，妥善解决现实社会中出现的矛盾和问题，防止社会失序与社会冲突。公共信息传播的终极目的在于维护社会秩序，推动社会进步。基于以上分析，我们认为公共信息就是行使公权力的党政机构以及由党政机构授权的公共服务部门，在决策、运行、管理、服务过程中产生的与公众利益相关的信息，并且这类信息通过公共传播平台汇集、讨论、传播，服务于社会和公民的生产生活。获得公共信息服务是公民的基本权利。

三、公共信息资源辨析

公共信息资源是公共信息服务体系的源头，是公共信息传播机构得以生存的基础。人类的公共生活范畴十分广泛，决定了公共信息资源涉及的领域广泛而且复杂，关涉到公共生活的问题数不胜数。公共信息在社会发展与公众生活中的重大影响决定了其在信息社会中的关键地位。所以，对于公共信息资源的管理就成为当下社会治理的重要内容，掌握了公共信息资源管理的方法也就意味着牵住了信息社会治理的“牛鼻子”。与公共相对应的概念是私人，公共信息对应的自然就是私人信息。在信息传播的领域中，公与私的边界实际上处于动态化发展状态。健康、婚姻等信息属于绝对的私人信息，但是当一个人成为公众人物后，比如政治家，个人健康和婚姻信息则成为应该向社会公众公开的信息。借用公共物品理论来衡量，私人信息具有排他性和竞争性的特点，为特定个体或者社会机构拥有，其权属清晰，参与市场竞争的条件充分，生产和传播具有鲜明的市场属性。公共信息的非排他性特征，是指某些信息为所有人所需要，任何人都有权免费使用这种信息，单个人对公共信息资源的利用不影响其他人的同样使用，信息提供者不能设置任何技术与非技术障碍剥夺其他人的信息使用权，所有公众都将不可逃遁地消费着这种信息。例如灾害信息，即便一些人认为这样的信息与自己无关，但是，他在得到此类信息的同时，事实上已经消费了这类信息。他们会有意无意地根据灾害信息发生的情况、类型，选择或者指导自己的行为，规避风险。公共信息资源的这一特性决定了它的提供主体应得到公众授权且能够代表公共利益。在现代政治体系中，这个主体只能是政府（以及由政府授权的机构)。公共信息的非竞争性是指信息产品一旦生产出来以后，增加消费者数量并不需要额外增加生产成本。例如，政府部门通过媒体发布的政府公告，所有公众都可以通过相应途径获得，新增的信息消费者并不会增加政府的生产成本。个体使用公共信息产品，并不妨碍其他人同时使用同一产品，也不会减少其他人使用该项产品的数量和质量。公共信息的非竞争性决定了个人从公共信息资源利用中获益的行为，并不排斥其他人同样受益，也不可能因为自己受益而阻止他人使用同一信息或者服务。①

完全具备非排他性和非竞争性的公共信息资源十分有限。如同公共汽车一样，尽管理论上每个人拥有同等权利使用它，但是，实际使用过程中因为汽车容量、个人使用条件的差异，会造成有条件的排他性和竞争性。例如，集中在白天排班的公共汽车实际上排除了夜晚上班族使用的可能性；公共汽车有限的容量会导致高峰期乘车的乘客出现很强的竞争性等。尽管如此，我们依然不能否认公共汽车的公共物品性质。在现实生活中“信息有时是公共物品，有时又不是公共物品，有时一部分是，而一部分又不是，这完全需要根据经验来判断。区分信息消费中的‘非竞争性’和信息分发体系对于判断

---

① 本部分有关公共信息资源概念及特性的讨论参照夏义堃著：《公共信息资源的多元化管理》，40页，武汉，武汉大学出版社，2008。夏义堃在著作中对公共信息资源的概念、类型等有更为充分具体的论述。

信息是否属于公共物品是有帮助的。”[①] 所以说，公共信息资源的使用从理论上讲对于政府官员或者工人农民是没有差别的。但是，由于公共信息传播体系以及使用条件等方面存在差异，就会造成有些人的公共信息资源供给过剩，有些人的公共信息资源供给不足；媒体资源丰富的地区公共信息资源供给充分、渠道顺畅，媒体资源不丰富的地区则相反；媒体素养优良的人能够充分利用公共信息资源，而媒体素养弱的人则不能够或者很少能够从公共信息资源中获益。这一点在民族地区表现得尤为充分。民族地区媒体资源不够丰富、公众的媒体素养不高，极大地影响到了公共信息资源的供给和使用。

在我国的政治体制下，参与行使人民民主专政权力的执政党、人大、政协、人民团体、群众自治组织等都属于广义上的政府，公权力涉及的范围十分广泛，公共信息的生产和供给几乎覆盖了社会构成的方方面面。夏义堃按照公共信息资源的作用领域、生产部门性质等对公共信息资源进行了分类。例如，按照作用领域可以将公共信息资源分为文化类公共信息、科技类公共信息、司法类公共信息、环保类公共信息等不同类型。按照生产部门可以将公共信息划分为政府公共信息、社会公共信息、企业公共信息等。[②] 分类是我们全面认识研究对象的重要途径。当然，公共信息资源也不仅仅局限于夏义堃所归纳总结的几种类型。在信息化时代，服务于公共信息传播的信息技术、信息设施、信息人员以及信息服务方式，都属于广义的公共信息资源范畴，抛开这些公共信息资源的重要组成部分，公共信息服务无从谈起。信息技术发展速度越快，信息传播方式更新频率越高，信息技术、信息设施等公共信息资源对于公共信息服务体系建设的作用越大，与公共利益的关系越密切。充分认识和挖掘公共信息资源的潜力，对于完善公共信息服务体系、提高公共信息服务水平具有十分重要的意义。

---

① James Love. Pricing Government Information. Journal of Government Information. 1995. Vol. 22, NO. 5, 转引自夏义堃：《公共信息资源的多元化管理》，42 页，武汉，武汉大学出版社，2008。

② 夏义堃：《公共信息资源的多元化管理》，60 ~ 62 页，武汉，武汉大学出版社，2008。

第四节 媒体的公共信息传播及其功能

一、公共信息服务的价值目标

（一）发展公共信息服务体系的动因

改革开放以来，中国发展速度超越了历史上的任何一个时期，社会经济文化构成和利益关系的复杂程度也超越了历史上的任何时期，中国社会面临着从未经历过的治理困局：一方面，中国人的价值观呈现出了个性化、多元化、复杂化的局面；另一方面，传统的社会治理手段在多元化的需求与利益格局中，难以起到有效的社会整合与秩序维系作用。为此，中共十八届三中全会发布的《中共中央关于全面深化改革若干重大问题的决定》（以下简称《决定》)，从经济、政治、文化、社会、生态文明、国防和军队六个方面，具体部署全面深化改革的主要任务和重大举措。深化改革的主要目的就是促进社会公平正义，让改革成果更多、更公平地惠及全体人民。深化改革的重点是推进政府职能转变、创新社会治理体制。其中，最引人注目的是，《决定》把加强和优化公共服务作为政府的主要职能和作用之一。

如果以时间为序纵向比较，我国的发展有目共睹。但横向来看，贫富差距问题、区域差别问题、城乡差别问题等一直困扰着各级政府。进入21世纪以来，中国的经济进入了黄金发展期，国内生产总值、进出口贸易等关键经济指标均进入世界前列，中国也因此成长为世界第二大经济体。但是，中国社会、经济发展中的深层次问题和矛盾并没有得到解决，经济、社会发展风险依然存在，甚至有不断扩大的趋势。在这样的背景下，如何深化改革、化解风险，延续黄金十年的发展势头，避免进入“矛盾凸显时期”，已经成为中国发展的重中之重。近年来，随着城市化进程的加快，公共信息获取方面的数字鸿沟扩大了社会分化的风险。随着我国政治制度和经济制度的改革，公民与单位之间的人身依附关系弱化，个人从“单位人”变成“社会人”，单位不再承担公共服务提供者的社会角色，这使得政府在公共服务供给方面的压力和责任更为重大。

当下，中国社会结构已经发生了巨大变化：首先，中国社会生活空间结构体现出公共性的特征——公共空间的出现、确立乃至于扩大，本就与信息传播格局变化息息相关，而公益的达成和公益的实现成为政府和社会的共同目标。其次，人们生存与生活的价值取向出现多样性的表征。现代社会是一个公共领域不断扩张、私人领域不断受到挤压的时代。尤其是随着技术的进步，例如，无处不在的监控摄像头，使得个人的生活越来越多地暴露于公共空间。但是，另一方面，由于地域经济、文化、传统习俗以及民族特征、个体情感等方面的差别，使得个体之间的生活状况呈现出越来越大的差别，造成了日益地域化、私人化、多样化的社会生活，包括人们生活经验、生活方式和生活价值观念的多样性。[①]

我们必须认识到，社会发展越快，发展水平越高，人们之间的利益关系就会越多元和复杂，社会矛盾也就会相应增多。社会稳定运行关系到社会资源的配置，关系到社会结构的调整，也关系到社会成员之间利益关系的协调，也就是说，要从“个人、群体、社会等方面来研究具体的条件和机制”。[②] 未知世界和未来世界给人类带来的不确定性和危险性使得人们认识到，安定有序的社会秩序和生活秩序有助于降低未来风险，而混乱无序的世界则会加重未来的风险。如何避免各种风险累加以至于“毁掉整个社会”，这是社会治理的基本任务。从人类发展的历史看，充分对话、有效沟通是化解人类社会各种风险的基本条件。对话与沟通有赖于建立充分有效的意见表达和公共信息传播体系。在众声喧哗的新媒体环境下，公众更需要一个响亮的“喉舌”，为公众提供权威可靠的信息传播渠道。这也能够最大规模地减少信息传播过程的噪声干扰，为公众节约获取信息的时间成本和经济成本。例如，2010 年 2 月 20 日，一则预测山西将要发生地震的谣言引起了当地民众的恐慌，许多人纷纷出逃避震。2 月 21 日，山西省政府及有关部门通过媒体辟谣，两天时间仅通过手机就发布辟谣短信 2000 余万条，谣言很快平息。[③] 无论是民间的呼声和诉求，还是执政党的管理理念和目标，抑或是政府推进社会治理现代化，都需要增加公共信息服务供给、提高公共信息服务质量、完善公共信息服务体系。这是一个庞大的系统工程，需要各级政府、大众媒体、社会组织等多

---

① 万俊人：《“和谐社会”及其道德基础》，载《马克思主义与现实》，2005（1）。

② 郑杭生：《和谐社会与社会学》，载《人民日报》，2004－11－30。

③ 《2 月 20 日山西地震谣言事件：一场短信 PK 大战》，载《重庆晚报》，2010－02－28，转引自朱春阳：《新媒体时代的政府公共传播》，58 页，上海，复旦大学出版社，2014。

种途径，通力协作，长期努力，方能见到成效。

（二）公共信息服务的价值：知情、沟通和信任

1. 所谓知情，意指公共信息服务的基本价值目标是保障公众的知情权

“现代意义上的知情权观念来源于西方，至少可以追溯到1747年《伦敦杂志》（*London Magazine*）上的一个说法。就当时议会秘密立法，《伦敦杂志》主张‘每个人不仅有权而且有义务调查议案的目标’。这种观念和肯特·库珀（Kent Cooper）1945年所说的‘公民有权接近被准确、充分报道的新闻’的知情权非常相似，都是指一种政治权利。’”① 知情权在以后的演变中，逐渐由政治概念演变为法律概念和法律权利。我国现行法律中没有明确的知情权保护条文。不过，《政府信息公开条例》实质上就是一部保护公众对政府信息知情权的法规。另外，在党的文件和政治报告中不乏对知情权的表述。例如，中共十六大、十七大报告中都明确提出要保障人民的知情权、参与权、表达权、监督权。可见，保障公民的知情权一直是党和政府努力的方向。

“日本学者久田荣亚认为，知情权这一概念可以从两个层次上理解，一方面是作为报道活动前提的知情权，这是为了保障信息传递者的自由，与‘采访自由’几乎是同义的；另一方面则是信息接受者的自由，即搜集、选择信息的自由。这个界定从传播过程把知情权享有主体二分为传者和受者，凸显其和新闻业的亲密关系。国内学者根据知晓的内容把知情权区分为广义与狭义：前者指寻求、接受和传播信息的自由，包括官方信息和非官方信息；后者单指获取官方信息的权利，主要为知政权。”② 无论是西方国家还是中国，对于知情权的理解或有诸多差异，但是有一点共性之处，即知情权是与政府公共传播行为相关联的一项公民权利，也是国家治理现代化的基本要求。公共信息传播是满足公众知情权的基本途径。我国《政府信息公开条例》规定，政府信息“以公开为原则，以不公开为例外”，把公权力置于阳光之下，接受公众监督，防止权力寻租。同时，确保公众知情权也可以推动政府人员提高个人素质、增强民主修养。

---

① 郑一卉、王金礼、肖珺、纪莉：《论知情权和媒体社会史的书写》，载《新闻与传播评论》，2018（7）。

② 许家彪：《美国知情权和新闻业的关系》，载《当代传播》，2011（5）。

2. 所谓沟通，是指通过公共信息服务体系建立起政府与公众顺畅沟通的渠道和机制

可沟通政府是现代社会治理的基础。所谓现代不仅仅是指技术的现代化，更重要的是适应多元化社会的治理现代化。社会发展催生出多元社会需求。在满足公众多元化需求的过程中必然存在差异，有差异就会有矛盾和斗争。在多元化社会的治理过程中，政府作为核心，需要协调各个社会主体，消弭误解，化解矛盾，缩小差异，最后达到协调一致。而化解矛盾、缩小差异则有赖于顺畅的沟通机制。政府将与公众利益攸关的信息及施政主张及时全面地告知公众，公众将自己的需求与看法及时反馈给政府，通过交流对话，最终实现观念和行动的一致性。所以，一个可沟通政府的建设过程就是实现社会治理现代化的过程。①

沟通障碍是造成社会问题的重要根源。俗话说，愤而有泄，淤积成灾。公平、畅快、自由的沟通，历来是解决社会问题、化解社会矛盾的有效方法。随着传媒技术的进步，人们交流和对话的能力与效力极大地提高了。与此同时，媒体对人们获得信息的主导作用也更加突出了。沟通的特点是善于倾听，就是通过倾听与表达，发出自己的声音，让对方听到。政府搭建公共信息服务平台，就是要保证政府的声音和行动能够顺畅地传播出去，公众的声音和需求能够有效地传播给政府，做到上情下达和下情上达畅通无阻，使不同利益群体的愿望得到充分表达，不同利益群体的意见得到充分尊重。在充分沟通的基础上，政府协调各方利益，把矛盾和冲突控制在一个合理的范围内，确保社会安定有序，各族人民生产生活正常运行。

3. 所谓信任，是指公众对政府的信任

信任是公众对政府的言行经过长期对照以后形成的正面认知与评价。信任是执政的前提，离开了公众的信任，政府将寸步难行。《论语》有一个故事“子贡问政”。子贡询问孔子什么是治国之道？孔子说，“足食，足兵，民信之矣”，意思是有充足的粮食、充足的兵力以及人民可以信任的政府，这就是治国理政的根本。子贡又问：“逼不得已而去，于斯三者何先？”即在这三者里如果必须要去掉一项，能去掉哪一方面呢？孔子说：“去兵。”子贡又追问：“逼不得已而去，于斯二者何先？”，如果再去掉一项，能放弃哪一方面？孔子

① 朱春阳：《新媒体时代的政府公共传播》，55 页，上海，复旦大学出版社，2014。

斩钉截铁地说："去食。自古皆有死，民无信不立。"[①] 孔子的治国理念是，在迫不得已之下，粮备可以去掉，没有粮食，不过是死而已，可是失去了人民的信任，国家就立不起来了。可见，信任之于执政者的重要性古今同理。在社会生活中，公众会通过各种信息传播渠道收集政府信息，并通过自己的生活体验和价值标准对政府执政理念和执政行为以及二者的契合度进行判断，以确定政府的可信度和可依赖度。公众的判断如果是积极的、正面的、良性的，政府就是可信任、可依赖的。反之，则是信任度匮乏的政府。可信度高的政府更容易落实其执政理念，其执政理念和执政行为更容易契合。而不可信的政府，其执政成本会加大，执政效果会变差。

根据传播学议程设置理论来看，公信力强的传播主体才能在议程设置中占据优势地位，赢得话语权。当然，政府赢得公众的信任首先要立足于行动，就是始终把人民的利益摆在至高无上的地位，把老百姓的安危冷暖时刻放在心上，以实际行动造福人民。同时，政府也要积极适应互联网时代的传播新格局，改变传统的单向传播模式，主动公开信息，促成共识，营造健康、积极、向上的舆论环境。

二、公共信息传播

在整个公共信息服务体系中，传播是关键环节。公共信息服务说到底是公共信息的拥有者通过一定的媒体向公众提供信息及满足公众信息需求的过程。这个过程的本质是公共信息传播。传播的核心是媒体。连接公共信息拥有者与公众之间的媒体是多样的。我们今天使用的"媒体"一词是指信息传播的介质，来源于英文单词 medium 和其复数 media，也有人把这个单词音译为媒介或传媒，所以媒体、媒介、传媒是可以互换的词语。[②] 依照加拿大著名学者麦克卢汉的观点，媒介即讯息，他在著名的《理解媒介：论人的延伸》

---

① 《论语·颜渊第十二》。

② 从词源上看媒介、媒体、传媒三个词语所表达的意思是一致的。不过，也有学者认为应对三个词语加以区分。上海交大谢金文教授在《新闻与传播研究》撰文对媒介、媒体、传媒三个词语进行辨析。谢金文认为尽管媒介、媒体、传媒三个词语都来自于英文 medium 和其复数 media，但是三个词语混用，不利于学术问题的深入讨论，有必要加以厘清，使之各司其职。笔者认为，在实际生活中，混用三个词语的情形非常普遍，厘清三个词语是非常困难的，例如媒体融合、媒介融合、传媒融合，所表达的意涵是一致的，在实际生活中并不会引起歧义。因此，在本书中，除特别说明外，媒介、媒体、传媒三个词语不作区分。

（译林出版社，2019）一书中罗列出了26种人类历史上出现过的媒介，包括口语、电话、印刷品、电报、电影、广播、电视等，也包括服装、住宅、汽车、游戏、打字机等。他认为媒介是人的延伸，对信息、知识、内容有强烈反作用，决定了信息的清晰度和结构方式，不同媒介对不同感官起作用。公共信息的传播媒介也是多样的。比如，可以通过召开会议，以口语传播方式，向与会者传播公共信息；可以通过印发文件的方式，在一定范围内传播公共信息；可以通过公告栏，面向公众传播公共信息；在中华人民共和国成立后曾经普遍使用的有线广播，也是有效的公共信息传播媒介……实践证明，最有效且成本最低的的公共信息传播媒体是大众媒体。

传播学通过三个基本特征来界定大众媒体：一是较大数量的、异质的、匿名的受众；二是公开传播，可以同时到达多数受众；三是机构传播，即传播者一般是某个复合组织或者在某个复杂的组织之下运作。[①] 技术的进步不断拓展大众媒体的范围，从报纸、广播、电视到互联网、移动互联网，并在互联网的基础上发展出了介于大众传播与人际传播之间、兼具二者特点的微信、微博、微视频等社交媒体，上述媒体自诞生之日起就成为公共信息传播的重要渠道。

“大众媒体”一词在实际的使用中体现为三个层面的含义：第一是物质层面的，即我们可知可感、具有某种物质形态的信息传播终端，受众可以通过这个终端获取信息，如报纸、广播（收音机及各种新的形态的音频接收设备）、电视、互联网（电脑、平板电脑及其他移动终端）等。第二是传播层面的，是指运用一定的技术手段与设备在传播者与受众之间进行信息交流和传播的过程。如传统媒体中的广播，我们通常所说的广播节目制作、听广播等语境下的“广播”就是指这个层面的含义。再比如微信公众号、政务微博，在公共信息传播语境下，具有与传统媒体同等的意义。第三是传播机构层面的，是指经营、管理、运作信息传播实务的社会组织，如电视台、互联网公司等，在有些语境下也被称之为传媒、媒体。今天我们所认识的大众媒体早已经是一个融合的系统，既有传统意义上的单一媒体，如报纸、广播、书刊，也有不同的媒体形态融合为一体的融合媒体，如网站、微信、微博等。

---

① ［美］沃纳·赛佛林、詹姆士·W. 卡德著，郭镇之主译：《传播理论：起源、方法与应用》（第五版），4页，北京，中国传媒大学出版社，2006。

在现代社会里，以大众媒体为中心，政府、公众、大众媒体构成了现代社会信息流通的基本模型。大众媒体是社会信息汇集和交流的关键节点，对社会要素间的信息沟通与交流发挥着重要作用，居于信息交流的中心地位。从这个角度看，政府和公众在很大程度上依赖大众媒体去了解对方、理解对方。政府是实施社会治理的主体，而了解社情民意则是社会治理的基础，因此，大众媒体的信息传播与舆论引导是政府实施社会治理的重要途径。大众媒体在信息传播过程中会进行选择性把关，并根据自己的意识形态倾向，对信息进行再加工，传播什么、屏蔽什么都必然要基于自身的需求；同时，运用多种传播手段，强化某些信息元素，从而实现某种意识形态的强化与扩散。

三、大众媒体的公共信息服务功能

拉斯威尔认为传播具有侦察功能（监视环境，如新闻报道）、协调功能（联系社会，如深度报道、新闻评论）、传播、延续经验的功能（传承文明，如家庭、学校、教会等）。[①] 大众媒体通过大规模、快速地传播信息，帮助人们了解环境，能够起到监视环境的作用；大众媒体的信息传播具有广泛性，使得社会各界能够最充分地进行意见沟通，达成最大程度的理解与共识，起到协调社会关系的作用；大众媒体将前人的经验、智慧、知识加以记录、积累、保存并传给后代，起到传播和传承文明的作用。

从公共信息传播活动的角度来看，大众媒体的功能可以从两个层面来理解：一方面，大众媒体本质上是信息媒体，只有传播信息才有存在的价值，所以，大众媒体的基本功能实际上就是为公众提供信息服务；另一方面，大众媒体开展各类传播活动的目的在于帮助公众更好地理解、认识所处的环境，以便在社会、经济、文化生活中能够更加有效、便捷地开展活动。例如，我们今天已经习以为常的天气预报、法律咨询、生活常识等传播内容，就是这一功能的显现。法国著名学者贝尔纳·瓦耶纳在其《当代新闻学》一书中指出：传播常用的知识，提醒人们注意大部分其他知识，这就是当代新闻最普遍和最特殊的效果……新闻手段迅速、价廉、方便，尤其是它拥有广大的接收对象，因此它到处得到使用，越来越成为一种最好的传播手段。[②] 尽管媒体

---

① 李岩：《传播与文化》，63 页，杭州，浙江大学出版社，2009。

② ［法］贝尔纳·瓦耶纳著，丁雪英等译：《当代新闻学》，279 页，北京，新华出版社，1986。

的形态在不断发生变化，新兴媒体逐渐超越甚至取代传统媒体，但是，大众媒体在信息传播方面的重要性并没有随着媒体形态的改变而减弱，反而不断加强。近年来，我国大众媒体进一步变革传播观念，“三贴近”的传播理念不断受到重视，大众媒体的公共信息服务功能被更快速更广泛地开发了出来。我们具体可以从以下两个方面来认识大众媒体的公共信息服务功能。

（一）普及公共知识，提升教育水平

大众媒体的作用，尤其是在欠发达地区体现得更加充分。贝尔纳·瓦耶纳认为，新闻除了三种基本的职能（报道职能、辩论职能、娱乐职能）以外，还需要发挥一种作用，就是推动发展不均衡的、有时候还没有认清自己价值的社会整体都活跃起来。只要新闻正确地执行了自己的职能，就会起到教育和推动的作用。随着信息技术的进步，由地域空间所构筑的文化保护屏障已经被打破。许多欠发达国家的国门一旦被打开，西方国家先进的技术会迅速涌入，这些国家将会迅速完成由原始进入现代的过程。在这个过程中，传统会迅速消失，面对急剧变化的社会，人们可能束手无策、惶惑不安。① 在施拉姆看来，这一切都不需要担心，他认为，不发达国家“应该急行军，用现代化方法和技术而不是苏格拉底、蒙田、卢梭和朱尔斯·费里使用过的方法和手段同无知和文盲作斗争”②。大众媒体就是一种帮助欠发达地区普及教育、提升公众知识文化水平的最佳途径。从20世纪五六十年代开始，世界上许多发展中国家政府都开始积极推进利用大众媒体传播知识、普及教育。印度从1961年开始利用电视服务，传送正规教育节目，电视传送化学、物理、英语及一般科学知识，到1964年，印度有10万以上的学生借着电视的帮助学习各类知识。印度政府还专门开设了一家以农村地区文化水平较低受众为服务对象的公共电视台杜尔达沙（doordarshan），这个电视台最初的节目主要为学校服务，后来主要为农民服务。③ 美国社会调查学者 Paul Neurath 主持的一项有关印度电视教育的研究发现：其一，电视对教学非常有帮助；其二，藉着

---

① ［法］贝尔纳·瓦耶纳著，丁雪英等译：《当代新闻学》，33～34页，北京，新华出版社，1986。

② ［美］韦尔伯·施拉姆著，金燕宁等译：《大众传播与社会发展》，184页，北京，华夏出版社，1990。

③ 孙聚成：《信息力：新闻传播与国家发展》，176页，北京，人民出版社，2006。

电视，学生可以学得更多；其三，教学过程与教师的表现都获得改善；其四，在物理和化学方面，电视教学效果特别好。到1977年，在印度有500所以上的学校，超过30万的学生，都获得电视教学的益处。[①]

（二）改造社会结构，服务公众需求

大众媒体全方位介入了现代社会，既从宏观层面对社会构成的方方面面产生着深远影响，也在微观层面对社会个体的生存、生活、发展产生着深远的影响。在政治层面，大众媒体通过影响公众的态度来影响社会稳定与政治走向。在当今世界，无论是选择哪种社会制度的国家，政治形势与社会稳定都在很大程度上受到大众媒体的影响。大众媒体能够监督政府、增强公众的知情权，让政治活动在阳光下运行。当然，国家的政治制度不同、文化传统不同，大众媒体对政治能够发挥的作用和方式也不同。

1. 在经济领域，大众媒体影响和改造经济活动

在市场经济高度发展的今天，无论是国家、企业、个人，无论是生产、流通、消费，都离不开大众媒体。大众媒体对经济活动的影响体现在以下几个方面：一是为企业和个人的生产生活提供信息和指导。特别是在我国，党和政府的所有重大政策和决策，都会首先通过大众媒体进行发布。大众媒体还会通过多种形式的新闻报道搭建起政府与企业、企业与企业、企业与个人、个人与个人之间沟通的桥梁。各种社会经济组织与个人通过大众媒体传播的信息，能够更为准确有效地判断市场行情、开展经营活动以及消费活动。

2. 在日常生活方面，大众媒体影响着人们的日常生活

随着新媒体的发展，大众媒体对于个人生活的渗透，已经打破了传统上人们的生存空间布局，个人空间与公共空间的边界变得模糊起来。许多在传统社会比较私人化和家庭化的生活内容和生活方式，开始走向公共空间。家庭与社会之间的距离感大为缩短。大众媒体推动了个人的社会化，个人能够通过大众媒体传播参与到公共事务之中。以微博为例，过去高高在上的政府，在微博空间中和普通人具有了同等地位，任何人都可以查阅、评论、转发政府微博的内容，而普通公民的大量评论、转发行为对政府的决策和执行都产

---

① Kuldip R. Rampal著，田秀萍译：《第三世界大众媒体在教育说服和意见塑造上的功能》，载《新闻学研究》（台湾），441～442页，1985。

生着重要影响。刷微博、刷微信成为人们日常行为的一部分。

3. 在社会治理方面，大众媒体具有社会整合的功能

社会发展过程中出现各种问题、矛盾甚至冲突具有必然性。社会总是在政治、经济、文化及其他各种社会问题互相渗透、相互交织的过程中存在并发展。作为当今时代最主要的信息传播途径，相对于其他信息传播途径而言，大众媒体的信息传播更为专业、全面和准确。大众媒体通过传播信息、搭建沟通交流平台为受众提供服务，通过信息与观点的传播，促进社会秩序的重建，进而促进社会秩序的优化。而政府和公众在面对突发事件或者社会问题时，也会主动或者被动地收集信息、评估信息，进而采取行动。从这个意义上说，社会和公众欢迎大众媒体搭建公正公平、快捷的公共信息服务平台。需要特别指出的是，政府作为公共利益的代表，也使得它成为大众媒体最主要的使用者和传播对象。

第三章　我国公共信息服务体系概述

第一节　我国公共信息服务体系的构成

人类社会由无数个系统构成——既有自然意义上的生态系统，也有社会意义上的社会系统。之所以引入系统的观念来理解公共信息服务，在于公共信息服务体系的建设和完善是建立在公众—媒体—政府—社会这一复合生态系统整体协调而达到一种稳定有序状态的基础上的。公共信息服务体系发展的因素受政治文化氛围、经济发展水平、媒体属性、社会教育水平等诸多因素影响。从更大的范畴看，公共信息服务体系又是社会系统的子系统，必然会与社会的其他构成要素相互影响和制约。所以说，公共信息服务体系从来不是一个孤立存在的体系，它的发展必然建立在政治、经济、文化等基础社会环境之上。少数民族地区公共信息服务体系作为国家公共信息服务体系的子系统，其建设程度的完善与否，不仅关涉到少数民族地区的发展进步，也关涉到国家的安定繁荣。少数民族地区是我国的资源富集区、水系源头区、生态屏障区、文化特色区、边疆地区、贫困地区，集六区于一身，这种“多维”特性决定着少数民族地区在政治、文化、经济以及社会生活等诸多方面存在的特殊性，构成了其公共信息服务体系建设的特殊生态环境。

所谓体系，是指由相互联系的事物或意识构成的具有特定功能的有机整体。公共信息服务体系是指为公众提供公共信息服务过程中所依托的各种要素的总和。民族地区公共信息服务体系既具有国家公共信息服务体系这个母系统中诸多子系统的一致性和普遍性，也具有作为子系统的自身发展的规律性和特殊性。母系统的一致性和普遍性是我们观察和分析子系统特殊性的依据和参照系。只有把子系统置于母系统的大背景下，才能够清晰地观察和分析其发展的规律性和特殊性。如果我们把公共信息服务视作一个行为过程，那么，公共信息服务体系则可细化为五个具体组成部分：公共信息保障体系（公共信息基础设施、各类人员、政策法律保障、工作方针等）、信息供给主体（政府及政府授权的公共服务机构，负责公共信息的收集加工、存储、传播、服务等）、公共信息内容（包括涉及公众生产、生活需求等方方面面的信息资源）、公共信息服务对象（信息素养差别很大的公众群体）、公共信息传播体系（报纸、广播、电视、网站等各类公共信息传播媒体）。

一、公共信息服务保障体系

尊重每个人获取公共信息的权利，是公共信息服务的基本准则。落实这个准则的途径就是建立完善的公共信息服务保障体系，以保障每个人公平获取公共信息资源的机会。公共信息服务保障体系由为公众提供公共信息服务的机构（信息生产机构、传播机构、监督机构、保障机构等）、人员（技术人员、生产人员、传播人员等）、物质保障（经费、信息传输设备、信息接受终端等）、政策制度（政治制度、法律法规政策、服务标准与规范等）组成。

公共信息服务涉及维护公共利益、遵守法律法规政策、协调不同利益主体、制定服务标准与规范、公众多样化需求等复杂的治理系统。公共信息服务主体是这个系统的发动机和推进器。测量或判断公共信息服务绩效的关键是公共信息服务主体的履责情况。首先，公共信息服务是否维护了公共利益。美国学者罗伯特·B. 丹哈特和珍妮特·V. 丹哈特在其著作《新公共服务：服务，而不是掌舵》（中国人民大学出版社，2010）一书中认为，“为了什么负责”“对谁负责”“实现责任的手段是什么”这三个问题是考察行政官员履行责任问题的出发点。对于公共信息服务而言，维护公共利益是基本出发点，为了“维护公共利益”而负责是公共信息服务的基本方针。

其次，公共信息服务必须坚持以法律法规政策为基本遵循。遵循法律法规政策包含两个层面的意义：一是信息权利是公民的基本权利。我国《宪法》第二条、第二十七条、第三十五条、第四十一条分别规定了人民对于国家事务和社会事务的管理权、监督权、表达权、批评建议权。2007 年发布的《政府信息公开条例》明确了政府信息公开的原则、范围、方式、程序等事项。国务院也先后印发了《当前政府信息公开重点工作安排》等文件，进一步部署和推进政府信息公开工作。充分了解和掌握信息是行使对国家事务、社会事务的管理权、监督权、表达权、批评建议权的前提。二是信息传播必须在法律和政策规范下进行。国家通过制定《保密法》等法律法规规范信息公开和传播工作，新闻宣传主管部门也通过制定宣传纪律、发布宣传提示等方式，对信息传播进行管理和规范。

最后，把维护公平正义作为公共信息传播的终极目标。改革开放40多年来，我国信息基础设施建设的力度很大，但是，基于互联网的公共信息生产、储存、传播的机构之间还存在较为严重的条块分割问题。各级政府以及政府内部的各个部门在信息资源开发、利用方面依然是各自为政，信息共享在硬件、软件方面都存在着较大的障碍。公共信息服务基础条件建设的突飞猛进和条块分割共存于世，这也成为制约我国公共信息服务体系建设的突出矛盾。正义是社会制度的首要价值，而正义的核心便是公平。政府代表人民行使权力，政府的一切权力来源于全体公民，政府行使权力的目的是为公众服务。因此，政府在行使权力过程中收集、生产、存储的信息理应归属全体公民所有。政府应把公共信息获取机会平等作为公共信息服务体系建设的基本目标。通过建立完善的公共信息服务体系，并对社会弱者建立相应的救济体系，最终实现公平的公共信息服务。

二、公共信息服务主体

公共信息的主要拥有者和提供者是政府，这一点毋庸置疑。政府掌握着最重要的公共资源，也承担着制定公共信息传播规则和维护公共信息传播秩序的责任。政府在整个公共信息传播体系中占据着毋庸置疑的主体地位。随着信息化社会的发展，单靠政府已经很难满足公众对于公共信息的需求。公共信息资源有着无限丰富性，公众对公共信息的需求也有着多样性，如果把政府当做公共信息的单一来源，根本无法满足公众多样性的需求。这就要求政府必须重新审视公共信息资源的优化配置，把第三方机构纳入公共信息资源配置的环节中，优化公共信息服务体系，提高公共信息服务能力。

政府承担着完全的社会管理职责，不可能投入所有的人力、物力从事公共信息服务。同时，公共信息服务的成本补偿机制也要求政府必须规避有偿服务，以维护政府公正的形象。因此，政府在生产一部分公共信息的同时，授权部分公共服务机构收集、储存、生产、传播公共信息，这些公共服务机构（也有学者称之为公共信息服务的第三部门）也就和政府一样成为公共信息的生产主体。公共信息服务机构具有专业、灵活的特点，可以从公众不同层次、不同时间的需求出发，以更丰富的信息产品、更加合理的成本满足公众的需求。

从信息传播的角度看，公共信息的传播主体也呈现多样性的特点。从我国公共信息传播的实践看，各级政府部门一贯重视公共信息传播，一方面开办政府网站、政务微信、政务微博、政务 APP 等，主动传播公共信息，搭建服务与互动平台；另一方面，借助大众媒体等公共服务机构，做好公共信息服务工作。在我国的信息传播机制下，大众媒体发挥着至关重要的作用。大众媒体作为党和人民的耳目喉舌，承担着传播党和政府声音的社会职责，自然也担负着传播公共信息的主体责任。大众媒体履行公共信息传播主体责任的方式与政府部门有所不同：一方面，大众媒体与相关政府部门和公共事务部门合作，通过采访报道、栏目协办等多种形式，传播公共信息；另一方面，大众媒体主动服务于公众信息需求，制作与公众生产生活密切相关的公共信息产品，成为公共信息服务体系中不可或缺的重要环节。

三、公共信息传播内容

公共信息传播内容可以从两个角度理解。一是公共信息资源。公共信息资源所涉范围广泛，其“终极价值在于保障公民基本生存和发展的需要，其内容涵盖公民在现代社会生活中需要的各类信息”，与人们的日常生活休戚相关，成为当代社会一种兼具广泛社会覆盖面和深刻社会性的重要信息资源。[①] 社会运行与政府治理过程中会产生海量的信息，有的以物质讯息的形式（文本、影像等）保存在政府部门、档案馆、图书馆等信息存储机构，成为公共信息的存量资源，有的则散失在社会进程之中。二是公共信息供给。公共信息资源的价值不在于有多少存量，而在于有多少资源是公众有机会、有渠道获取的。因此，只有借助于媒体进行传播的公共信息资源对公众才有价值。

① 雷晓庆、李春娇：《基于新型城镇化的公共信息服务体系构建》，载《图书馆学研究》，2015(2)。

能够用以传播的公共信息资源才是公共信息服务体系的有机组成部分。随着互联网的发展，公共信息供给的方式更为多样、途径更为开阔，为公众不限地域、不限时间、不限身份地获取公共信息提供了可能。

在公共信息内容获取方面，我国存在着突出的不平衡的问题，东西部之间、城乡之间的信息供给和信息需求都存在巨大差异。特别是随着现代大众媒体和都市文化的崛起，发达的大都市成为文化和信息的集散地，民族地区、乡村、中小城市往往成为都市文化的被动接受者。都市文化是典型的大众文化和商业文化，逐利性是其基本特征。都市文化的盛行凸显了其在文化传播与信息传播格局中的支配性地位，也加剧了民族地区在信息传播格局中的边缘化。在这样的传播格局中，政府对文化资源配置的调节作用就显得十分重要。政府应以公众需求为导向，增加民族地区公共信息内容供给。在互联网和大数据时代，实现这一目标更容易了。互联网所具有的交互性、开放性、平等性等优势，以及基于大数据基础上的分众传播优势，可将传播内容和接收受众进行精准划分，为受众提供定制化的信息服务。

信息是当今时代的空气和水，为每一位公民提供合格的空气和水，是政府义不容辞的责任。然而，公共信息与一般意义上的公共物品有着很大区别。公共信息服务具有普遍性的特点，即要为公众提供无差别的公共信息产品。同时，公共信息是精神文化产品，公共信息服务要坚持为人民服务、为社会主义服务的基本方针。为人民服务是公共信息服务的根本立场，在我国公共服务的实践中，人民利益和公共利益是相统一的。公共信息服务坚持以人民的根本利益为出发点和落脚点，就能够受到人民的欢迎。反之，就会被人民抛弃。为社会主义服务是公共信息服务的根本任务。公共信息生产和传播必须要坚持正确的政治方向，在满足公众的基本信息需求的同时，也要引导公众正确认识社会主义建设的复杂性和艰巨性。同时，还要激励公众坚定社会主义信念，同心同德，为社会主义建设事业营造良好的舆论氛围。

四、公共信息服务对象

公共信息的服务对象毫无疑问是公众。公众是谁？这就涉及社会群体的划分问题。社会学把建立了某种联系、有一定程度的共同关心点、有可能在某些时候形成集团但目前没有组织起来的人群称之为准群体。准群体有三个层级，一是群众，指面对面相互接触，以共同的情绪意见反应为纽带而临时聚集的人们；二是大众，指基于间接的相互接触，以共同的情绪意见反应为纽带的人们；三是公众，指基于间接的相互接触，以理性判断为纽带的人们。公众是一群成员特点异质的、组织松散的，为谋求某一特定问题的解决或政策的讨论而形成的人群。[①] 传播学则把公众称之为“社会上围绕共同关心的公共事务或者问题，通过公开、合理的讨论而形成的能动的社会群体”[②]。可见，无论是在传播学者眼中还是社会学者眼中，公众具有相似的特点，即共同关注一个社会问题的松散群体。

将公众与政府连接起来的是媒体。公众在接受信息传播的过程中就是传播学所说的受众。“受众的群体属性不同，意味着他们所处的时代、社会环境、社会化条件、社会地位、价值和信念、对事物的立场观点和看法、心理特点和文化背景都有很大的差异，对大众传媒信息的需求、接触和反应方式也是千差万别的。”[③] 公共信息传播目的是维护公共利益，自然以满足公众对于公共利益的诉求作为源动力和归宿。

五、公共信息传播体系

媒体是所有传播活动的核心。传播主体、受众、传播内容需要通过一定的媒体建立起传受关系。在公共信息传播体系中，传播媒体是连接政府与公众、决定公共信息传播成效的关键因素。按照传播学理论，社会传播是一个综合系统，由人内传播、人际传播、群体传播、组织传播和大众传播等传播活动组成，这些传播活动相互区别，又作为社会传播总系统的有机部分相互衔接和交织，构成了社会传播系统的大运行。公共信息传播是社会传播大系统中的一个内容类别，离不开上述五种基本的传播渠道。具体而言，公共信息传播的渠道主要包括大众传播渠道（电视、报纸、广播、杂志、网站、公告栏等）、群体传播渠道（QQ 群、微信群等）、组织传播渠道（文件、单位会议传达等）、人际传播渠道（手机短信、微信等社交媒体、面对面交谈）、人内传播（个体接受、判断、消化公共信息的过程）。公共信息的主要传播渠道是大众媒体，特别是机构化的大众媒体如广播电视、报纸杂志、网站等。在相当长时间里，我国以传统媒体为核心的公共信息传播体系（包括已经逐

① 徐祥运、刘杰：《社会学概论》（第 4 版），140 页，大连，东北财经大学出版社，2015。
② 郭庆光：《传播学教程》（第二版），150～169 页，北京，中国人民大学出版社，2011。
③ 郭庆光：《传播学教程》（第二版），155 页，北京，中国人民大学出版社，2011。

渐消失的乡村有线广播等）发挥了重要作用。随着新媒体的发展，新的公共信息传播渠道不断出现，传统媒体在公共信息传播方面的缺陷越来越明显。不过，以新媒体为中心的公共信息传播体系尚处于发展初级阶段，其传播理念、传播能力以及公共信息生产能力与公众的需求之间还存在较大落差。另外，在机构化媒体高度发达的今天，传统的公告栏、政府公告、海报、文件等公共信息传播渠道的效能已经逐渐降低。

第二节　我国公共信息服务体系发展历程

一、传统媒体垄断时期（1949 年—20 世纪 90 年代中期）

从 1949 年中华人民共和国成立一直到 20 世纪 90 年代中期，是我国公共信息服务体系发展的早期阶段。这个时期主要实行计划经济体制，在 90 年代初中期开始进行社会主义市场经济的早期探索。计划经济体制下，政府承担了全部社会管理和社会运行的职责，公共信息传播是政府工作的有机组成部分，公共信息传播主要借助于政府系统的组织传播体系，即以文件、会议以及官方媒体作为主渠道。这个时期社会结构和经济活动较为单一，公众的信息需求有限，基本可以在组织传播体系内获得满足。这一时期公共信息内容主要以政策信息、生产生活信息为主，在功能上强调信息传播的舆论宣传。

大众媒体的结构也较为单一，主要以官方媒体为主。中华人民共和国成立以后，政府通过接管、合并、公私合营等途径，大力改造大众媒体，使之更好地服务于社会主义建设事业，1951 年至 1952 年，政府完成了对所有私营广播电台的改造，全国广播电台保有 65 座。报纸的改造也在同步进行，到 1954 年，全国报纸稳定在 248 种。我国的电视事业起始于 1958 年，当年，北京电视台和上海电视台先后试播。改革开放之前，我国全面实行计划经济体制，大众媒体功能定位为阶级斗争的工具、党和政府的宣传工具。大众媒体被纳入到党委和政府体系中，作为党委和政府的下属机构而存在，“传播新闻、引导舆论、服务社会，为人民服务、为社会主义服务、为党和国家服务是大众媒体的基本工作方针”。[①] 党的新闻事业特殊的历史传统和社会使命，决定了大众媒体是一个门槛很高的行业，社会力量很难进入其中。作为党委和政府的下属机构，大众媒体必然需要承担公共信息生产和传播责任。在这样的结构下，政府在公共信息服务方面高度依赖大众媒体，把专业化信息传播人才、技术、设备几乎全部投入到大众媒体中。

十一届三中全会以后，随着经济体制改革的启动，我国的大众媒体实行“事业单位、企业化管理”改革。媒体既要很好地宣传党和国家的政策方针，又要取得良好的经济效益，减轻财政负担。媒体在做好党和政府的宣传工作的同时，积极探索形式多样的经营方式，试图扩大经营领域，获得更好的经营效益。例如中央电视台先后建立了无锡影视城、涿州影视城、威海影视城等，这些影视城既是影视作品的拍摄基地，也是旅游景区。媒体发展多种经营在很大程度上模糊了大众媒体的功能边界，对经济利益的追求使得媒体的公共信息服务时常让位于广告经营。在这样的背景下，20 世纪 90 年代出现了“月末版”“周末版”“都市报”潮。这类报纸由于没有财政支持，一开始便注重经营管理，市场化程度高。当然，这类商业化色彩浓郁的报纸与传统媒体的公共服务精神也产生了较大的冲突，商业化媒体催生出来的泛娱乐化、低俗化等问题，一直到今天依然为社会广为诟病。

尽管大众媒体改革出现了诸多问题，但是，不能否认的是，中国的传媒业发展迅速，公共信息生产和传播能力不断提升。其具体表现如下：到 20 世纪 90 年代中期，传媒的数量、结构和所承载的信息量发生了根本性的改变。报纸发展到近 2000 种，期刊发展到 9000 多种，出版社 500 多家，电台电视台 600 多家。报纸从改革开放前普遍的四版容量，一步步从 8 版、16 版到 56 个版；广播电视从每天播出几个小时到 24 小时不间断播出，从一两个频道频率发展到十几个频道频率。媒体的产品形式、载体形式、服务模式及其产品的产业链形态都发生了深刻变革。传媒在快速发展的同时，也带来了传媒竞争的日趋激烈，各种深层次的问题逐渐暴露。一方面，传媒业总体上繁荣，但东西部发展不平衡。人才、技术、资金向东部地区汇集，东部地区大众媒体经营能力和经济效益不断提升的同时，其公共服务能力、社会影响力也在不断提升。与之相对应的是，民族地区传媒业发展受地方经济发展水平低、媒

① 何梓华等：《新闻学概论》，72 页、96 页，北京，高等教育出版社、人民出版社，2009。

体市场容量小以及观念、体制、资金、人才的制约，经营工作步履维艰，特别是在受到新媒体的冲击后，公共服务能力和影响力不断萎缩。

二、电子政务的兴起（20 世纪 90 年代中期—21 世纪初）

“电子政务”（Electronic Government，亦被译为电子政府）是一个国际通用术语。电子政务发展的直接动因有二：一是信息技术的发展和成熟；二是政府改革的内在要求。“电子政务的本质是在信息网络化条件下，在对传统政府的行政职能、组织结构和业务流程进行重组的基础上，以计算机网络为技术平台，实现政府的公共管理与服务，从而形成一种更为有效的政府运作形态。”① 从 20 世纪 80 年代开始，西方国家兴起了一场政府改革运动，这场运动恰恰和信息技术发展汇集在一起。信息技术为政府改革提供了一种新的路径、新的思维，为拓展现代服务型政府的发展空间提供了可能。电子政务的初衷是为了解决政府工作效率问题，主要是指办公自动化，服务对象仅限于政府机构及其工作人员。当 20 世纪 90 年代互联网技术迅速普及之后，借助于电子政务平台，政府将公共资源与社会服务整合起来，服务对象扩展至政府机构以外，各种社会主体都成为电子政府的服务对象。同时电子政务的功能也由办公自动化拓展至政务公开、政务应用、信息共享、官民互动等诸多领域，电子政务平台逐渐发展成为综合性公共信息服务平台，兼具政务功能和媒体功能。电子政务也打破了时空限制，使得人们可以在不同时间、不同场所、利用不同渠道便捷地获取政府信息及其服务。

美国政府 1993 年实施“国家信息基础设施建设计划”（National Information Infrastructure，简称 NII），这就是人们俗称的“信息高速公路”，以便能够让美国人共享海量的信息资源。在美国政府信息高速公路的应用领域中，电子政务被排在第一位。英国政府信息中心（Government Center for Information System）曾在 1994 年公共部门的业务过程改革的报告中指出，IT 业将支持信息的采集、交流和共享。无论是业务程序改革（Business Process Reengineering BPR），还是公共信息服务定位的实现，或是其他的一些改革主张，都依赖信息通讯技术的发展，这一技术必须被引入这场机构改革。② 1996 年 11 月英国

---

① 孙国锋、苏竣：《电子政府促进民主与发展》，载《清华大学学报（哲学社会科学版）》，2001（5）。

② 佟德志：《电子政府的信息过程及分析》，载《政治学研究》，2000（1）。

政府公布“Goverment Direct”计划，提出新形态的公共服务以符合未来社会的需求，并在“Green Paper”中以电子形式传送政府服务给社会大众。[①] 日本从1995年开始推进“政府信息化推进基本计划”，在所有行政领域上，普遍利用信息技术，以提高政府服务的品质和效能。[②] 1996年，韩国政府相继出台《增强国家竞争力的信息化战略》和《信息化促进纲要》，提出了推进信息化、发展“电子政府”的六个关键原则。其中包括：保证公众免费访问和全部使用信息基础设施，促进私人部门在国家高速通讯网络上的投资，等等。[③]

国外政府的信息化革命受到了我国政府的高度关注。1996年4月，国务院成立信息化领导小组，由时任副总理的邹家华任组长，推进信息化建设工作。1998年4月，青岛市率先在互联网上建立了我国第一个严格意义上的政府网站——“青岛政务信息公众网”。1999年1月，国务院40多个部委（局、办）的信息主管部门共同倡议发起了“政府上网工程”，其目标是在1999年实现60%以上的部委和各级政府部门上网，在2000年实现80%以上的部委和各级政府部门上网。因此，这一年被称作中国的“电子政务年”。“政府上网工程”的实施范围包括国务院办公厅、国务院各部、委、行、署和国务院直属机构以及上述单位的省级机构和省、自治区、直辖市政府、地市政府。进入新世纪以后，随着中国入世进程的推进，有关转变政府职能适应世贸规则的讨论成为各界关注的热点论题。中国政府需实现由管理型政府向服务型政府的转变，实现由社会事务的运营者向公共服务的提供者转变。在上述背景下，利用新兴的计算机技术和网络技术提升政府管理水平、降低管理成本、增强服务满意度便成为中国政府改革的一个重要选项。在此基础上，我国政府大力推进电子政府建设，通过电子政府实现政府公务办理的电子化和网络化，在政府部门之间实现信息处理、交换的电子化。到目前为止，我国已建立起包括中央、省、市、县四级电子政务网络，即便是最为偏远的西藏牧区县，也普遍建立了政府网站。

电子政务最大的特点和优势是充分发挥互利网的作用，提高政府管理的

---

① 张成福：《电子化政府：发展及其前景》，载《中国人民大学学报》，2000（3）。

② 张成福：《电子化政府：发展及其前景》，载《中国人民大学学报》，2000（3）。

③ 孙国锋、苏竣：《国外“电子政府”发展及对中国的启示》，载《科学学与科学技术管理》，2001（12）。

透明度和效率。因此，建设政府服务网络就成为了电子政务建设的中心内容。[①] 当然，电子政务的发展也引起了人们对于公共信息获取权利的担忧，社会上最需要获取政府服务的人往往就是那些缺乏上网条件或能力的人。因此，在推广电子政务服务的过程中，首先应普及互联网的使用，使不同地区、不同社会阶层、不同受教育背景以及不同性别和年龄人群都尽可能跨越数字鸿沟，进而成为电子政府的服务对象。[②]

三、多元化公共信息服务体系的建立和完善（21 世纪初期至今）

进入新世纪后，国家把信息化建设纳入国家战略，公共信息服务体系开始向多元化、电子化、集成化方向迈进。2001 年 8 月 23 日，中共中央、国务院重组国家信息化领导小组，由时任中央政治局常委、国务院总理朱镕基任组长，表明国家高度重视信息化建设工作，把信息化建设和维护信息安全提升到了新的认识高度。2002 年 8 月，中办和国办转发了《国家信息化领导小组关于我国电子政务建设指导意见》，将积极推进电子政务列为“十五”期间的重大任务之一，明确要求各级政府加快政务信息公开步伐。此后，在 2006 年，国家相继发布了《2006—2020 国家信息化发展战略》《国家电子政务总体框架》，把信息基础设施和技术普及、推进电子政务、改善公共文化信息服务、推进国民经济信息化等作为建设重点。

党的十八届四中全会明确提出：“推进政务信息公开化，加强互联网政务信息数据服务平台和便民服务平台建设。”党的十八届五中全会提出了建设网络强国的要求。2015 年 7 月，国务院印发了《关于积极推进“互联网 +”行动的指导意见》，文件要求各级政府部门加快互联网与政府公共服务体系的深度融合，推动公共数据资源开放，促进公共服务创新供给和服务资源整合，构建面向公众的一体化在线公共服务体系。随着“互联网 +”的大力推进，我国的公共信息服务体系建设的目标和任务进一步明确。2016 年全国两会的政府工作报告明确提出，要大力推进“互联网 + 政务服务”，推动政务服务与互联网的深度融合。我国的“十三五规划”也明确把“互联网 + 政务服务”作为推进政务公开的重要举措。“互联网 + 政务服务”必将成为我国政府职能

① 蔡立辉：《电子政务：因特网在政府提供公共服务中的运用》，载《政治学研究》，2003（1）。
② 钟明：《电子政府：现代公共服务型政府的实现途径》，载《中国软科学》，2003（9）。

转变和全面深化改革的重要推手。2016 年 9 月国务院印发了《关于加快推进“互联网+政务服务”工作的指导意见》，要求加快解决各级政府部门在互联网政务服务中存在的服务事项不全、信息共享程度低、群众办事不便等问题。2017 年 1 月，《“互联网+政务服务”技术体系建设指南》出台，该指南主要针对当下政务信息服务中存在的服务不便捷、信息不共享、平台不互通、联接不通畅等问题，提出建立统一协同的业务支撑体系、基础平台体系、关键保障技术体系、评价考核体系，为规范“互联网+政务服务”技术标准，提供了具体依据，对于加快信息共享、打通信息孤岛将起到积极促进作用。

党和国家领导人高度重视信息化建设。2016 年 4 月，习近平总书记在网络安全和信息化工作座谈会上强调，我们必须敏锐抓住信息化发展的历史机遇，发挥信息化对经济社会发展的引领作用。要运用信息化手段推进政务公开、党务公开，加快推进电子政务，鼓励各级政府部门打破信息壁垒、提升服务效率，构建全流程一体化在线服务平台，更好地解决企业和群众反映强烈的办事难、办事慢、办事繁的问题。各级党政机关和领导干部要提高通过互联网组织群众、宣传群众、引导群众、服务群众的本领。习近平总书记的重要讲话系统阐释了在信息革命的历史机遇下，我国信息化建设的思路、目标、重点。2016 年 11 月，李克强总理在深化简政放权、放管结合、优化服务改革座谈会上强调，提升服务水平要在智能便捷、公平可及上下功夫。各级政府要争做服务企业和群众的行家里手，推动“互联网+政务服务”，加快建成互通互享的网上服务平台。

在国家高度重视信息化建设的大背景下，把互联网技术运用于公共信息服务体系，以互联网为依托实现公共信息的开放共享，成为提升公共信息服务水平的基本路径。2016 年中央办公厅、国务院办公厅印发了《关于全面推进政务公开工作的意见》，要求各级政府积极运用大数据、云计算、移动互联网等新技术提升政务公开信息化水平，构建基于互联网的一体化政务服务体系。国家发改委等部门也在 2016 年 4 月发布了《推进互联网+政务服务，开展信息惠民试点实施方案》，决定在全国 80 个城市推行信息惠民试点工作，试点的重点是优化信息服务流程、改革信息服务模式，提升群众对政府工作的满意度。全国各地政府推进信息化建设的积极性也非常高。在中央统一安排下，各地政府结合实际，纷纷推出了符合地方实际的举措。江苏省根据本省政务信息化运行经验，制定了江苏省地方标准《政务服务管理信息化规范》。南京市制定了《政务服务公共信息资源目录信息标准》《互联网+政务公开评估指标体系》等一系列规范要求。浙江省是“互联网+政务服务”的先行省份，自2014年起就开始了政府服务网的建设。浙江省利用政务云平台，形成了网上集约化的信息发布、信息互动、用户服务一体化门户，覆盖全省100多个市县、1300多个乡镇和40多个省级部门。贵州省属于偏远欠发达地区，但是，“互联网+政务服务”工作得到了省委省政府的高度重视。2016年贵州省编制了《贵州省互联网+政务服务一体化平台建设方案》，实行省级统筹规划，全省一盘棋，坚持进一张网，办全省事的理念，通过建设规范化、集约化、一体化的互联网平台，打造出了政务公开贵州模式。“互联网+政务服务”为规范政府行为、降低行政成本、提高行政效率、健全监督机制、满足公众多样化信息需求发挥了不可替代的作用。

在各级政府的大力推动下，随着互联网在公共信息服务体系中的广泛应用，我国基本建成了以政府为主导、以互联网为主要平台、以传统媒体为支撑的多元化公共信息服务体系。从传播介质的角度看，新媒体、新渠道不断开发出来，公共信息传播的广度与深度不断拓展，公众的信息获得感越来越明显。概括而言有如下三个特点：

第一，政务新媒体方兴未艾。

进入新世纪以来，我国互联网持续发展，移动终端媒体发展势头强劲。网民规模的扩张和网络基础设施建设为我国互联网持续发展和互联网产业国际竞争力的提升打下了基础。据中国互联网络信息中心（CNNIC）发布的第41次《中国互联网络发展状况统计报告》显示，截至2017年12月，我国网民规模达7.72亿，全年共计新增网民4074万人。互联网普及率为55.8%，较2016年底提升2.6个百分点，超过全球平均水平（51.7%）4.1个百分点，超过亚洲平均水平（46.7%）9.1个百分点。截至2017年12月，我国手机网民规模达7.53亿，较2016年底增加5734万人。网民中使用手机上网人群的占比由2016年的95.1%提升至97.5%，网民手机上网比例继续攀升。中国已是当之无愧的世界新媒体用户第一大国，拥有全球最活跃的新媒体产业和最丰富的新媒体应用，是全球最大且仍具巨大潜力的新媒体市场。移动媒体也已成为互联网媒体中发展最快、最有潜力的一支新力量。智能手机逐渐受到广大用户的青睐，推动了手机互联网发展。

新媒体与治国理政之间的密切关系已不是新鲜的话题。在全世界范围内，新媒体在改变着政治经济格局。代表性的案例是美国总统特朗普，拥有推特（Twitter）粉丝6000多万，用推特发动公众、影响公众、宣示政策，在推特上翻手为云覆手为雨，被称之为“推特治国”。据腾讯公司2018年第一季度财报显示，微信的活跃用户达到10.4亿，微博2018年第二季度财报显示，其活跃用户已达到4.31亿。以微博、微信等为代表的社交新媒体正式登上中国政务传播舞台起始于2009年。2011年被称为中国政务微博元年。不到十年的时间，政务新媒体呈现出爆发式增长态势，在公共信息传播方面发挥着越来越重要的作用。据《人民日报》、人民网舆情数据中心携手新浪微博联合发布的“2018年一季度政务微博影响力排行榜”显示，截至2018年3月31日，政务微博规模已突破17.5万个，其中政务机构官方微博13.6万，公务人员3.9万。近几年来，微博已经成为网络舆情信息聚合的重要平台。截至2015年底政务民生微信公众号新增达到83641个，微信与政务的跨界连接更为丰富全面，涵盖公安、医疗、党政、人社、司法等54个领域，覆盖全国所有省区。截至2018年6月，腾讯小程序的用户增长到6亿，迅速成为继微信和微博之后政务新媒体发展的新领域。从崛起的历程看，新媒体是典型的民间舆论场，具有鲜明的草根性。政务新媒体与传统意义上的官方舆论场不同的是，它是政府机构和政府工作人员主动进入民间舆论场，与公众打成一片，用老百姓的方式传播公共信息的新的实践。传统意义上的微信是一种基于社交圈的区域化传播媒体，其传播空间受到较大限制。但是随着微信公众号和小程序的发展，微信传播也具有和微博一样的“脱域化”的特点，从“客厅传播”走向了“广场传播”。① 目前，利用微信公众号平台传播公共信息、强化政府与公众沟通的政务微信平台已在全国遍地开花。例如，山西省忻州市委宣传部2014年6月1日正式开通了忻州“随手拍微信问政平台”，忻州70多个市直部门和14个县区政府办公室全部入驻，搭建了忻州政务微信基础平台。该平台由创始之初的“微信问政”功能逐渐发展成集“网络问政”“政务公开”“拍拍问答”“四风随手拍”“拍拍便民”“廉廉看”“忻州中心组信息公开”等栏目为一体的多功能问政平台。“忻州中心组信息公开”涉及20个中心市县中心组信息公开事项。政府及时公开各个领域事项，市民可以及

① 微信发展的早期，由于其使用范围有比较大的局限性，所以在社会动员能力方面不如微博，很多学者把微信的社会动员方式叫做“私家客厅的喧哗”，而把微博的社会动员能力称之为“城市广场的行动聚合”。见朱春阳：《新媒体时代的政府公共传播》，128页，上海，复旦大学出版社，2014。

时跟帖发表互动，相关部门在数小时内进行回复，有效地解决了传统政府网站信息公开的不足。①

第二，政府网站优势明显。

政府网站是互联网时代公共信息传播的主渠道。从20世纪90年代发展至今，我国政府网站已经实现了全覆盖，县级以上政府普遍建立了独立的政府网站，部分乡镇也建立了独立的政府网站。各级政府网站的主要功能包括三项：一是发布公共信息，例如政府职能、办事程序、政务活动、历史数据、动态新闻等；二是在线服务，通过线上线下一体化服务平台建设，实现行政审批标准化和便捷化，让老百姓少跑路办好事、不求人办成事。三是互动与反馈，公共信息服务的成效不仅仅取决于发布了多少信息，也取决于政府是否能够及时为公众释疑解惑、提供信息服务。咨询与互动的根本目的是保障公众能够快捷有效地提出其意见，让公共信息服务的供给者能够及时改进工作，完善公共信息服务体系。同时，有效而充分的互动也能够激发公众参与公共事务的热情。目前政府网站大多设置了市长（县长、区长等）信箱，公众可以通过这个平台与政府进行互动。

第三，传统媒体焕发生机。

始于1978年的媒体改革，在明确媒体意识形态属性的同时，明确了媒体的信息产业属性。前者延续了中华人民共和国成立以来对于媒体属性的基本认识，即媒体属于上层建筑，承担宣传和公共服务职能；后者的提出主要原因是媒体成本一路攀升，国家财政无力全部负担起大众媒体的运营费用。企业化管理的实施使得我国媒体开展经营活动获得了政策依据和市场空间，媒体开始大刀阔斧地向自我发展、自负盈亏的产业化经营道路迈进。走企业化之路，也使得我国媒体的经济实力大幅度提升，中国传媒产业每年要为国家提供大量利税，已成为继电子信息、制造业、烟草业之后的第四大利税产业。②

进入新世纪以来，传统媒体遇到了严峻挑战。新媒体不断冲击和挤压着传统媒体的生存空间。在新媒体兴起之前，传统媒体是公众获得政府公共信息的主要平台，对有些公众而言甚至是唯一平台，政府权威也为传统媒体带

---

① 梁俊山、刘邦凡：《基于政务微信的地方治理创新：实践、问题及对策》，载《电子政务》，2016（1）。

② 叶乐阳：《试论我国大众传媒产业特征》，载《广西社会科学》，2003（5）。

来了信息传播的权威性。但是，建立在信息封闭循环基础上的权威性在信息不断透明、信息来源日益多样化的新型传播格局下面临严峻挑战，新的传播权力结构严重挤压政府对相关信息资源的独占空间，进而降低传统媒体对政府信息的垄断程度，促使传统媒体必须通过竞争的方式而非垄断的方式重新获得权威性。[①] 然而，互联网是一个虚拟的世界，用户的自主权扩大与媒体把关人角色的削弱，使得网络舆论形成和反应的速度要远远超过传统媒体。因此，在互联网世界中，泥沙俱下、鱼龙混杂，据中国社科院舆情实验室2013年发布的《合力构建聚民心尚理性的网络舆论空间》报告显示，超过百分之七十（71.4%）的受访者接触过网络谣言，超过百分之八十的受访者认为目前我国网络谣言传播情况比较严重或者非常严重，百分之九十以上（93.4%）的受访者认为有必要整治网络谣言。网络谣言的主要来源是网络论坛（70.2%）、微博（63%）、QQ（45.2%）、微信（35.8%）等社交媒体。可见，网络媒体特别是社交媒体因其自身的传播特点以及发展的不完善，信息传播未能在公众中建立起公信力。尽管在新媒体的冲击下，传统媒体的影响力和权威性受到冲击，但是，不可否认的是，传统媒体在公众中的影响力和信任度依然是新媒体无法比拟的。

媒体是社会沟通和交往的桥梁纽带，从社会治理的角度看，公共性是国家治理现代化对于媒体的要求，也就是说，媒体不仅仅要充当党和人民的耳目喉舌，在现代化的社会治理体系中，媒体还需要从公共利益的角度出发报道各方观点、促进社会成员之间的沟通，促使社会共识达成，推动社会问题解决和社会和谐发展。[②] 传统媒体应对新媒体挑战的过程中，要加快媒体融合，不断挖掘潜力、探索新的传播形态和传播方式，提升公共信息服务能力。

---

① 朱春阳：《新媒体时代的政府公共传播》，85页，上海，复旦大学出版社，2014。

② 关于把公共性作为媒体改革的目标以及与社会治理体系建设的内在逻辑在潘忠党《传媒的公共性与中国传媒改革的再起步》[《传播与社会学刊》2008（6）]；李良荣、张华《参与社会治理：传媒公共性的实践逻辑》[《现代传播》2014（4）]；朱春阳《新媒体时代的政府公共传播》（复旦大学出版社，2014版）等文献中均有论述。

第四章　民族地区公共信息传播体系发展概述

公共信息服务体系是围绕信息传播过程建构起来的系统。很多学者对信息的传播过程进行过研究，其中有代表性的是“5W 模式”和“香农—韦弗模式”。“5W”是拉斯韦尔提出的传播过程模式，即“谁（WHO），说了什么（WHAT），通过什么渠道（WHICH），向谁说（WHOM），有什么效果（WHAT EFFECT）”，拉斯韦尔的传播过程模式由五个基本要素构成，即传播者—信息—媒体—受传者—传播效果。香农是著名的信息论的提出者，他和另外一位学者韦弗一起提出了“香农—韦弗模式”。“香农—韦弗模式”描述了一个电子通信的过程，即信源发出讯息，再由发射器将讯息转为信号，经过传输，由接收器把信号还原为讯息，将之传递给信宿。在讯息传输过程中，信号会遇到噪音干扰，产生某些衰减或者失真。无论是拉斯韦尔的“5W”模式还是“香农—韦弗模式”，其共同点是传播媒体在信息传播过程的关键作用。尤其是“香农—韦弗模式”揭示了信息传输过程中噪音对信息传播效果的影响。这也从另一个角度说明，如果能够提高媒体的信息传播能力，最大限度减少噪音对信息传播的干扰，信息传播质量和效果就能够得到保障。可见，媒体是影响信息传播的关键因素。同样，媒体也是公共信息传播以及建设和完善公共信息服务体系的关键环节。把握少数民族地区媒体公共信息传播状况，是我们分析少数民族地区公共信息服务体系面临的问题以及提出解决方案的基本素材。

中华人民共和国成立 70 多年来，我国少数民族地区公共信息传播媒体经历了兴起、发展、低谷、崛起、繁荣的曲折发展历程。中华人民共和国成立初期，随着各地人民政权的建立，一些有条件的少数民族地区或改造或创办，纷纷建立起了自己的报刊社和广播电台。这些媒体在当地党委的领导下，大力宣传贯彻党的民族政策，对于维护少数民族地区的稳定团结，完成少数民族地区的社会主义改造发挥了非常重要的作用。20世纪50年代后期，由于指导思想的偏差和失误，全国媒体从内容到形式一刀切，禁区无限增加，媒体发展陷入停滞状态。十一届三中全会以后，我国少数民族地区大众媒体进入了发展的快车道，少数民族地区公共信息传播事业出现了可喜的局面。在国家的支持下，我国逐步建立起了多语种、多层次、多渠道、系统完备的少数民族地区公共信息传播体系。从隶属关系看，我国少数民族公共信息传播体系主要由中央媒体和地方媒体两大类构成。中央媒体又可以分为两类：一是中央媒体创办的少数民族语言媒体，如中央人民广播电台藏语广播、朝鲜语广播等；二是由中央部委主办的面向全国的少数民族地区和群众的媒体，如国家民委主办的《中国民族报》、《民族画报》（汉文、蒙古、藏、维吾尔、哈萨克、朝鲜文版）、《中国民族》（汉、蒙古、维吾尔、哈萨克、朝鲜文版）等。地方媒体可以分为三类：一是由非民族自治地方媒体主办的少数民族语言媒体，如辽宁省唯一官方朝鲜文综合性报纸《辽宁朝鲜文报》、1985年4月1日创办的省级党报《吉林朝鲜文报》等，这类媒体既服务于民族地区受众，也服务于非民族地区的少数民族群众；二是由民族自治地方党委政府主办的通用语言媒体，如宁夏政府网、《宁夏日报》、内蒙古电视台等；三是由民族自治地方党委政府主办的少数民族语言媒体，如少数民族地区政府网站的少数民族语言版、《延边日报》朝鲜文版等。上述几类媒体都以服务民族地区和少数民族群众为目标。当然，由于我国是一个统一的多民族国家，非上述范畴的媒体也或多或少会涉及少数民族地区以及少数民族群众关注的公共信息，也会为散杂居少数民族群众提供相应服务，广义上来讲，也属于少数民族地区公共信息服务媒体体系的范畴。不过，由于此类情况涉及面极为广泛而复杂，故不在我们的研究范畴之内。

据统计，截至2016年底，全国少数民族地区共有广播电视台552座，广播电台26座，电视台33座，全国少数民族地区广播电视机构数量是1952年的122.2倍，是1978年的24.44倍；少数民族地区出版报纸363种，年印数132705万份，民族地区报纸种类是1952年的18.15倍，是1978年的8.25倍，报纸的印数是1952年的452.56倍，是1978年的4.69倍；出版杂志1952

种，年印数8341.5万册，出版杂志的种类是1952年的130倍，是1978年的25.03倍，杂志的印数是1952年的47.27倍，是1978年的6.39倍；年出版图书24886种，总印数50263.2万册，出版图书的种类是1952年的40.06倍，是1978年的18.63倍，年图书印数是1952年的76.01倍，是1978年的3.52倍。①

第一节　民族地区公共信息传播基础设施

为了使少数民族地区各族群众共享信息化时代的成果，国家采取各种措施发展少数民族地区信息传播事业。20世纪80年代以来，国家加大了对少数民族地区信息基础设施建设的力度，报刊、广播电视、互联网的生产、传播、接受条件不断改善，覆盖率不断提高。在报刊基础设施方面，从20世纪80年代开始，民族地区报刊社陆续引进了先进的印刷技术，激光照排、胶版印刷等技术在少数民族地区逐步得以推广，取代了存在千百年的活字排版方式，简化了编辑操作程序，使少数民族报刊图片更加清晰、版面更加美观。2002年，我国首台蒙古文彩色电视机下线并进入内蒙古市场，2006年，国内首部多民族文字手机正式亮相。民族文字输入系统和媒体平台的建设，为少数民族信息传播事业的发展提供了便利。②

在广播电视基础设施方面，国家1988年实施了“边境广播电视建设计划”，1993年实施“三区（新疆、西藏、内蒙古）广播电视建设计划”，1998年实施了“广播电视村村通工程”，2000年又启动了“西新工程”。上述项目主要服务于西部地区和少数民族地区，逐步解决了少数民族地区群众看电视听广播难的问题。在2003年全国民族地区基本实现了已通电行政村的广播电视“村村通”的基础上，从2004年开始，中央确立了“村村通”工程第二阶段目标，即实现已通电的50户以上自然村广播电视“村村通”。2005年11月，中办、国办下发了《关于进一步加强农村文化建设的意见》，对新疆、西藏、内蒙古、宁夏、青海、甘肃、云南和四川藏区的“村村通”工程建设以

① 国家民委经济发展司、国家统计局经济综合统计司编：《中国民族统计年鉴》（2017年），北京，中国统计出版社，2018。

② 白润生：《探索中前进　少数民族新闻事业三十年》，载《中国报业》，2008（9）。

及运行维护予以经费支持。2007 年 7 月，国家开始实施第三阶段“村村通”工程，要求到 2010 年底，全面实现 20 户以上已通电自然村“村村通”广播电视。2016 年 4 月，国务院办公厅下发了《关于加快推进广播电视村村通向户户通升级工作的通知》，要求“到 2020 年，基本实现数字广播电视户户通，形成覆盖城乡、便捷高效、功能完备、服务到户的新型广播电视覆盖服务体系”①。

在“村村通”工程的基础上，国家专门针对西藏、新疆等边疆地区的广播电视覆盖率低和少数民族语言节目译制难的问题，从 2000 年 9 月起实施了西藏、新疆等边疆少数民族地区广播电视覆盖工程（即“西新工程”）。该工程的重点是新建和扩建广播电视发射台等基础设施，加强少数民族自治地方广播电视无线信号和电子对抗能力，改善少数民族地区广播电视技术设施。通过“村村通”工程和“西星工程”，我国少数民族地区广播电视发射、传输设施建设基本完成，信息传播能力得以保障。到 2016 年底，全国五个少数民族自治地方广播电视综合覆盖率均超过 90%（如表 4－1），少数民族地区信息传播基础设施发生了翻天覆地的变化。

表 4－1　五个少数民族自治区广播电视覆盖率

地区	广播综合覆盖率%	中央广播覆盖率%	无线广播覆盖率%	电视综合覆盖率%	中央电视覆盖率%	无线电视覆盖率%
内蒙古	99.09	98.72	98.87	99.19	99.10	94.90
广西	96.90	95.41	94.87	98.40	96.11	96.28
西藏	95.21	89.70	93.79	96.32	90.44	94.39
宁夏	96.72	96.72	96.50	99.34	99.34	98.74
新疆	96.82	96.28	96.31	97.25	96.26	96.45

摘编自《中国民族统计年鉴》（2017 年）

内蒙古自治区信息传播基础设施建设取得了显著成绩。内蒙古自治区在“十二五”期间就实现了 20 户以下自然村广播电视村村通。在有线电视未通达的农村牧区实施直播卫星公共服务工程，推动广播电视覆盖由村村通向户

① 中国政府网，http://www.gov.cn/zhengce/content/2016－04/21/content_5066526.htm。

户通转变。① 截至2017年底，内蒙古广播电视村村通向户户通工作基本完成，公共信息传播基础设施有了很大改观。截至2016年底，内蒙古自治区共建成广播电视机构90家，其中广播电台1家、电视台2家、广播电视台87家、蒙古语广播机构37家、蒙古语电视播出机构29家；全年制作广播节目25万多小时、制作电视节目8.1万小时；出版图书3249种、杂志146种、报纸58种。②

广西壮族自治区在2012年完成了“十二五”期间村村通广播电视直播卫星工程的建设任务，成为全国第一个全面完成国家下达的“十二五”期间村村通广播电视直播卫星工程建设任务的省（自治区）。广西还率先在全国广电系统研发建设广播电视无线台站远程智能化监控系统，实现了无线台站“无人值班、有人留守”的管理模式。③ 截至2016年底，内蒙古自治区共建成广播电视机构97家，其中广播电台7家、电视台6家、广播电视台84家、壮语广播机构14家、壮语电视播出机构15家；全年制作广播节目23万多小时、制作电视节目8.2万小时；出版图书7419种、杂志181种、报纸53种。④

宁夏回族自治区把直播卫星公共服务户户通、农村电影放映、城市影院建设改造等作为惠民工程，全力以赴抓落实，让城乡群众享受广播影视发展新成果。在直播卫星公共服务试点的基础上，坚持政府主导、企业参与、群众自愿、长期受益，把直播卫星、数字电视有机结合，全面启动实施户户通工程。2012年，经过2个多月集中攻坚，率先在全国基本实现“全覆盖、户户通”目标。⑤

西藏自治区不断提高公共信息服务水平，不断加大投入，加强文化基础设施建设。西藏自治区按照“村村通向户户通、优质通、长期通飞跃”的要求和“通电的地方采用广播电视直播卫星实现户户通，未通电的地方采用太

① 国家广播电影电视总局《中国广播电视年鉴》编辑委员会：《中国广播电视年鉴》（2013年），北京，中国广播电视年鉴社，2013。

② 国家民族事务委员会经济发展司、国家统计局国民经济综合统计司：《中国民族统计年鉴》（2017年），北京，中国统计出版社，2018。

③ 国家广播电影电视总局《中国广播电视年鉴》编辑委员会：《中国广播电视年鉴》（2013年），北京，中国广播电视年鉴社，2013。

④ 国家民族事务委员会经济发展司、国家统计局国民经济综合统计司：《中国民族统计年鉴》（2017年），北京，中国统计出版社，2018。

⑤ 国家广播电影电视总局《中国广播电视年鉴》编辑委员会：《中国广播电视年鉴》（2013年），北京，中国广播电视年鉴社。

阳能源方式实施户户通"的建设思路，完成了"十二五"规划中已通电农牧民的户户通建设任务。广播电视"户户通"通过帮助农牧民免费安装"户户通"广播电视卫星接收设备，农牧区百姓可以方便收听、收看高质量的广播电视节目。广播电视"户户通"除了能够提供电视和广播节目外，农牧民还可以了解到涉农气象、农业科技、农产品价格变化等信息，能为农牧民进行生产安排、农产品交易提供良好的信息支撑。[①] 在加快广播电视设施建设步伐的同时，西藏加快建设县乡村图书馆及文化馆站（室），推广数字图书馆，建设公共电子阅览室，以及实施农家书屋、寺庙书屋等，初步形成了从自治区到地（市）、县、乡、村的文化设施网络格局。[②]

新疆维吾尔自治区 2010 年 8 月完成了 14513 个 20 户以上已通电自然村的"村村通"建设任务，使全疆边远农牧区和山区的近 200 万群众收听收看到了 50 多套高清晰的数字广播电视节目，其中少数民族语言广播电视节目 9 套。[③] 新疆率先采用"双模"技术（直播卫星 + 地面数字电视）开展户户通工程建设，到 2014 年底完成了 260 万户"户户通"工程建设任务。在加强基础设施建设的同时，新疆丰富少数民族语言节目内容，截至 2012 年，新疆实现权威电视新闻栏目实现了汉、维吾尔、哈萨克、柯尔克孜四种语言全覆盖。[④] 2017 年，新疆制定了《新闻出版广播影视公共服务体系建设方案》，把提升新闻出版广播影视公共服务水平纳入制度化轨道。[⑤]

在国家政策和资金的支持下，各少数民族地市州盟的广播电视硬件设施建设也取得了巨大的成就，部分地区接近或达到发达地区的水平。我们以吉林省延边朝鲜族自治州为例，以一斑而窥全豹。从 20 世纪 90 年代开始，吉林省延边朝鲜族自治州充分利用国家相关政策，大力发展信息传播基础设施，其水平逐渐接近发达地区水平。2006 年 8 月 10 日，全国唯一地区级"上星"

---

① 国家广播电影电视总局《中国广播电视年鉴》编辑委员会：《中国广播电视年鉴》（2013 年），北京，中国广播电视年鉴社，2013。

② 据国务院新闻办：《西藏的发展与进步》白皮书，http://www.gov.cn/zhengce/2013-10/22/content_2618548.htm。

③ 国家广电总局：《新疆"十一五"广播电视村村通工程通过验收》，http://www.wenming.cn/whhm_pd/gbdscct/201106/t20110603_199883.shtml。

④ 国家广播电影电视总局《中国广播电视年鉴》编辑委员会：《中国广播电视年鉴》（2013 年），北京，中国广播电视年鉴社，2013。

⑤《新疆维吾尔自治区新闻出版广播影视公共服务体系建设方案》，http://www.xjgdj.gov.cn/2017/09/25/hmgc/13340.html。

媒体——延边卫视正式开播，这在延边广电发展史上具有里程碑意义，给延边传媒业带来新的发展机遇。延边全州广播、电视综合覆盖率2010年便已分别达到99.7%和97.6%。[①] 同期，全国平均广播综合覆盖率为95.04%，电视综合覆盖率为96.23%，延边朝鲜族自治州广播电视综合覆盖率远远超过全国平均水平。福建省同期广播综合人口覆盖率98%，电视综合覆盖率98.54%，延边朝鲜族自治州的广播综合覆盖率超过了福建省，电视综合覆盖率仅比福建省少约0.9个百分点，基本接近发达地区的水平。广播电视覆盖率的提高，使得各族人民群众能够及时通过广播电视了解党和国家的路线方针政策，聆听党和政府的声音，架起了中央和少数民族地区的桥梁，为信息传播事业的发展奠定了坚实基础。截至2017年底，延边朝鲜族自治州拥有国有公共图书馆9个，广播电台1座，电视台1座，广播电视台8座；拥有公共广播节目12套，电视节目11套；广播综合覆盖率99.72%；电视综合覆盖率97.53%；2017年出版报纸2740.00万份，出版各类杂志54.80万册，出版图书2777.83万册，其中朝鲜文41.69万册；音像制品3.10万张，其中朝鲜文2.70万张。[②] 延边形成了广播、电视、报刊、新媒体、音像出版的一体化综合传播格局。

尽管如此，我们依然要清醒地认识到民族地区公共信息服务基础设施建设面临的困难和不足。尤其是少数民族地区的农牧区，其经济文化发展水平还严重滞后于整个国家的经济文化发展。目前我国有1026个民族乡，民族乡总人口1757.13万，近年来，民族乡经济社会事业有了长足的发展，人民生活水平有了较大提高。民族乡人均纯收入从2001年的1510元增长到2016年的9724元。[③] 民族乡基础设施建设落后，基本的公共服务体系不健全。据中央民族干部学院专题调研组对全国民族乡的调查，我国许多民族乡由于特殊的地理环境和相对落后的经济条件，各项基础设施都很差，以交通条件为例，大部分民族乡都通了公路，但由于公路建设标准低，遇到下雨或者下雪天气往往无法行车，给人们的生活带来极大的不便。民族地区各类文化事业机构

---

① 《延边广播电视年鉴》(2010年版)，延边朝鲜族自治州广播电影电视局编印。

② 延边朝鲜族自治州2017年国民经济和社会发展统计公报，http://www.tjcn.org/tjgb/07jl/35547_2.html。

③ 国家民族事务委员会经济发展司、国家统计局国民经济综合统计司：《中国民族统计年鉴》(2017年)，北京，中国统计出版社，2018。

主要在县以上城镇设立，许多乡村群众实际上无法享受到基本的公共文化服务。[①] 民族乡只是我国少数民族地区经济社会整体发展状况的一个缩影。

政治基础、经济基础、受众基础、信息基础设施是决定公共信息服务体系建设的四个决定性因素。中华人民共和国成立以来，特别是改革开放以后，我国少数民族地区信息事业发展的宏观环境不断改善，尤其是文化教育事业的发展，推动着民族地区信息传播事业的进步。从微观层面来讲，随着民族地区经济与社会的进步和现代传媒的飞速发展，发展少数民族地区公共信息服务事业已经不仅仅局限于满足少数民族群众对公共信息的基本需求。我国少数民族地区大多地处祖国的边疆，与境外的经济文化交流十分频繁，境外一些敌对势力从来没有停止过利用边疆地区的地域以及文化特点，对少数民族地区各族群众进行文化渗透。民族地区信息传播阵地，党和政府不占领，敌对势力一定会渗透。少数民族地区政治、经济、文化、教育事业的飞速发展，提升了少数民族地区各族群众的幸福指数，激发了少数民族地区群众的文化消费和文化创造的热情。可以说，社会生产力的发展、传播技术的发展以及文化教育的进步既为少数民族公共信息服务事业带来了发展的机遇，同时，又使得少数民族地区公共信息传播面临着更为多元、复杂的环境。

第二节　中央媒体公共信息传播概述

一、传统媒体

我国中央媒体十分重视对少数民族和民族地区的传播。中华人民共和国成立之初，中央人民广播电台就成立了民族部，专门负责少数民族地区新闻传播。1950 年 3 月 29 日，国家新闻总署决定在中央人民广播电台增设藏语、蒙古语、朝鲜语广播节目。藏语节目、蒙古语节目先后于 1950 年 5 月 22 日和 8 月 15 日开播，朝鲜语、维吾尔语、壮语节目也相继在 1956 年和 1957 年开播。开播不久后，受错误路线的影响，上述节目于 1960 年停播。1971 年，中央人民广播电台陆续恢复了少数民族语言广播，首先恢复的是维吾尔语广播。

① 中央民族干部学院专题调研组：陈乐齐、杨胜勇、石慧玺、严墨、陈辉：《关于民族乡科学发展的思考》，载《中南民族大学学报（人文社会科学版）》，2012（4）。

此后，又开播了哈萨克语广播。蒙古语、朝鲜语、藏语节目相继于1972年和1973年恢复广播。目前，中央人民广播电台形成了三套相对完整的少数民族语言广播频率：一套“民族之声”，用蒙古语、维吾尔语、哈萨克语、朝鲜语播音，每天播音20小时；一套是藏语广播，用卫藏、康巴、安多三种方言同频播出，覆盖所有藏区，每天播音18小时；还有一套维吾尔语频率，每天播出18小时。中央台五种民族语言广播覆盖近一半的国土面积，形成了以广播为主、多媒体联动的传播格局。①

中央广播电台的少数民族语言广播也受到了中央领导的高度重视。1989年，中共中央总书记江泽民到中央人民广播电台视察工作，看望少数民族广播编播人员。中央领导贾庆林、李长春多次视察中央台并看望民族语言广播工作者，李长春还先后两次做出重要批示：“继续办好少数民族语言广播，不断增强凝聚力、影响力、感染力。”“我国是多民族国家，搞好少数民族语言广播意义重大。不仅确保中央的声音传到少数民族千家万户，也是传承、弘扬少数民族文化的重要途径。希望中央人民广播电台继续努力，为落实党的民族政策，促进中华民族大家庭大团结做出新的贡献。”②

《人民日报》也十分重视对少数民族地区的宣传，通过开办专栏、专题以及组织宣传战役，奠定了其在少数民族地区公共信息传播中的重要地位。《人民日报》于2009年8月1日联合西藏日报创办了《人民日报·藏文版》，由人民日报社主管，人民日报社、西藏日报社主办。该报是我国第一份用少数民族文字出版发行的党中央机关报。《人民日报·藏文版》每天出四版，主要在西藏以及邻近省区内的藏族聚居地区，即中国四川、青海、甘肃以及云南省等地发行。2018年，该报全国发行量65704份，其中49478份赠阅，主要赠阅对象是藏族聚居区的基层党支部、中小学和寺庙。③

此外，部分中央部委和全国性社会团体也相继创办了面向少数民族地区和少数民族群众的媒体。国家民委主办的《中国民族报》创办于2000年1月，周二刊，其功能定位为“融新闻性、学术性、知识性、趣味性和服务性

---

① 以上数据和文献摘编自中广网发布的《中央人民广播电台民族广播大事记（1950—2010年）》，http://www.cnr.cn/zggbb/yw/201006/t20100604_506530940.html。

② 转引自中广网发布的《中央人民广播电台民族广播大事记（1950—2010年）》，http://www.cnr.cn/zggbb/yw/201006/t20100604_506530940.html。

③ 李忱：《人民日报（藏文版）创刊的前期筹备》，人民日报社微信公众号7月11日。

于一体，多视角、多维度、多层面地为广大读者传播56个民族的独特魅力与多姿多彩的文化内涵，为少数民族地区的社会、经济、文化发展服务”。由国家民委主办的《中国民族》杂志创刊于1957年10月12日，原名《民族团结》，2001年改为现名，是一份全面报道中国少数民族政治、经济、文化、教育等状况的中央级综合性月刊。1987年和1988年，该刊在汉文版基础上，相继出版发行了独立编辑选题内容的蒙古文版、维吾尔文版、朝鲜文版和哈萨克文版。《民族画报》由国家民委主办，1955年创刊，1960年和1966年两度停刊，1974年复刊。汉文版每期100页，蒙古、藏、维吾尔、哈萨克、朝鲜文版每期68页，均为8开本，全铜版纸彩色印刷，封面覆膜。《民族画报》多年来与《人民画报》《解放军画报》并称为“全国三大画报”，是传播中国各个少数民族情况的综合性画报。它通过图片和文字宣传党的方针、政策，尤其是民族政策，着重反映中国少数民族地区政治、经济、文化教育、科学卫生等方面的成就及新人、新事、新风尚。由中央统战部主管的《中国西藏》杂志创刊于1989年12月18日，是一本综合性刊物，现有汉、藏、英三种文版，主要报道西藏的经济、文化建设成就和社会发展，介绍西藏民族、宗教、文化艺术、旅游景点与民族风情，引导人们进入完整的西藏世界。

二、新媒体

20世纪80年代启动的少数民族语言文字信息处理工程，使少数民族语言文字顺利步入新媒体。最早使用少数民族语言进行信息传播的网站是2000年5月正式亮相的中国西藏信息中心（www. tibet. cn），该网站通过整合全国近50家涉藏媒体资讯，对西藏进行全方位展现，网站设有中、英、藏三种文版，被全球3000多家网站链接。①

新媒体的发展，为少数民族地区公共信息传播开辟了新的途径，提升了少数民族地区公共信息传播的影响力和实际效果。《人民日报》开通了蒙古文、藏文、哈萨克文、维吾尔文、朝鲜文、彝文、壮文手机报；人民网开通了蒙古文、藏文、维吾尔文、哈萨克文、朝鲜文、彝文、壮文等七种少数民族文字网站，成为全国互联网站中首家实现七种主要少数民族语言全覆盖的

---

① 白润生：《探索中前进　少数民族新闻事业三十年》，载《中国报业》，2008（9）。

网站。[1] 中央人民广播电台在传统广播领域不断推进的同时，把民族广播的触角延伸到了互联网上。2001 年创建的中国广播网民族分网一上线，点击率就不断提高，影响力越来越大。中国广播网目前已开通蒙古、藏、维吾尔、哈萨克、朝鲜五种少数民族文字网站。中国网络电视台和央视网《华人频道》2009 年专设《中华民族》栏目，向世界宣传中华民族的团结和进步。该栏目以人物讲述为主线，在其中穿插民族纪录片，各民族的特色与民族人物的个性相互辉映，每一期讲述一个民族代表性人物的真实故事，从中折射出各民族特有的民族文化和民族精神。每期栏目都力求做到富有个性，有针对性地提出问题，通过问题展开故事，探讨各民族代表人物的心灵轨迹。

第三节　民族地区公共信息传播概述

我国少数民族公共信息传播的主体是少数民族地区各类大众媒体。各少数民族地区大众媒体是伴随着共和国前进的步伐从小到大、由弱渐强发展起来的。我国少数民族地区媒体的数量极为庞大，覆盖地区极为广泛，情况极为复杂，文献资料极为有限。为了能够准确反映我国少数民族地区媒体发展状况，课题组一方面深入民族地区进行实地调研，掌握第一手资料；另一方面，竭尽所能地搜集文献，通过文献中反映的历史数据来观察少数民族地区媒体发展的脉络。课题组把宁夏回族自治区和东北地区少数民族自治地方作为实地调研样本，基本考虑是：宁夏回族自治区地处西北，是我国回族分布最为集中的省级民族区域自治地方；东北三省是满族、朝鲜族分布相对集中的区域。这两个地区直接服务于民族地区和少数民族群众的媒体发展颇具典型性：一是发展起步早，东北是我党最早建立直接服务于少数民族群众媒体的区域。随着人民解放战争不断取得胜利，我党在 1948 年便建立了第一份地市级少数民族语言媒体——《延边日报》。二是发展快，宁夏回族自治区非常重视发展大众媒体，媒体体制改革走在全国民族地区的前头。可以说，宁夏回族自治区和东北地区堪称我国省级少数民族地区媒体发展和地市县少数民

① 《人民网实现七个主要少数民族语种全覆盖》，http://cpc.people.com.cn/GB/64107/64110/9522520.html。

族媒体发展的缩影。

东北是中国的一个地理文化大区和经济大区，人们习惯于把黑龙江、吉林、辽宁以及内蒙古东部五盟市称之为东北地区。为了便于叙述，本书所称东北地区仅包含黑龙江、吉林、辽宁三省，内蒙古东部五盟市纳入内蒙古自治区的范畴讨论。东北地区是我国少数民族分布较多的区域。辽宁省面积14.8万平方公里，人口4377.8万人，是全国少数民族人口较多的省份之一，有满族、蒙古族、回族、朝鲜族、锡伯族等51个少数民族成分，少数民族人口670万人，占全省总人口的15.3%，少数民族人口绝对数列全国第五位，少数民族占总人口的比例居全国第十位。辽宁全省现有8个少数民族自治县，其中6个满族自治县（新宾、岫岩、清原、本溪、桓仁、宽甸）、2个蒙古族自治县（喀左、阜新），还有2个在省内享受民族自治县待遇的县级市（凤城、北宁市）。吉林省面积18.7万平方公里，人口2572万人，有朝鲜族、满族、蒙古族、回族和锡伯族等55个少数民族，少数民族人口218.57万人，占总人口的8.50%。吉林省有4个民族自治地方，即延边朝鲜族自治州和前郭尔罗斯蒙古族自治县、长白朝鲜族自治县、伊通满族自治县，吉林省少数民族人口数和占总人口比例，分别位于全国第9位和第11位。黑龙江省面积43.7万平方公里、人口3788万，有53个少数民族生活在这里，有一个民族自治地方杜尔伯特蒙古族自治县。

本部分从媒体类型入手，结合历史文献资料和实地调研获得的数据，宏观数据与微观事实相结合，对少数民族地区媒体公共信息传播历史脉络及现状进行概况式描述。

一、广播电视媒体

（一）中华人民共和国成立初期至1983年

1946年4月，我党建立了延吉广播电台，转播延安新华广播电台的节目，同年6月，延吉广播电台改名为延吉新华广播电台。1948年11月，正式建立延边人民广播电台。延边人民广播电台不仅成为我国第一座用朝鲜语广播的电台，也是全国第一座用少数民族语言播音的电台。1951年，改称为延边人民广播电台。建立初期，延边台除了转播中央人民广播电台的节目之外，其他节目全都用朝鲜语广播。从1956年9月10日以后，逐渐增加了汉语播音时间。到 80 年代初期，延边人民广播电台的工作人员增加到 208 名，其中朝鲜族工作人员占 149 名。在机构上，新闻部、专题部、总编办公室、广告部、控制室、资料室、音乐资料室等职能部门也一应俱全。① 1950 年 11 月 1 日，内蒙古人民广播电台成立，这是中华人民共和国成立建立的第一个少数民族自治区广播电台，用蒙古语、汉语两种语言播音。②

20 世纪六七十年代，部分民族自治地区的电视业开始起步。民族地区电视事业的诞生，为我国少数民族地区大众传播媒体又增添了一个年轻的伙伴，少数民族电视事业开始了从无到有的飞跃。③ 内蒙古电视台 1969 年 10 月 1 日开始试播；新疆电视台 1970 年 10 月 1 日用维吾尔、汉两种语言试播；广西电视台于 1970 年 10 月 1 日开始播出节目；宁夏电视台 1970 年 10 月 1 日正式播出；西藏电视台 1978 年 5 月 1 日开始播出电视节目。这个阶段，我国民族地区还有一批地、州、盟的电视台先后创立：1971 年包头电视台创办，1973 年呼伦贝尔电视台创办，1977 年四川阿坝藏族自治州电视台创办。④ 延边人民广播电台于 1974 年 10 月 1 日组建了电视台并正式开始向电视观众播放。1977 年 11 月 30 日，经中央广播事业局批准，改称延吉电视台，可以自制电视剧。1982 年 12 月 16 日，改称为延边电视台。早期的延边电视台主要以拍摄电视剧和翻译中央和省台节目为主，使用的语言主要是朝鲜语。⑤

（二）1983 年至今

1983 年，全国第 11 次广播电视工作会议提出了中央、省、地（市）、县“四级办广播电视，四级混合覆盖”的方针。“四级办广播电视”对于改变民族地区落后的广播电视事业发挥了重要作用。在中央政策的支持下，我国各民族地区纷纷兴办广播电视事业，地市级、县级电视台大都是 1983 年以后建立起来的。以内蒙古自治区为例，通过 1978 至 1987 年 10 年的建设，内蒙古自治区广播电视事业发生了巨大变化。1978 年，内蒙古自治区广播电视事业一穷二白。到 1987 年底，内蒙古自治区全区广播电台发展到 23 座；广播发

① 崔相哲、紫荆：《我国朝鲜语广播发展概况》，载《新闻研究资料》，1989（1）。

② 关于中华人民共和国成立初期我国个少数民族地区新闻传播事业的发展状况，白润生主编、中央民族大学出版社出版《中国少数民族新闻传播通史》一书有详尽论述。

③ 岳广鹏：《对我国少数民族电视发展的思考》，载《中央民族大学学报》，2010（3）。

④ 岳广鹏：《对我国少数民族电视发展的思考》，载《中央民族大学学报》，2010（3）。

⑤ 崔相哲、紫荆：《我国朝鲜语广播发展概况》，载《新闻研究资料》，1989（1）。

射台和转播台 50 座，广播覆盖人口为 1531.2 万人，覆盖率达 74.6%。电视事业也取得了长足进步，到 1987 年底，内蒙古自治区建起电视台 25 座，其中彩色电视中心一座，电视发射台 673 座，卫星电视接收站 165 座，电视覆盖人口 1498.9 万人，覆盖率为 73.9%。25 座电视台可制作播出蒙汉语节目 26 套。[①] 同期，新疆广播电视媒体经历了与内蒙古自治区相似的发展历程。1978 年，新疆维吾尔自治区全区仅有广播电台 1 座、广播发射台的功率 10 千瓦；有电视台 1 座，电视发射机功率 2 千瓦。到 1988 年，新疆的广播电台发展到 11 座，广播发射台的功率扩至 36 千瓦；电视台发展到 22 座，电视发射机功率扩至 157 千瓦。[②] 可以说，改革开放释放了民族地区兴办广播电视事业的活力，民族地区的广播电视事业从小到大，从无到有不断发展壮大，民族地区广播电视覆盖率不断提高，少数民族群众能够更加方便地听广播看电视了。

这一时期，我国少数民族地区广播电视媒体逐渐从单一频道（率）向频道（率）多元化、专业化方向发展，公共信息服务能力不断增强。2018 年是宁夏回族自治区成立 60 周年的重要年份。自治区成立 60 年以来，特别是改革开放 40 年来，宁夏广播电视事业顺应全国广播电视事业发展规律，解放思想，努力探索，从单一媒体出发，不断整合、汇流、融合，进入到以广播电视为基础，全产业、融媒体发展的新时期，为丰富宁夏公共信息传播体系，推进宁夏回族自治区的改革开放事业做出了重要贡献。

宁夏回族自治区级广播电视媒体经历了三个不同的发展阶段。[③] 第一个阶段是 1978 年—1996 年。在这十九年间，我国经济持续高速发展，同经济发展相适应，宁夏广播电视业也出现了前所未有的高速发展。1978 年，宁夏人民广播电台调频机房建成，宁夏第一次有了调频广播。1994 年 2 月，宁夏经济频率开播，开创了以大板块节目、热线电话、主持人直播为主要特征的新的播出模式。1995 年 1 月 1 日，宁夏有线电视台试验开播，5 月开始试播《有线新闻》。第二个阶段是 1996 年—2006 年。这十年是宁夏广电井喷发展阶段，表现为播出节目类型多样，播出时长增加，宁夏广电宣传功能得到前所未有

---

① 胡敏谦：《改革开放 30 年的内蒙古·1978—2008》，213 页，北京，中国统计出版社，2008。

② 参见新疆统计局：《新疆五十年》，北京，中国统计出版社，2005。

③ 本部分涉及的有关宁夏各级媒体数据和素材，均由课题组调研所得。数据和素材版权归相关媒体所有，在此谨致谢忱。

的提升。1998 年 9 月 9 日，宁夏广播电视卫星站地球站建成，标志着宁夏卫视频道正式开播。2000 年 9 月 26 日，宁夏人民广播电台交通频率试播，全天播音 18 小时 15 分钟。交通频率开播标志着宁夏广播电视公共信息服务能力得到了显著提升。同年 12 月 1 日，宁夏人民广播电台实现直播。2003 年 7 月 5 日，建立在电视有线网基础上的宁夏有线网络开通第一个“有线通”用户。至此，通过有线电视网接入互联网业务在银川全面展开。2004 年 4 月 1 日，宁夏电视台将节目内容细分，宁夏公共频道、宁夏经济频道、宁夏影视频道正式播出。第三个阶段是 2006 年至今。这是一个整合发展阶段，宁夏广电从单兵作战，开始向集中优势资源，产业化、规模化发展。2006 年宁夏广电总台成立，总台由原宁夏人民广播电台、宁夏电视台、宁夏广播电视网络有限公司等 27 家单位组成。同时，宁夏电影制片厂、宁夏电影公司由宁夏广播电影电视局移交宁夏广播电视总台管理经营。2007 年 2 月 8 日，宁夏广播电视总台少儿频道正式开播，承担更多的公共责任，服务少年儿童成为宁夏广电的新使命。2007 年 6 月 26 日，宁夏有线电视网络整合及数字电视整体平移工作完成，宁夏县级以上城市有线数字化整体平移工作全面完成，平移率达 99%。平移后实现了资源统一管理，服务统一提供，为提升宁夏广电的公共服务能力打下了坚实的基础。2013 年 11 月 19 日，国家新闻出版广电总局批准宁夏电视台、宁夏人民广播电台联合开办宁夏网络电视台，宁夏广电的传播渠道进一步拓展。

数十年来，宁夏广播电视台作为自治区重要的媒体，无论是广播还是电视，始终围绕自治区中心工作，宣传宁夏发展成就，将党的声音传遍千家万户。他们不断开拓进取、寻求突破，小省区办出大文化，令全国同行刮目相看。在完成上级党委政府交付的宣传任务的同时，他们不断拓展服务社会的能力，通过举办各种大型活动，提升媒体公信力。尤其最近几年，举办了一系列影响深远、立意深刻的大型活动。广播电视协同作战，连续十年举办“感动宁夏年度人物评选”活动，用传统美德激荡时代风帆，用美丽心灵建设神奇宁夏，成为展示宁夏精神的家园。他们主办的“年度经济人物评选”对宁夏经济发展做出突出贡献的人和事进行梳理，集中展现了宁夏经济社会的新亮点，新现象……精彩纷呈的公共文化传播服务活动为全区社会发展做出了独特的贡献。

每个历史阶段受众都会对媒体提出新的要求，当观众需求细分，节目分众化与对象化产生之后，需要媒体顺应受众需求的改变，提升信息传播效果。2006 年宁夏广电总台成立后，首个电视民生服务类栏目《新时空》创办，栏目强调服务公众的属性，通过多板块的设置，将百姓民生需求在电视中表达出来，该栏目 2008 年被评为中国优秀栏目。宁夏交通广播《的哥·哈喜喜》是一档服务公众的方言节目，其幽默的风格和贴近公众需求的内容，成为深受宁夏回族自治区公众欢迎的节目，至 2018 年，共录制播出 2500 余集，获得全国十佳“最具品牌效应栏目（节目）奖”。宁夏卫视策划制作的《解码“一带一路”》栏目，以国家“一带一路”建设为核心内容，采取演播室访谈与短片相结合的方式呈现，力求宏观选题，微观呈现，节目组多次走出国门，探访一带一路沿线国家的发展模式，为观众展现全球化背景下最真实、客观、全面的“一带一路”图景。

宁夏地市级广播电视媒体也取得了巨大的发展成就。银川是宁夏回族自治区的首府。银川电视台成立于 1988 年 9 月 23 日，直属于原银川市广播电视局，实行局台合一管理体制，为市属事业单位。1994 年又建成银川有线电视台，形成银川市人民广播电台、银川电视台、银川有线电视台和银川广播电视报“三台一报”规模。1999 年，原银川市广播电视局由全额拨款事业单位转为自收自支事业单位，推行“事业单位企业化管理”模式，银川广电事业走上自我创业历程。2002 年 3 月，银川市广播电视局撤并，成立银川广电集团。银川广电集团在媒体整合中，将银川电视台频道资源分解为“公共、生活、文体”三个频道。2016 年 4 月，银川广电集团与银川日报社整合，组建银川市新闻传媒集团，重置机构，进行媒体深度融合。

石嘴山市是宁夏重要的工业城市。1990 年 12 月 25 日，石嘴山电视台正式成立并试播自办电视节目。1999 年 4 月，石嘴山人民广播电台与石嘴山电视台合并，成立石嘴山市广播电视台，后实行局台合一体制。2012 年 11 月，石嘴山市广播电视台与原石嘴山市广播电视局分离。石嘴山广播电视台开办电视综合频道、公共频道、惠农频道和广播频率。广播电视全天播出 70 小时左右，信号覆盖全市境内。近年来，石嘴山广播电视台通过贷款、融资、自筹资金等方式，建成了广电大楼，发展了有线电视，改造有线电视数字光缆网、数字摄像机和编辑设备，建设了电子大屏幕、石嘴山市人民政府网等新型传播媒体，在全区率先实现数字化硬盘播出，公共信息传播能力得到大幅度的增强。石嘴山广播电视台已经成为宁夏乃至周边地区都具有影响力的主流媒体。石嘴山广播电视台坚持把办好栏目节目作为发展立台基础工作来抓，着力锻造一批在群众中有影响力的节目栏目，一批优秀栏目脱颖而出，《深山气象站》《美丽石嘴山》等一批优秀作品荣获全国奖项。

吴忠市是宁夏回族自治区人口比重最大的地级市，回族人口占总人口的比例超过50%。吴忠市广播电视台始建于1951年，是年，吴忠县广播收音站成立。1954年11月，吴忠回族自治州有线广播站成立；1956年，吴忠回族自治州有线广播站撤销，成立吴忠回族自治州广播网服务部，对自治州所属的金积、灵武、盐池、同心、青铜峡五市县的有线广播工作进行指导规划；1957年4月，吴忠县广播站成立；1976年9月，吴忠电视差转台成立；转播中央一台、宁夏电视台节目；1984年12月31日，吴忠人民广播电台建成并正式开播，吴忠人民广播电台隶属于吴忠市广播电视局；1991年8月，吴忠电视台成立；次年9月，吴忠有线电视台成立；1998年4月，吴忠市广播站、吴忠人民广播电台、吴忠电视台、吴忠有线电视站合并，隶属吴忠市广播电视局；2000年3月，地级吴忠广播电视台成立；2014年12月，吴忠市广播电视台调整为市政府直属正处级独立法人事业单位。2016年10月，吴忠市委决定，整合吴忠市广播电视台和吴忠日报社，成立吴忠新闻传媒集团。

固原市位于宁夏回族自治区的南部，为集中连片贫困区，被称为“贫甲天下”。固原市克服苦难，积极发展广播电视事业，满足人民群众不断增长的文化和信息需求，使广播电视事业更好地服务于地方社会发展，服务于扶贫攻坚。固原市广播电视台现有公共频道一个，全天播出17小时，广播频率一个，全天播出17小时。公共频道开设《固原新闻联播》《德行大原》《今日固原》《政协视点》《平安119》等栏目；广播电台开设《我来说新闻》《旅游美食通》《交通红绿灯》《法治在线》等栏目。近年来，固原广播电视台积极推进媒体融合，拓展新的信息传播渠道，开办了移动客户端“精彩固原”和微信平台“固原电视台”，广播电视与新媒体相结合，充分发挥通达社情民意、推动强市富民的重要作用，更好地服务党委政府中心工作，服务广大群众生产生活。

少数民族地区广播电视多语种播出能力也在不断提升。1983年底，内蒙古电视台实行蒙、汉两种语言各自单开频道播出，并实现日播。内蒙古自治区蒙古族群众分布较为广泛，办好蒙古语广播电视事业对宣传党的民族政策，增进民族团结，发展少数民族经济，都有重要的作用。到1987年底，内蒙古全区已有8座广播电台用蒙古语进行播音，平均每日播音时间达65小时以上。内蒙古电视台从1987年8月起，增播一套蒙古语节目，平均每周播出时间为28小时。蒙古语广播电视事业的发展，基本解决了内蒙古自治区边境旗、苏木蒙古族同胞由于语言不通造成的听广播、看电视难的问题。在基础设施改善的同时，内蒙古广播电视媒体的信息制作和传播水平也快速提高。

1985年9月22日，新疆电视台每周一次试播哈萨克语电视节目，从1987年10月12日开始，哈萨克语节目单独开辟了一个频道。从1986年7月1日起，新疆电视台建成上行站，通过国家卫星向全疆传送维、汉两种语言节目。① 新疆人民广播电台也在80年代陆续增加了维吾尔、哈萨克、蒙古、柯尔克孜等少数民族语言广播，成为民族语言种类最多的地方性少数民族地区电台，五种语言广播再加上其卫星经济广播、卫星音乐广播，民族特色浓郁，又不乏现代性。2001年新疆台五种语言广播在电台网站“新疆新闻在线”实现在线直播。②

民族地区由于国家政策的倾斜，其电视媒体大都上星较早，如新疆、西藏、四川、云南和贵州就是国务院首批批准的5家省级上星电视台。以云南电视台卫星频道为例，作为全国最早实施卫星传输的频道之一，除覆盖全国大约4亿人口外，还有43个国家和地区可收看到云南台的节目。③ 延边电视台在国家民族政策的扶持下，成为我国首家也是唯一一家地市级上星电视台。

为应对同质化，避免资源浪费，2001年5月和6月，内蒙古电视台和新疆电视台通过与区内同级经济电视台和有线电视台重组，率先完成了有线与无线合并，且进行了频道专业化探索。目前，两台分别有7个和11个电视频道，服务不同民族语言受众群。④ 省（区）级卫视革新浪潮中，宁夏、内蒙古、新疆、广西、西藏五个自治区分别探索各自的特色定位，打造品牌栏目，取得了一定的效果。宁夏台与上海第一财经进行了深度合作，其财经报道在国内的影响力不断扩大；广西台积极打造中国以及广西的民族文化与东盟各国文化交流的国际平台，拓展区域影响力。

---

① 朱丽萍：《新疆民语广播电视对外宣传策略》，载《新疆师范大学学报》，2009（6）。

② 白润生：《探索中前进　少数民族新闻事业三十年》，载《中国报业》，2008（9）。

③ 黄东英：《浅论西部民族地区省级卫视的发展路径》，载《新闻界》，2007（4）。

④ 白润生：《探索中前进　少数民族新闻事业三十年》，载《中国报业》，2008（9）。

二、报刊媒体

《内蒙古日报》1948年1月1日正式创刊，是我党在少数民族地区最早创办的省级党报，其蒙古文版也是我国最早的少数民族文字版省级党报。《新疆日报》创刊于1949年12月6日，其维吾尔文版、哈萨克文版创刊于1950年1月1日，蒙古文版创刊于1950年8月1日，是全国唯一一家用四种文字出版的省级党报。《广西日报》于1949年12月3日创刊。此后《西藏日报》(1956年4月22日)、《宁夏日报》(1958年8月1日)也相继创刊。

改革开放以后，我国少数民族地区报刊媒体进入了创新与拓展的时期。各少数民族地区在办好党报的同时，相继开办了晚报、都市报和专业性报纸，满足少数民族群众日益增长的文化和信息需要。少数民族地区报刊媒体始终把围绕中心、服务大局作为根本责任，按照党委政府的总要求，紧紧围绕党委政府的安排部署，唱响主旋律，打好主动仗，充分发挥主心骨、主阵地、主力军作用，为少数民族地区经济社会发展提供了有力的舆论支持。我们以宁夏回族自治区报刊媒体的发展概况加以说明。

宁夏报刊媒体主要有自治区级的宁夏日报报业集团和五市的地市党报。宁夏日报报业集团的前身是宁夏日报社。《宁夏日报》创刊于1949年11月，由毛泽东主席亲自题写报名。1958年宁夏回族自治区成立，《宁夏日报》作为中共宁夏回族自治区委员会机关报又经历了第二次创刊。2006年7月，经整合自治区相关媒体，宁夏日报报业集团挂牌成立。目前下辖5份报纸（《宁夏日报》《新消息报》《宁夏法治报》《新知讯报》《小龙人学习报》)、3个刊物（《看天下杂志》《博客天下杂志》《优享生活杂志》)、2个网站（宁夏新闻网、宁夏网)、1个手机报（宁夏手机报)、1个客户端（宁夏日报客户端）以及由70多个微博、微信账号构成的新媒体矩阵。

改革开放以后，宁夏日报报业集团经历了3个发展阶段。

一是1978—2006年，《宁夏日报》经历了曲折的发展历程后，迎来了改革开放，报业步入发展壮大的新时期，从单一报纸发展为报业集团。改革开放之初的1979年，宁夏日报社即制订了《关于改进报纸工作的意见》，把关注社会生活、反映社情民意作为报纸改革的重点。《宁夏日报》提出的“图文并重，两翼齐飞”的办报理念，也成为在全国推广的经验。新世纪以来，媒体竞争压力加大，宁夏日报报业集团分析形势，提出创办新型党报的理念。

所谓新型党报的意涵主要有：一是坚持正确的舆论导向；二是提高党报宣传的权威性和舆论引导能力。也就说党报要做好党和人民的耳目喉舌，传播好党和政府的声音，做好党和人民之间的桥梁和纽带，为人民群众提供优质的新闻信息服务。

二是2007—2016年，为报业集团改革创新阶段。宁夏日报报业集团成立后，制定了符合自身实际情况的改革方略，报业集团剥离了经营业务，成立了宁夏报业传媒有限公司、宁夏互联网新闻中心，构建了党报、都市报、行业报、互联网、手机报等多种形态的传媒新格局。宁夏日报报业集团积极应对报业市场变化，把增强权威性和服务性作为报业改革的目标，提出报纸工作要对党和政府的重要决策和行动及时进行权威报道和解读，提升党报的舆论引导力；同时，关注民生，增进党报的亲和力，满足读者日益增长的对公共信息的需求。通过深化改革，宁夏日报报业集团的编辑记者工作位置不断下沉，融入基层群众中，报纸上关注老百姓的事情多了，对党和政府的政策也了解得更深入、更全面了。宁夏日报报业集团的发展受制于区域经济，又面临着区内同行强烈的竞争压力，诸多问题交织在一起，迫使宁夏日报报业集团必须通过体制机制转型创新加以应对。宁夏日报报业集团加大媒体融合力度，推动数字报手机客户端的研发，打造微信、微博等新媒体综合平台。

三是2016年以来的深化媒体融合阶段。2016年，宁夏日报报业集团创新媒体融合方式，启动实施了融媒体智能传播服务平台和客户端项目。2017年3月，宁夏日报客户端成功上线，构建起了传统媒体与新媒体深度融合的传播格局。

宁夏地市级党报基本创立于20世纪80年代末期。银川市委机关报《银川晚报》创刊于1988年7月，这也是全区首家晚报。2012年11月18日，新的市委机关报《银川日报》正式创刊，《银川晚报》随之转型改版。2015年7月，银川日报社新媒体形成了手机客户端、微博、微信、电子阅报大屏等包含11个微信公众号的新媒体矩阵。“银川发布”手机客户端于2016年5月改版上线后，一直位居宁夏政务新媒体排行榜首位。2016年4月，银川日报社与银川广电集团整合，组建银川市新闻传媒集团。

《吴忠日报》是中共吴忠市委机关报，也是吴忠地区唯一面向全国发行的报纸。其前身是《银南报》，1989年9月1日试刊，1990年12月5日正式创刊，初为旬报，后改为周报。1998年9月8日，随着银南地区撤地设市，《银南报》遂更名为《吴忠日报》。吴忠日报社于2006年开通吴忠网，是吴忠市唯一的新闻门户网站。吴忠网坚持“围绕中心、服务大局、提供有效信息、大力宣传吴忠”的办网宗旨，弘扬主旋律，打好主动仗，围绕市委、政府中心工作和全市改革大局，开展报道工作。《吴忠日报》微信公众号于2015年3月1日开通，每天推送6至7条信息。

《石嘴山日报》是中共石嘴山市委机关报，创刊于1988年1月1日，现为四开十六版周五刊。《石嘴山日报》始终关注民生，服务百姓，着力突出本土化、基层化、群众化、生活化的地方特色。在办好党报的同时，石嘴山日报社坚持“一业为主、多元化发展”，以《石嘴山日报》为母报，带动开通网络媒体，拥有《石嘴山日报多媒体数字报》《石嘴山网》《石嘴山园林奇石网》等三个网站，初步实现了多元化发展的格局。2014年11月8日，石嘴山市在宁夏率先启动媒体改革工作，对石嘴山日报社、市广播电视台、市网络信息中心3家市属新闻单位进行整合，正式挂牌组建运行了石嘴山市新闻传媒中心。

东北是开少数民族地区报刊媒体风气之先的地区，在我国少数民族媒体发展史上具有重要地位。《延边日报》（朝鲜文版）是我国第一份地市级少数民族文字党报，其朝鲜文版的采编能力在国内少数民族文字报纸中居于领先地位。创办于1985年的《吉林朝鲜文报》是我国为数不多的服务于少数民族群众的省级党报之一，也是改革开放后设立的第一家省级少数民族文字党报。《吉林朝鲜文报》以吉林省朝鲜族为主要读者对象，以及时准确地传播中央的方针政策给全省广大朝鲜族群众、报道朝鲜族活动为其宗旨，大量报道省内朝鲜族生产、生活和与朝鲜族相关的服务信息，融指导性、服务性、民族性、乡土味于一体，受到读者欢迎。《综合周报》（朝鲜文）前身是朝鲜文版的《参考消息》，主要是针对那些不懂汉文或不很懂汉文的朝鲜族干部与群众，隶属于延边日报社。1997年1月6日改为《综合周报》。除上述几种综合性报纸外，吉林还曾出版过一些专业性的少数民族文字报刊。《朝鲜族中学生报》创刊于1989年5月1日，主要为朝鲜族中学生服务，针对朝鲜族中学生的特点，经常举办作文、摄影、书画、演讲、知识智力竞赛活动，成为朝鲜族学生的好朋友、教师的好帮手、家长的好参谋。《东北朝鲜族科学技术报》是全国唯一的朝鲜文科学技术普及报，创刊于1981年9月3日，由延边朝鲜族自治州科学技术普及创作协会主管，每周一期，面向东北三省及全国朝鲜族干部群众，传播农业、林业、畜牧业、副业、渔业等方面的实用技术，传授生活科技常识、卫生知识、生活知识，为广大朝鲜族群众的科学致富与生活科学化献计献策。《中国朝鲜族少年报》是由吉林省民族事务委员会主管，共青团辽宁、吉林、黑龙江省委员会联合主办的朝鲜文少先队队报，创刊于1950年4月25日。[①] 吉林还发行一些少数民族文字期刊。其中较有影响的是《长白山》《延边文学》《延边妇女》《道拉吉》《支部生活》等。

三、新媒体

少数民族地区提供公共信息服务的新媒体主要由三部分构成：一是政务新媒体，如政府网站以及政务微信、微博、客户端、微信小程序等，主要功能是公共信息传播，例如由银川新闻传媒集团联合银川市委宣传部主办的政务微博@银川发布，在当地有着很大影响力；二是少数民族地区主流媒体创办的新媒体，这些新媒体一方面承担着传播信息的功能，也承担着为公众提供公共信息服务的功能；三是县级融媒体中心，它发挥了公共信息传播与公共信息服务“最后一公里”的重要作用，不仅与广大人民群众的距离最近，也与群众的生产生活关系最为密切。

（一）政务新媒体

我国政务新媒体起始于1999年，创办的初衷就是通过政府部门职能的上网，有效地为企业和公众服务，深化政府职能转变。我国主要少数民族地区的政府网站也大多起步于2000年前后。以广西壮族自治区为例。广西壮族自治区非常重视政府网站的建设，政府网站的管理比较规范，公共信息服务能力水平在国内处于领先水平。2017年，广西壮族自治区政府网站共发布信息121万条，独立用户访问量301万个，注册用户675万个。广西壮族自治区级下属部门开设了49个政府网站，广西14个地市级政府都开设了市政府网站，同时市级各政府部门和直属事业单位也开设了大量政府网站。数量比较多的是南宁市，市属部门共开设了81个政府网站，各县区下属部门开设了78个政府网站。广西开设政府网站最多的县级政府是柳州市鹿寨县，各类政府网站达到44个。广西壮族自治区人民政府还开通了微信公号“中国广西政府

① 白润生主编：《当代中国少数民族新闻事业调查报告》，北京，中央民族大学出版社，2010。

网”和“广西政府公报”以及微博“中国广西政府网”和“广西政府公报”，移动客户端“广西政府”。不过，广西政府两微一端的建设与发展相对滞后于政府网站的水平，访问量与用户数都不太高。[①]

少数民族自治县普遍也开通了政务类型媒体。例如，辽宁省八个少数民族自治县都开通了自己的政府网站和相关网站：本溪满族自治县信息网（http://www.bx.gov.cn）、清原满族自治县政府网站（http://www.qingyuan.gov.cn）、中国桓仁政府信息网（http://www.hr.gov.cn）、岫岩满族自治县政务公开网（http://www.xiuyan.gov.cn）、中国喀左（http://www.kazuo.gov.cn）、阜新蒙古族自治县人民政府（http://www.lnfmx.cn）等等。这些网站既是本地公共信息服务平台，又是本地网民了解世界的入口，每个网站开辟了丰富的频道和子频道，内容丰富多彩，为政府机关、企事业单位和个人提供多种信息服务。

不过，总体来看，少数民族地区政务新媒体的发展水平还不高，特别是市县一级的政务新媒体，还存在较多问题。以广西壮族自治区南宁市鹿寨县为例，鹿寨县政府网 2017 年更新信息 1.1 万条，更新数量并不算太少。但是，该县县属部门开办的网站大多管理不善、水平不高，具体体现在：网站栏目设置不规范，辨识度不高，很难发挥信息引导作用。例如与公众关系十分密切的鹿寨县公安局网站，全年发布信息 265 条，全年未对公众关注的热点进行过回应，也未对政策进行过解读。相比较政府网站而言，鹿寨公安局对微博、微信等社交媒体的利用效率要高一些，鹿寨公安局的微博全年信息发布量达到 1.2 万条。相比较广西壮族自治区政务新媒体，其他几个自治区政务新媒体的建设水平要逊色一些，主要差距体现在信息发布的数量偏少、两微一端建设滞后、政府网站服务能力不强等方面。

（二）新闻类新媒体

政府网站以政务信息公开为主，功能相对单一。新闻类新媒体在公共信息服务体系中发挥的作用更为全面。本部分所说的新闻类新媒体主要是指由传统主流新闻媒体利用互联网平台主办的新媒体。这类新媒体既是主流新闻媒体占领信息传播市场的重要平台，也是为公众提供公共信息服务的重要平

① 有关广西壮族自治区政务新媒体的数据均来自广西壮族自治区政府网站的政务公开栏目。

台。换句话说，既要承担政务类新媒体所要承担的功能，还需要承担市场化媒体的功能；既要为公众提供公共信息，也要满足公众其他方面的信息需求（如娱乐信息、文学作品、影视作品等）。我国主要少数民族地区的传统媒体都创办了各类新媒体，例如宁夏日报报业集团创办的宁夏新闻网、内蒙古日报社创办的内蒙古新闻网、广西日报社创办的广西新闻网、新疆日报社创办的新疆亚欧网、西藏日报社创办的西藏新闻网，等等。

以西藏新闻网为例。西藏新闻网是西藏日报社 2002 年 10 月开办的，其汉文版已经发展成 35 个频道，720 个子栏目；藏文版有 17 个频道，共 84 个子栏目，成为有影响力的区域网络媒体。西藏新闻网在新闻报道、新闻评论、网上论坛等方面形成了特色，培育出了一批名牌栏目和品牌频道。西藏新闻网形成以《西藏日报》（汉文、藏文）、《西藏商报》数字报为主体、网站内三个语种检索，论坛、博客、音频、视频访谈及新闻留言评论系统为配套的网络新闻宣传体系，已经从单纯的传统媒体“网络版”成长为现代大型多语种综合信息服务平台，已逐步成长为西藏自治区网络新闻宣传的中坚力量。①

其他少数民族聚居地区也不断探索互联网时代公共信息服务的新手段，新媒体取得了长足进步。以吉林为例，近年来，国内一些传媒机构和吉林少数民族传统媒体相继在吉林发展少数民族语言互联网业务。除了已开通网络版的少数民族语言传媒以外，一些汉语门户网站也相继开通了少数民族语言版，如中国延边网、中国吉林网等。中国吉林网朝鲜文版于 2010 年 10 月 28 日正式开通。吉林日报报业集团充分利用中国吉林网的网络技术平台、办网经验、朝鲜文报的采编译队伍和新闻资源，致力于打造国内乃至东北亚权威的、有影响力的朝鲜文网站。延边新闻网是由延边朝鲜族自治州委宣传部主管、延边晨报主办的综合性新闻网站。2005 年 12 月开始建设，于 2007 年 7 月 2 日正式开通，延边新闻网是延边朝鲜族自治州每日新闻发布量最大的新闻类综合网站，始终以为本地网民服务为宗旨。

宁夏银川新闻网创建于 1998 年 7 月，是银川日报社主办的银川市唯一一家新闻综合门户网站，是银川市最大、最具权威性、最具公信力的网上新闻发布中心，是银川市对内对外新闻宣传的重要窗口。银川新闻网积极发展移动端，2011 年 3 月，手机银川网（wap. ycen. com. cn）正式上线，成为“口

① 孟晓林：《提高舆论引导能力服务西藏发展稳定》，载《西藏日报》，2009 - 11 - 08。

袋里的《银川晚报》”。2014 年银川日报社对网站后台编辑系统、前端页面展示作了全面的系统优化与改版并于 4 月 15 日全新上线，新上线的银川新闻网开设了银川新闻、权威发布、县区新闻、聚焦银川等栏目，而且还设有可直接将市民问题传递给政府职能部门的豆包社区、民生在线、网友热话等栏目。银川新闻网运行的“银川发布”客户端自 2015 年 7 月正式上线之后，在运营中不断摸索服务公众的方法，赢得了银川市民的认可，成为银川市第一政务新媒体，也是重要的网上城市外宣平台。

近年来，其他类型的少数民族地区新媒体也相继起步。2006 年 4 月，内蒙古手机报创刊。此后，其他少数民族自治区手机报陆续启动。手持电视也逐渐走进少数民族地区。2010 年 5 月 18 日，吉林省中广传播有限公司延边分公司成立。这家公司开始在延边地区开展手持电视（CMMB）业务。这也是吉林省在地市一级成立的首家专门从事移动电视业务的机构。该公司采用中国自主研发的移动多媒体广播电视系统，面向手机、PDA、MP3、MP4、数码相机、笔记本电脑等多种移动终端系统，利用广播电视网络实现“天地”一体覆盖、全国漫游，可以满足移动中的人群随时随地收听收看广播电视的需求。

（三）县级融媒体中心

本书之所以把县级融媒体中心单列出来，是因为党中央把县级融媒体建设列为文化体制改革的战略性工程，并且从 2018 年 1 月开始全面推进县级融媒中心建设。在我国现有的公共信息服务体系中，县级融媒体中心是公共信息服务和思想舆论工作最为关键的“底盘”，“底盘”不牢，地动山摇。正因为如此，国家高度重视县级融媒体中心的发展。中国各地经济社会发展状况差异很大，特别是中西部地区的县域经济普遍不发达，发展县级融媒体中心所需的人才、资金、设备都比较缺乏。其中，民族自治县面临的困难尤为突出。我国共有 120 个民族自治县，民族自治县行政地位与普通的县相同，但按照《中华人民共和国民族区域自治法》的规定，自治县与一般县相比具有更多自治权限。民族自治县大多处于边疆地区，内地的民族自治县也大多处于本省较为偏远的地区。边缘的地理位置、薄弱的经济基础、复杂的舆论工作局面，决定着民族自治县融媒体中心发展和建设的任务十分重要而艰巨。

近年来，受到新兴媒体的冲击，我国民族自治县传统媒体的发展遇到了很多困难。即便是媒体发展基础较好的东北民族地区，也因经济普遍不景气，地方财政收入锐减，广告收入断崖式下跌，县级媒体普遍勉强生存。加之受到新媒体的冲击，受众流失严重，多种因素叠加在一起，公共信息传播在“最后一公里”受阻，成为影响民族地区信息传播、宣传思想工作效果的主要因素。

1. 地区县级融媒体中心的发展现状

2018 年，习近平总书记在全国宣传工作会议上提出“要扎实抓好县级融媒体中心建设”。全国各地高度重视县级融媒体中心建设，先后探索出了“长兴模式”“玉门模式”“项城模式”等极具参考价值的县级融媒体中心建设模式。我国少数民族地区也积极响应国家政策，依托本地特色，把握自身特点，探索县级媒体融合改革创新之路。我国少数民族地区县级融媒体中心致力于打造县级服务平台，强化“媒体 +”功能，整合广播、电视、网站等各类媒体资源，精简冗余重复的媒体机构，强化服务与宣传核心职能，把政务服务、生活服务、社交传播、教育培训、电子商务、文化娱乐等服务纳入进来，形成“新闻 + 政务”“新闻 + 电商”“新闻 + 文化”“新闻 + 服务”等多种服务模块，拓展成为功能丰富的“互联网 + 综合服务”平台，为公众提供多元化服务。

在信息时代，民族地区的社会经济发展离不开信息技术、信息经济、信息产业的发展。县级融媒体中心既是宣传思想文化体系的“媒介末梢”，也是能够触及和抓取信息贫困版图上面积最大区域的根茎。[①] 例如，广西钦州市灵山县融媒体中心、青海省西宁市大通回族土族自治县融媒体中心等多个民族地区融媒体中心都策划了县长直播电商带货，为地方做专场推介，打造农业农村产供销快车道；内蒙古自治区赤峰市红山区融媒体中心“中国红山”客户端也结合脱贫攻坚和乡村振兴战略，开设“乡村赋能暨电商进农村平台”，利用“互联网 +”电子商务、大数据等技术，拓展农产品销售渠道，进一步提升农副产品品牌附加值和农村产业扶贫能力。

对于民族文化发展来说，信息传播是民族文化的信号，也是民族文化传播的指示灯。文化是一个民族传承与发展的基石，而传统文化更是一个国家和民族文明的标志，它们的发展离不开媒体的传播。少数民族地区县级融媒

① 唐晶：《县级融媒体在扶贫语境下的信息援助研究》，载《中国出版》，2021（1）。

体中心在民族文化保护传承中发挥着至关重要的作用。随着媒体融合进程的不断推进，县级融媒体中心充分发挥主流媒体优势，创新节目形式与节目内容，进行人员整合，丰富新媒体传播形式，在保护传承民族传统文化方面从原有呈现形式的基础上开发出新的产品形态，将民族文化的内容进一步融媒体化制作、数字化呈现、矩阵化传播。例如，2020 年 1 月，内蒙古自治区呼伦贝尔市鄂伦春自治旗融媒体中心配合新华社新媒体中心直播“看美丽乡村　庆七十华诞——内蒙古自治区呼伦贝尔市鄂伦春自治旗大杨树镇多布库尔猎民村”在 70 多家直播平台点击量达 910 万，融媒体中心利用航拍等先进的视频拍摄技术，将多布库尔猎民村优美的自然风光、浓厚的民族风情、独特的民族文化进行了充分的宣传展示，引导更多的人了解我国地域的多样性和优秀的民族特色文化。同时，鄂伦春自治旗融媒体产品以微信公众号“鄂伦春发布”为首发平台，结合本地微信公众号关注度较高的特点，应用微视频、短视频、H5 等新媒体表现手段，开设各类民族文化主题专题专栏，推出“我和我的祖国”“鄂伦春民族服饰惊艳亮相”“坚持文化引领　唱响民族团结之歌”等系列快闪作品和融媒体作品，以积极向上的作品，增强了国民共情，凝聚了民族力量，推动了各民族文化的传承保护和创新交融，铸牢了中华民族共同体意识。

党的十八大以来，习近平总书记一再强调要讲好中国故事，传播好中国声音，做好宣传思想工作、坚定文化自信、提高国家文化软实力和中华文化影响力。千百年来，我国民族文化丰富多彩，不仅是中华民族多彩生活的一支劲旅，而且也是民族文化走向世界的瑰宝。少数民族地区拥有丰富的、极具特色的民族文化，在人人皆媒的传媒生产格局中，少数民族地区充分挖掘当地文化资源，打造本地特色栏目，在碎片化的故事中传播当地群众声音，打造出靓丽的地方文化名片，提高影响力和知名度。例如，新疆沙雅县融媒体中心“沙雅好地方”客户端结合县域旅游资源，深度挖掘，推出的“云沙雅”系列专题，通过沙雅最值得去的景区和《沙雅飞起的地方》MV 等作品将地方风景全方位向疆内外进行推介。内蒙古自治区赤峰市红山区融媒体中心“中国红山”客户端开设了一系列广受好评的特色栏目，其中除了具备新闻发布基础功能的“要闻”“时政”“天下”等栏目，还开发了包含红山区 161 个镇街、村（社区）、区直单位、学校、企业入驻的“镇街号”“部门号”“群团号”“教育号”“企业号”等一系列订阅号。同时，红山区融媒体中心结合地方特色打造了“素”说赤峰和V行赤峰两个栏目，采取街采和Vlog的形式，将赤峰市的发展变迁、人民生活的变化以及赤峰市自然风光、旅游资源通过街采和Vlog的形式向区内外的受众充分展现出来，极富趣味性与地方特色。

2. 少数民族地区县级融媒体中心建设面临的主要问题

2018年11月14日，中央全面深化改革委员会第五次会议通过了《关于加强县级融媒体中心建设的意见》，指出要深化机构、人事、财政、薪酬等方面的改革，调整优化媒体布局，推进融合发展。由于少数民族地区的发展普遍滞后，一线城市市场化的运营模式显然不适宜于少数民族地区的县级媒体。[①] 因此，少数民族地区更应该因地制宜，结合本地实际，整合多方资源，切实提升县级融媒体中心的传播力、引导力、影响力、公信力，更好地“引导群众、服务群众”[②]。当下，我国少数民族地区县级融媒体中心建设面临的主要问题如下：

第一，优质内容不足，难以匹配用户需求。很多少数民族地区县级融媒体中心注册了许多平台账号，然而最终没有得到想要的传播效果。一些融媒体中心新闻报道的同质化、低质化现象时有发生，新闻报道程式化成为普遍问题，会议新闻多，民生新闻、社会新闻少。[③] 这些问题的核心在于融媒体中心没有真正深耕内容，满足基层群众需要。美国社会学家E. 卡茨提出的“使用与满足”理论认为，人们接触媒介的目的是为了满足自身的需求。县级融媒体中心的内容生产与群众需求脱节，最贴近群众、基层的地方反倒脱离基层，违背了县级融媒体中心的定位。因此，少数民族地区县级融媒体中心应深耕优质内容，精准定位用户群体，了解用户所需所求，凸显当地的风土人情、生产生活。在内容的筛选中，县级融媒体中心要从宏大叙事中抽身出来，投身于老百姓的家长里短。不要怕事情小，百姓生活无小事，例如关注哪里路断了、哪里基层服务不到位了等一系列最贴近民生的事情，只有贴近了群众，县级融媒体中心建设才能实现初心，完成党和人民赋予的神圣使命。

---

① 李钰琪：《少数民族地区县级融媒体中心发展路径——基于对甘南州卓尼县级融媒体中心的实地考察》，载《西部广播电视》，2019（20）。

② 陈国权：《扎实做好县级融媒体中心建设 推进县级媒体改革》，载《传媒》，2019（2）。

③ 陈国权：《中国县级融媒体中心改革发展报告》，载《现代传播（中国传媒大学学报）》，2019（4）。

第二，县级融媒体中心的体系建构只合未融。2016年2月，习近平总书记在党的新闻舆论工作座谈会上提出了媒体融合发展的关键在“融为一体、合而为一”，但是大多数少数民族地区县级融媒体中心并未实现真正的“合为一体”，依旧存在融合“两张皮”的问题。在体制机制层面，大多数县级融媒体中心都建立了类似于“中央厨房”——“一次采集、多种生成、多元发布”的融媒体中心，将不同部门、不同功能的分支机构组合在一起。但由于传统媒体生产机制中固有的体制机制仍然存在惯性，表面上各个部门有关工作人员的办公地点聚集在了一起，实质上许多部门在新闻生产过程中仍然各自为政，从意识上到实际操作上都以部门为单位，媒体融合仅停留在表面。在内容生产层面，一些县级融媒体中心缺乏“互联网+”思维，新媒体端的内容只是简单地将传统媒体的内容搬到互联网上，这种做法只是增加了内容传播的平台和渠道，并不能体现媒体融合的真正内涵。

第三，盈利能力不足，硬件设施不完备。县级融媒体中心建设需要坚实的经济基础，特别是在硬件设备及技术升级方面需要相当大的开销。少数民族地区县级融媒体中心普遍缺乏造血能力，其运营经费普遍依赖政府财政拨款，县级财政在融媒体中心建设上的财政投入总体偏低。加之少数民族地区县域媒体广告市场总量较小，广告市场的总投放量较少，县级融媒体中心难以通过市场途径获得较好的经济效益。

第四，人员流动大，复合型人才短缺。人才问题始终是制约县级融媒体中心发展的一大掣肘。大部分少数民族地区县级融媒体中心在人才薪酬机制上缺乏创新，一个县级融媒体中心内有两三种不同的编制、不同编制不同待遇的情况十分普遍。在新媒体环境下，行业对人才的需求和重视程度都在上升，媒体之间的竞争已经转向技术、资本、市场的竞争，最根本的就是人才的竞争，能否抓住人才、用好人才、建立起一支专业人才队伍，决定着市场竞争的成败。虽然县级融媒体中心要严格参照公务员或事业身份管理，但是媒体属于需要创造性劳动的工作属性，就必须要有良好的绩效考评作为指挥棒，推进事业编和聘用人员同工同酬，提高对人才的吸引力。

综上所述，我国少数民族地区基本建立起了层级多样、形态多元的公共信息传播体系。近年来，少数民族地区各类媒体在维护社会稳定、反对民族分裂、促进民族团结方面做出重要贡献。在我国边疆少数民族地区，尤其是内蒙古、新疆、西藏等地的农牧区，地缘辽阔、人烟稀少。随着村村通和西星工程的实施，广播电视特别是民族语言广播电视在这里发挥了巨大的作用，通过电波，党和国家的关怀和政策能够及时传递到农牧区，拉近了边疆农牧区少数民族群众与党中央的距离。在党中央的正确领导下，我国少数民族地区媒体克服困难、辛勤工作，为促进少数民族地区经济社会发展，为传播和弘扬少数民族优秀传统文化，提高民族地区各族群众文明素质，沟通党和民族群众的联系，维护民族团结和社会稳定，发挥了重要作用，做出了突出贡献。

第五章　民族地区公共信息传播的特征

第一节　突出的意识形态属性

公共信息服务体系建设是一项公开面向社会、服务社会的公共文化事业。公共信息传播为人们获取信息、进行精神文化交流提供了一种重要的途径。通过公共信息传播，做到上情下达和下情上达，把公众与政府乃至国家紧密联系在一起。公共信息传播的途径和形式可以是多种多样的，但是其根本职能在于传播信息、服务公众。公共信息传播之所以能够越来越受到国家和人民的重视，在于它能够帮助人们了解自己所处的社会，了解自己生产、生活的环境，并借助这些信息调整自己的言行和方向。按照马克思主义的基本观点，在阶级社会中，信息传播从一产生就与社会的经济、政治、文化活动密切相关，成为一定阶级、政党及社会集团从事舆论斗争的工具，成为服务于一定社会的政治经济制度的工具，具有鲜明的政治属性。[①] 信息传播媒体能够通过信息传播影响和改造社会思想文化与社会舆论，因此，不同的阶级、政党、社会团体都希望能够掌握它、控制它。这就是信息传播的政治属性。我国实行的是以公有制为主体、多种所有制经济共同发展的基本经济制度。在发展社会主义市场经济的过程中，市场因素会对公共信息传播事业产生一定的影响，但决定公共信息传播事业属性的依然是社会主义的基本政治制度。

① 郑保卫：《当代传媒业性质辨析》，载《新闻界》，2006（5）。

如前文所述，我们已经进入到了信息时代，各类信息成为人们生活中不可或缺的基本元素，而公共信息则是其中最为核心的元素。公共信息是人们共同需要的，也是人们可以共享的信息，其需求和传播的普遍性，使其对社会及公众具有强大的思想渗透力和舆论影响力。从地域上看，我国少数民族地区多处于边疆地区；从文化上看，少数民族地区多属于多元文化交流碰撞的前沿；从经济发展程度上看，少数民族地区多属于欠发达的后进地区，经济欠发达，社会发展水平较低。民族地区较为复杂的政治、文化环境及薄弱的经济基础影响甚至决定着该地区公共信息服务体系建设的方向、路径和策略。少数民族地区公共信息传播不但承担着推动民族地区社会经济发展和传播民族文化的责任，也承担着反对西方国家少数人借民族地区出现的社会矛盾制造民族分裂、煽动反华舆论的神圣使命。上述每项工作都需要少数民族地区信息传播媒体具备强大的信息传播力和舆论引导力。综上，民族地区公共信息传播具有突出的意识形态属性，主要体现在以下四个方面：

第一，民族地区公共信息传播是社会发展的“助推器”，通过有效的舆论工作贯彻党的方针政策。

2020 年我国的脱贫攻坚取得了决定性胜利。在脱贫攻坚工作中，没有一个民族地区掉队，各族人民一同奔向小康。我国新闻媒体也时刻关注着脱贫攻坚进程，走进贫困地区，深入群众生活，采写、刊发来自脱贫攻坚一线的报道，精心组织全面脱贫攻坚的宣传。以民族地区和少数民族为主要报道对象的《中国民族报》，每年集中优势资源和骨干记者，相继推出了走进“三区三州”等大型采访活动，对民族地区脱贫攻坚工作进行了深入、翔实的采访报道，起到了很好的舆论动员作用。[①] 中央广播电视总台制作的系列短视频《加油！脱贫攻坚》，组合多种体裁、引进新媒体技术，通过民族地区人民群众脱贫致富的一个个故事展现我国精准扶贫、精准脱贫的政策。

2017 年，贵州 27 次登上《人民日报》头版，5 月、10 月更有 3 篇以上的稿件亮相。同年 9 月，《人民日报》策划了“砥砺奋进的 5 年”迎接十九大特别报道，用了整整 8 个版面，全面介绍了贵州在大扶贫、大数据、大生态、大跨越、大旅游、大担当、大未来等方面做出的努力和取得的成绩，展现了贵州 5 年来如何攻坚克难、加快发展，为人民交出了一张怎样的“答卷”。同

① 王珍：《民族地区脱贫攻坚报道的三原则》，载《新闻研究导刊》，2019（5）。

样，《人民日报》的“新春走基层·脱贫攻坚一线见闻”专栏最大限度地发掘、整合、利用新闻资源，通过对人物的细节刻画，从不同侧面对脱贫成果、脱贫经验进行全景式展现。2020 年 1 月 10 日的《看看老于咋脱贫》，就是一篇讲述贫穷户脱贫经历的生动报道，站在内蒙古兴安盟突泉县残疾老人于海波的立场上考虑问题、进行报道，直面其在脱贫实践中遭遇的矛盾与冲突，极富代表性和感染力。①

与此同时，民族地区地方主流媒体也共同发力，对各地区的人物事迹展开多方位的细节策划和报道。新疆广播电视台开设《为了美好生活》版块，报道全疆各地在脱贫攻坚工作中涌现出来的感人事迹、典型人物和先进做法；《宁夏日报》的《盐池县扶贫贷款零违约》，讲述了盐池县贫困群众把诚信看得比黄金珍贵，最终投桃报李、依靠诚信脱贫致富的故事，展示出了积极向上脱贫奔小康的精神风貌；《桂林日报》的深度报道《从贫困线下到年入上万短短数年，安泰村是怎样做到的?》，通过深挖根源反映民族地区农村现代化全貌。在脱贫攻坚这场没有硝烟的战斗中，主流媒体通过有效的舆论工作，担负起了政策宣传、舆论动员、典型发现、舆情监测等社会职能，展示了民族地区脱贫攻坚的新气象、新面貌，彰显了主流媒体引领导向、服务大局、鼓舞士气、凝心聚力的时代担当，有力推进了民族地区的社会发展。

第二，民族地区公共信息传播是社会发展的“稳定器”，通过有效的舆论工作稳定社会。

在互联网高度发达的时代，传统的“新闻、旧闻、不闻”宣传策略很难起到有效引导舆论的作用。媒体一定要抓住信息传播和舆论引导的最佳时机，周密部署，全面报道，争取舆论引导的主动权，采取公开、透明的信息传播策略，形成强势舆论引导，对稳定民心起到巨大安抚作用。

2010 年年初，新疆、内蒙古等边疆民族地区遭受了一场 60 年不遇的强降雪灾害。在这个关键时刻，中央广播电台民族广播反应迅速，及时派记者与相关地区电台记者连线，对灾情进行常规报道。同时，在蒙古、维吾尔、哈萨克三种语言节目中还推出特别报道，向灾区群众提供有关信息和知识服务，为他们克服困难、进行自救、增强信心、恢复生产生活等方面进行及时正确

① 李博、向爱静、王聪：《主流媒体如何做好脱贫报道——以〈人民日报〉“新春走基层·脱贫攻坚一线见闻”专栏为例》，载《传媒》，2021（1）。

的引导。[①] 2010年新疆库车发生了“7·29”特大洪涝灾害及“8·12”明矾沟矿难事件，在两次重大突发事件的报道中，库车电视台以高度的政治责任感和新闻敏锐性，通过调整节目档期，增加播出频率，引起各级媒体的关注和群众参与抗洪救灾的热情，通过积极传播党和政府的方针政策，收到良好的宣传效果。[②] 每当重大事件、突发事件发生以后，民族地区各级各类媒体通过及时发布权威、准确、可靠信息，详细报道党委政府的重要举措，回应群众的关切和忧虑，充分发挥引导舆论、稳定人心的作用。

第三，把社会主义核心价值观渗透在信息传播的各个环节。

首先，通过典型宣传弘扬社会主义核心价值观。少数民族地区的文化具有多样性，不同文化之间的交流需要克服的障碍很多。因此，通过树立少数民族群众可知可感的鲜活典型，将抽象的政策、理论融入生动可感、具体形象的故事和细节中，可以增强信息传播和政策宣传的效果。近年来，我国民族地区各级各类媒体树立了很多典型，如真情付出、从上海到新疆支边43年的医生姜万富；燃烧自己、照亮高原的龚曲此里；不畏艰难、真情援藏的好干部彭聪恩，等等。这些典型报道通过一个个具体生动的故事，让人们认识到了民族团结的重大现实意义，认识到了民族地区的深刻变化，具有很好的传播效果。

其次，把社会主义核心价值观渗透进日常报道中。在内蒙古自治区建区60周年前夕，内蒙古电台、电视台成功策划了“呼包鄂快速发展”“东部崛起”“县域经济扬帆起航”等重大主题系列报道，全方位、多角度地反映了内蒙古自治区经济社会快速健康发展的巨大成就和新鲜经验，产生强烈的社会影响。[③] 宁夏回族自治区建区60周年到来之际，宁夏广播电视台推出了包括广播电视和新媒体在内的特别策划系列报道“我家有传家宝”“宁夏时光”“我的宁夏我的家”等，充分展示了宁夏经济社会发展取得的巨大成就、历史性变化和全区各族人民团结向上的精神风貌。[④]《中国民族报》为纪念西藏民

---

① 李蕾：《电波传递民族情——记中央人民广播电台少数民族语言广播60年》，载《光明日报》，2010－12－17。

② 高克平主编：《库车年鉴2011》，213页，乌鲁木齐，新疆人民出版社，2012。

③ 刘永欣：《突出中心抓宣传，求真务实搞改革，一心一意谋发展，推动内蒙古广播影视事业和产业快速健康发展》，载《内蒙古广播与电视技术》，2006（1）。

④ 张春华：《地方主流媒体如何做好重大主题报道——以宁夏广播电视台60周年宣传为例》，载《记者摇篮》，2018（12）。

主改革50周年策划了“亲历·见证”栏目，采访了一批有影响的藏族人士，包括新中国第一位藏族博士、藏族社会学家、出访国外的中国藏学家代表团成员等，通过他们讲述从翻身农奴到经过祖国培养而成才的人生历程，有力地批驳了舆论对西藏民主改革的污蔑。[①] 纵观少数民族地区公共信息传播事业的发展历程，我们可以发现，少数民族地区各种信息传播媒体历来都能以强烈的政治意识、责任意识和大局意识，努力抢占舆论制高点，精心制作、生产了一批又一批有分量、有特点、有深度、有影响的作品，强化了党的民族政策宣传教育，使各族群众深切感受到党和政府的温暖，促进了民族地区社会稳定，巩固了民族团结。

最后，用社会主义核心价值观引领和塑造网络空间。中央人民广播电台用蒙、藏、维、哈、朝五种民族语言节目翻译、播发习近平总书记时政消息、专稿，第一时间在新媒体平台推送发布。中央人民广播电台（以下简称“央广”）以习近平总书记在梁家河的七年知青岁月及深刻体悟为蓝本，推出汉语普通话和蒙、藏、维、哈、朝五种民族语言版的广播纪实文学《梁家河》，在主要频率和新媒体矩阵、央视新闻微信公众号等广泛传播，成为中央广播电视总台成立后的现象级广播作品。[②] 民族地区媒体也高度重视新媒体平台建设。在2017—2018年环青海湖国际公路自相车赛电视新闻报道过程中，当地政府和媒体尝试在微信公众号上连续15天全赛程讲解环湖赛，仅开赛第一天的单日独立访客就达5万人次。内蒙古广播电视台主办的腾格里新闻客户端《内蒙古一分钟》，点击量超过1300万次。宁夏日报报业集团在中国成立70周年之时，在“报、网、端、微”上开设“壮丽70年·奋斗新时代”栏目，宁夏日报新闻客户端、宁夏新闻网推出“70年·宁夏热度、高度、温度、力度”“夸夸我的城”“网上展馆看宁夏变迁”“说说宁夏人的收入变化”等100多个融媒体原创产品，策划推出了“我在宁夏表白祖国”抖音挑战赛，呈现了宁夏经济社会发展取得的辉煌成就。[③] 民族地区各级媒体抓住了传统媒体和新兴媒体深度融合的机遇，积极拓展主流舆论阵地，让主流意识形态融入进了每块版面、每面荧屏和每个网页，开始走向数字化、网络化，成为民族地区社会经济发展的稳定器、助推器。

---

① 肖静芳：《做好反对民族分裂的报道》，载《新闻爱好者》，2010（6）。

② 中国新闻年鉴社：《中国新闻年鉴》（2019），113页，北京，中国新闻年鉴社，。

③ 周庆华：《宁夏日报报业集团：以深化改革为深度融合蓄能》，载《中国记者》，2020（1）。

第二节 鲜明的区域特色和民族特色

少数民族有自己的历史文化特点和传统生活方式，因而也就形成了特有的民族文化、民族心理，各民族的文化特色互相映衬，共同构成了中华民族文化的宏大图景。而少数民族地区公共信息服务体系则是各民族文化交流、交融的桥梁和纽带。少数民族地区公共信息服务归根到底是有关少数民族地区各族群众政治、经济、文化及社会生活等各方面的信息传播活动。从理论上看，发生在任何地点的有关少数民族地区和少数民族群众生产生活的公共事务，都应该归入少数民族公共信息传播的范畴之内。当前，我国少数民族地区媒体数量众多，少数民族新闻传播的个性化气质，更多表现在民间传播形态，包括民间传播媒介和传播方式上，除了信息传播的真实性、公开性、实时性、服务性等特点之外，还体现出了鲜明的民族特色和地域特色。

随着我国社会发展速度不断加快，各民族的经济、文化、政治联系日益密切，民族之间像石榴籽一样紧紧抱在一起。改革开放以来，特别是近十多年来，少数民族地区各级党委政府都非常重视公共信息传播工作，注重加强宣传工作的力度。各级各类媒体纷纷开辟相对固定的专版、专栏、专题，利用大众传播媒体在信息沟通、文化传承、宣传教育方面的特殊作用，为民族地区的稳定、繁荣、发展和各民族的平等、团结、互助、和谐发挥了重要的窗口和桥梁纽带作用。中央电视台的“中华民族”、《人民日报》的“民族大家庭”、《光明日报》的“民族生活”等，扩展了民族地区信息传播的阵地，涌现出一批好作品，形成了一支相对稳定、比较成熟的民族工作宣传报道队伍。中央电视台1996年底开播的《中华民族》栏目，二十多年来足迹走遍中国的民族地区，拍摄了大量反映少数民族文化以及经济发展状况的纪录片，为宣传党的民族政策、少数民族文化、民族地区的社会发展提供了有利的平台。新疆人民广播电台开设了《民族团结颂》《民族团结大家庭》《沧桑巨变看新疆》等栏目，报道了阿瓦汗·阿布旦、杜养富等一批促进民族团结的先进典型。《宁夏日报》十分重视全面报道自治区民族工作的各项成就，讴歌民族团结进步的先进典型，多方面展示兄弟民族的风土人情，弘扬少数民族优秀传统文化，加强民族团结，促进各民族的共同繁荣。

西藏是一个以藏族为主体的少数民族自治区，至2018年底全区共有45个民族成分，其中世居民族6个，分别是藏、回、门巴、珞巴、纳西和怒族，此外还有未进行民族识别的登人、夏尔巴人；门巴族、珞巴族为区内独有的人口较少民族，主要分布在西藏的东部。① 西藏自治区各地文化资源特色鲜明，也是民族民间文化资源大区，包括藏戏、藏香、西藏唐卡、壁画、《格萨尔》史诗等在内的非物质文化遗产熠熠生辉。截至2020年，西藏拥有国家级非物质文化遗产项目89项，国家级非物质文化遗产传承人96名；自治区级非物质文化遗产项目522项。② 为了让非遗留得下、保得住、传得开，《西藏日报》副刊艺术版特别开辟了“非遗西藏”，推介别具西藏特色的唐卡画、热巴舞、格萨尔说唱、藏戏、藏族雕塑等艺术形式。“长镜头”“画人画事”“书海拾贝”等栏目，展示和介绍独具西藏特色的美术、摄影、书法名家的作品，同时也相继推出了《流光岁月，一双巧手雕刻的艺术人生》《用泥土的芳香在指尖打磨岁月》等好文章，其中《流光岁月，一双巧手雕刻的艺术人生》还被人民网转载，反响强烈。③

每年5月中旬，《西藏新闻联播》几乎每天都会有关于西藏旅游的相关报道播送，例如他们策划的“品西藏好水发现最美故乡”主题报道，镜头对准山南地区的拉姆拉措湖、雅鲁藏布大峡谷景区、羊卓雍措湖，这些西藏独有的、优美的自然风光，通过镜头向世界展示了西藏的清凉洁白，让人们感受到雪山圣湖，领略西藏自然风光的美丽、水源的清澈纯净。④ 西藏电视台立足民族特色，策划了大型主题报道《我们村里的一面旗》《小康路上与法同行——法制中国西藏行》《发现美丽新西藏——梦圆米林南伊沟》《穿越西藏》以及大型音乐专题《党旗下的歌声》等，做“亮”了主题宣传，产生了广泛的影响。西藏都市生活广播开办了介绍本地风土人情的旅游文化类节目《听游四方》，节目编辑聚拢了西藏自治区内的旅游资源，不断丰富节目内容，获

① 国家民族事务委员会《中国民族年鉴》编辑部：《中国民族年鉴》（2019年），289页，北京，中国统计出版社。

② 赵越：《西藏17个项目入选第五批国家级非遗名录》，见中国西藏网，http://www.tibet.cn/cn/news/zx/202101/t20210106_6931806.html。

③ 尼玛潘多：《突出地域民族特色 做精做专副刊版面——以西藏日报副刊为例》，载《新闻战线》，2019（14）。

④ 李洁：《浅析〈西藏新闻联播〉的西藏旅游品牌传播效应》，载《商》，2016（20）。

得良好的收听反馈。①

在报道传播具有地域特色的风景世情的同时，西藏地区也将公共信息传播与民族特点相融合。《西藏日报》的《高原人家》以“三贴近”的民族志方式进行采访，用具有民族特色的故事讲述方式记录了一户户高原人家的幸福生活，100 篇富有民族特色的新闻采访报道，记录了拉萨人家、日喀则人家、山南人家、林芝人家、昌都人家、那曲人家、阿里人家富有民族特色的幸福生活。《高原人家》把民族特色融入到民族新闻传播的内容和形式之中，例如：拉萨“布宫人家”是如何实现现代生活的，拉孜“堆谐人家”是怎样舞向全国的，错那“门巴人家”为何办起家庭旅馆，墨脱“背夫人家”怎样当上运输老板，昌都“唐卡人家”是如何继承与发展的，双湖“可可西里人家”猎人又是怎样变成了野生动物保护神，阿里“神山圣湖人家”笑迎八方来客等。不仅将《西藏日报》原有的采写方式发扬光大，又在媒介融合的新形势下寻找新的时代特色。②

延边朝鲜族自治州是朝鲜族聚居地区，其公共信息传播活动体现出了鲜明的延边特色和朝鲜族特色。朝鲜族是一个能歌善舞的少数民族，延边电视台利用这一优势，通过开辟栏目和举办活动，打造自身特色。例如，延边电视台开设的《故乡之晨》栏目结合地域、民族、文化等特色和优势，反映延边民族地区特有的文化氛围、乡土气息和具有典型意义的人物、事件，力求办出民族特色，办出地方风格。延边卫视为拓宽《延边卫视新闻》节目来源，更好地反映国内朝鲜族同胞的最新情况，与北京、上海、哈尔滨、沈阳、丹东、青岛、吉林、长白县等地的相关媒体和公司联系，组建通联队伍，形成供稿网络，以丰富的信息量，浓郁的民族特色，受到了观众的好评。延边电视台还通过拍摄大型电视纪录片反映延边朝鲜族自治州取得的成就。在国庆 60 周年前夕，延边电视台新闻综合频道纪实片摄制组拍摄了纪念新中国成立 60 周年的大型电视纪实片《海兰江的传说》。此片分 10 集，每集时长 30 分钟，分别以百姓的衣食住行、城市化建设、农业、工业、交通、第三产业、教育、文化、旅游业、对外开放等为主题，充分利用电视表现手法，运用丰

① 尹莎、曲珍：《突出地方特色 开启媒体融合新时代——浅析西藏都市生活广播的发展与创新》，载《中国广播》，2019（7）。

② 孔冉、樊秀婷、赵辉：《浅析少数民族新闻的采访报道特色——以西藏大型采访报道〈高原人家〉为例》，载《新闻传播》，2017（06）。

富的史料和资料，全景式地展现给观众60年来延边发展历史和所取得的成就。《海兰江的传说》用朝汉双语同时播出。这个纪录片播出后得到社会各界的广泛好评，先后获得第十四届全国朝鲜语广播电视优秀评析特类作品，吉林省电视社教奖特别节目类一等奖，吉林省（朝鲜语）电视社教奖社教专题类一等奖。

《延边日报》朝鲜文版强化延边少数民族地区多元文化的宣传，所开办的《文化巡礼》《文化透视》《民俗文化纪行》《追寻朝鲜族文化足迹》《关注延边队》等栏目，丰富了延边文化的内涵，宣传了延边，扩大了延边的知名度，也得到了读者的好评。延边朝鲜族自治州的其他民族自治县的媒体也紧紧围绕建设民族经济、文化强县设置专栏。如伊通广播电台开设的《满乡馨韵》，以传播满族优秀文化为宗旨，深受听众的喜爱。

成立于1952年的湘西土家族苗族自治州《团结报》长期以来一直保持自身鲜明的特色。“让每一期报纸从内容到形式都可以看出是湘西地区的报纸”，不仅是一个口号，也是他们多年来秉持的办报原则。《团结报》十分重视展现湘西风土人情，介绍土家族苗族优秀的文化遗产，以使对湘西陌生的受众获得相关知识。凤凰古城旅游的逐次升温，张家界、天子山、猛洞河风光走出“深闺”，成为国内外旅游胜地，与《团结报》的宣传分不开。虽然《团结报》没有用苗族文字印刷，但是，《团结报》从民族地区的实际出发，采用少数民族喜闻乐见的土家山歌、苗歌汉译等形式宣传党的政策，以山歌形式说唱新闻和新闻人物为内容的“周末山歌台”广受各族群众欢迎，在全国、全省好新闻评比中连连获奖。①

宁夏的西海固曾经被称为“贫瘠甲天下”，几个兄弟轮流穿一条裤子出门，是当年西海固人民的真实写照，也是早年间人们提起西海固的第一印象。国家的东西部协作扶贫政策给这个教育资源落后、没有能够支撑发展产业的少数民族地区带来了希望。闽宁对口扶贫协作也成为各级各类媒体关注的焦点。2020年，宁夏回族自治区广电局支持拍摄的《山海情》作为“理想照耀中国——国家广电总局庆祝中国共产党成立100周年电视剧展播”剧目在全国播出；2021年，国家广播电视总局指导拍摄的纪录片《闽宁纪事》在中央广播电视总台央视和多家省级电视台播出，展现了党领导下的东西协作扶贫

---

① 陈峻俊：《试论少数民族地区新闻报道的民族特色》，载《中山大学学报论丛》，2005（4）。

取得的成就。各类媒体发掘出了具有鲜明地域特色的新闻素材，充分发挥出了主旋律作品凝心聚力的作用。可以说，正是由于民族地区公共信息传播体系日渐健全完善，通过呈现各民族地区的不同特色，彰显出了民族地区的特点以及风土人情，提升民族地区的知名度，进一步促进了少数民族地区的发展。

少数民族信息传播事业取得的成绩也得到了各级党委政府的高度认可。国家民委自1997年起开始主办全国民族好新闻评奖活动。首届全国民族好新闻共评出1992年至1996年期间发表的102件作品，获一等奖的作品12件、二等奖30件、三等奖60件。《人民日报》等6家新闻单位的民族专版、专栏的编辑获优秀编辑奖。为引导和鼓励媒体切实关心支持民族工作，加大民族宣传工作力度，国家民委自2009年起特别设立了民族新闻宣传优秀专题专栏奖。此后，“民族题材优秀专题专栏暨民族题材好新闻”评选成为国家民委主办的年度活动，每年对民族地区涌现的优秀作品和优秀专题专栏进行表彰。另外，由国家民委等部门主办，读者、专家、主管部门共同投票产生的年度十大少数民族新闻评选已经历时21年，成为少数民族地区信息传播领域的一大盛事。

大批反映民族团结进步、各族群众精神风貌和民族地区现实生活的优秀作品，登上了全国大奖的领奖台。历年全国最高层次的新闻奖——中国新闻奖都会重视少数民族题材和少数民族地区媒体推选的作品。中国新闻界最高奖长江韬奋奖的评选也十分重视优秀少数民族新闻工作者，在目前已评出的16届长江韬奋奖获奖者中，来自民族地区或者长期在少数民族地区新闻传播一线工作的新闻工作者有20位，他们是宁夏广播电视总台的满族记者田宝贵，内蒙古人民广播电台的蒙古族记者山丹，内蒙古《哲里木报》蒙古族记者徐福铎，西藏人民广播电台的藏族记者普布多吉，西藏人民广播电台藏族记者格桑旦增、益西加措，西藏电视台藏族记者米玛、格桑尼玛，西藏电视台记者李森，《新疆日报》维吾尔族记者海热提·阿布都拉，中央人民广播电台藏族记者旺堆，青海人民广播电台藏族记者万玛嘉，《新疆兵团日报》社记者王遐，《西藏日报》社记者高玉洁，《宁夏日报》社记者王健，《新疆日报》社维吾尔族记者阿不都许库尔·阿不都克里木，西藏日报社总编室副主任肖涛，新疆人民广播电台汉语新闻广播记者佟慧娟，青海广播电视台总编辑李夫成，青海石油报社社长李云。

由中国报业协会少数民族地区分会主办的全国少数民族地区地市州盟报好新闻评选已进行了32届。全国少数民族地区近七十家地市级报纸在这个平台上进行互动交流，为推进我国少数民族地区新闻宣传事业做出了积极的贡献。还有一些省区也以年度新闻奖的形式对辖区涌现出的优秀少数民族新闻作品予以奖励，对于调动各地新闻宣传工作者投身少数民族地区新闻传播事业发挥了良好的作用。例如，湖南省从2009年起开始评选年度“民族团结进步行动”好新闻奖，每年评选出30多篇少数民族地区新闻传播优秀作品和“民族团结进步行动”宣传报道组织奖。几年来，湖南省表彰奖励了一大批优秀作品和十余家单位，营造出良好的民族团结舆论氛围，推动了湖南省的民族团结进步事业。

第三节　复杂的舆论工作格局

一、经济发展滞后加剧了舆论工作的复杂性

我国是一个多民族国家，56个民族相互依存，共同构成了中华民族多元一体的格局。国家的发展离不开各民族的发展，没有各个民族的现代化，就没有整个国家的现代化。随着社会发展以及信息技术的发展，我国少数民族地区的舆论形势也呈现出了复杂多元的特点，维护民族团结和社会稳定成为少数民族地区公共信息传播的第一要务。公共信息服务体系作为上层建筑，一直以来都是通过舆论引导和社会监督来推动社会发展和社会进步的。如何认识社会主义初级阶段存在的社会分化和区域不平衡问题，如何向群众宣传和解释国家发展经济的大政方针政策，如何引导群众发展经济、走向致富之路，凡此种种，都需要媒体及媒体工作者不断提高舆论引导水平。

1. 经济发展滞后是民族地区诸多问题的根源。自中华人民共和国成立以来，党和国家高度重视民族地区社会发展，取得了举世公认的巨大成就。其中，帮助民族地区加快经济发展，是中国特色民族政策体系的核心内容之一。“少数民族和民族地区的经济社会发展，直接关系到我国整个现代化建设目标的顺利实现。民族地区的现代化同全国其他地区的现代化，少数民族的振兴同整个中华民族的振兴，是密不可分、相互促进的。推动各民族发展进步和

共同繁荣不仅是个经济问题，而且是个政治问题。”[①] 在我国，由于民族地区大多处于偏远地区，环境恶劣，基础设施不完善，社会封闭性较大，导致各民族之间的发展也出现不平衡的问题，这些都是造成各种民族问题的客观原因。我国的民族问题是长期存在的，这些问题如果得不到妥善处理，民族矛盾和社会矛盾就会相应地激化，国家的稳定发展也不可避免地受到影响。所以，解决民族问题最根本的就是要从经济入手，真正改善民族地区各族人民的生活水平。

根据国家统计局数据，2020 年西部少数民族地区 GDP 总量仍然较小，人均 GDP 和人均可支配收入偏低。GDP 总量、人均 GDP、人均可支配收入三项指标，内蒙古分别约为 1.736 万亿元、68357 元、31497 元，广西分别约为 2.216 万亿元、44671 元、24562 元，云南分别约为 2.452 万亿元、50474 元、23295 元，贵州分别约为 1.783 万亿元、49205 元、21795 元，宁夏分别约为 3920.55 亿元、56438 元、25735 元，新疆分别约为 1.380 万亿元、54682 元、23845 元，上述指标均低于全国三项指标平均水平的 3.277 万亿元、72568 元和 32189 元。[②] 就民族地区而言，社会经济发展状况对开展舆论工作有着深远影响。

首先，民族地区交通基础设施建设滞后，成为阻碍人们与外界沟通交流、无法拉动本地经济的重要原因。“要想富，先修路”，《国家乡村振兴战略规划(2018—2022 年)》明确提出，要加速农村地区物流基础设施的网络部署，与此同时，鼓励商贸、邮政、快递、运输等企业扩大在农村地区的经营布局。[③] 这为民族地区加强交通运输体系建设，推动乡村实现全面振兴指明了前进的道路和方向。例如，西藏地区长期以来货物都是通过公路进行运输的，很多农副产品和物资在运输时耗时耗力，其安全性和物资的流量都受到一定程度的限制。青藏铁路的建设和通车对于西藏人民来说，不仅使得区内的产品运往内地的经济成本和时间成本都有所下降，而且在使用铁路的过程中培养了人们的开放意识、竞争意识和发展意识，成为当地社会经济发展的“助推

① 孙承斌、邹声文：《胡锦涛在新疆维吾尔自治区干部大会上发表重要讲话》，载《人民日报》，2009 年 8 月 26 日。

② 李春根、陈文美：《推进西部少数民族地区经济社会发展的实施难点与政策重点》，载《山东社会科学》，2021 (3)。

③ 中央人民政府新闻办就《乡村振兴战略规划 (2018—2022 年)》有关情况举行新闻发布会，http://www.gov.cn/xinwen/2018-09/29/content_5326689.htm. 2018-09-29。

器”。

其次，经济发展滞后影响少数民族地区公共文化事业发展。在西部少数民族地区，受财力的限制，乡村文化广场、图书馆、运动场等基础性的文化服务设施建设滞后，公共文化服务程度仍然处在水平相对较低的阶段，一些经济落后的农村，广播电视光纤、互联网宽带信号也未能实现全面覆盖。在网络信息传播时代，文化基础设施的滞后与各族群众对于信息和文化的更高需求之间存在着较大矛盾。

最后，民族地区经济发展模式较为粗放，市场竞争能力不足。产业结构不合理也是导致民族地区诸多社会问题的重要原因。我国出台了很多针对少数民族地区的政策，有力地促进了民族地区的发展，各族群众的温饱问题得到了解决。今后，民族地区发展的关键在于解决经济转型问题，提高民族地区社会经济发展内生动力，培育出能为少数民族地区创造新型就业条件的现代化企业，实现民族地区经济的高质量发展。

综上所述，我国民族地区不论是社会经济发展水平，还是城镇化水平，都滞后于全国平均水平，经济总量小，人均水平、产业层次和工业化的层次都相对较低，与其他地区的竞争力及自我发展能力都相对欠缺，影响和制约着民族地区公共信息服务体系的建设水平。

2. 在日趋复杂的舆论工作环境中，民族地区各级各类媒体坚持正确舆论导向，努力维护民族团结。在西藏，由于地处我国边疆少数民族地区和反分裂斗争的前沿，它的媒体舆论引导力不仅关乎本地区的发展，更事关国家稳定发展大局。在西藏，反对不同形式的民族分裂、促进各民族团结、维护社会和平稳定发展，一直是维护国家稳定的头等大事，同时也是西藏社会发展的基本前提。《西藏日报》一直都是国家舆论宣传的重要组成部分，它所传达的观点、态度和策略都显示出高度的国家意志和战略，这些观点不仅是西藏社会的主导理念，更是开展反分裂活动的“方案”。①

《内蒙古日报》也为当地的民族团结做出了积极的贡献。《内蒙古日报》注重刊发文章的政策性和重大主题的连续性，该报始终能够向社会迅速、准确地传达国家最新政策和社会主义核心价值观。改革开放以后，《内蒙古日

① 周德仓：《〈西藏日报〉：西藏的主流媒介，媒介中的主流西藏》，收录于复旦大学信息与传播研究中心，复旦大学新闻学院：《“传播与中国·复旦论坛”（2009）——1949—2009：共和国的媒介、媒介中的共和国论文集》，复旦大学信息与传播研究中心、复旦大学新闻学院，2009。

报》在进行舆论宣传时，都将重点放在巩固和加强民族团结上。比如，该报从1978年12月开始就连续发表和民族政策教育有关的内容；从1980年开始，在每年一次的全区民族团结表彰大会上，都会进行先进人物和事迹的宣传报道；在一些重大事件中，《内蒙古日报》还会进行专题系列报道，具有代表性的是自治区60周年大庆时，该报开设了32个栏目，以“走进内蒙古”为主题进行深度报道。《内蒙古日报》将宣传民族团结，贯彻民族政策的舆论引导作为导向，为自治区的社会稳定做出了重要的贡献。但是，解决民族地区的各种问题是一项长期而艰巨的任务。在今后相当长的时间内，如何做好信息传播、舆论引导，维护民族地区的社会稳定与民族团结将是公共信息传播的主要课题。

二、信息传播技术的发展改变了民族地区的舆论格局

互联网带来了人类生活方式甚至是思维方式的巨大变革，同时也对国家安全构成一定的威胁。此类因技术而起的威胁主要指个人、团体或国家通过互联网对国家硬件及基础设施发动的对国家安全构成威胁的活动。[①] 这种建立在技术发展基础上的威胁不仅涉及交通、通信、服务、运输等基础设施的重要领域，还涉及国家意识形态的建构。虚拟空间与现实空间彼此渗透，交互影响，改变了信息传播方式和舆论生成方式。习近平总书记指出：“做好网上舆论工作是一项长期任务，要创新改进网上宣传，运用网络传播规律，弘扬主旋律，激发正能量，大培育和践行社会主义核心价值观。”[②] 互联网由于其开放性，舆情的发生、发展轨迹相对于传统舆情而言更难以捕捉，且扩展速度极快。近年来，民族地区的互联网舆情日趋复杂，也成为困扰民族地区宣传思想工作的一大难题。同时，国外敌对势力加大了利用互联网对我国进行意识形态渗透的力度，在互联网舆情的生成、发展、扩张过程中煽风点火、推波助澜。另外，我国边疆民族地区生活着30多个跨境民族，这些民族在语言、风俗习惯、文化传统等方面仍保持着共同的特征。跨境民族生活在祖国的边疆地区，对维护边疆安全稳定、促进对外友好交往都发挥着不可或缺的作用。边疆地区及跨境民族与境外的经济、文化交流频繁，国外敌对势力不

---

① 李慎明：《互联网何以对国家安全产生威胁》，227页，北京，社会科学文献出版社，2014。

② 习近平：《创新改进网上宣传 把握网上舆论引导的时度效》，来源于新华网2014年2月28日，http://www.cac.gov.cn/2014-02/28/c_126205895.htm。

能通过简单的武力侵略来实现他们的目的，便会通过意识形态的软实力来干扰中国的社会政治稳定，往往把意识形态融入经济文化交流活动中，试图潜移默化地渗透、影响少数民族地区各族群众。

通过媒体对民族地区进行意识形态渗透一直是国外敌对势力破坏我国社会发展的主要手段之一。中华人民共和国成立之后，中美进入敌对状态，为了瓦解新中国政权，美国等西方国家把对华进行意识形态渗透当做重要战略举措。在传统媒体时代，进行意识形态渗透的手段有限，具有代表性的便是“美国之音”“自由亚洲之声”等广播媒体。美国之音是二战期间成立的一家国际广播电台，受美国政府资助，成立于 1942 年。二战之后一直到冷战结束，美国之音为传播美国的意识形态、瓦解社会主义阵营不遗余力。长期以来，我国一直对美国之音的信号进行干扰。[①] 这些媒体把我国边疆少数民族地区作为渗透的重中之重。近年来，传统媒体衰落，西方国家对华意识形态渗透逐渐转向互联网，特别是利用少数民族语言进行网上渗透。2011 年 2 月 14 日，美国广播理事会在向国会提交的 2012 年年度预算案中计划自 2011 年 10 月 1 日起停止专门针对中国的汉语普通话和粤语的短波、中波广播及卫星电视节目，但保留其中文网站。[②] 停止对华广播并不是放弃对华意识形态渗透，而是为了将资金和人员集中到互联网上来，加强网上意识形态渗透。互联网的开放性特点，为西方对华意识形态渗透提供了时间和空间的便利，国外一些媒体和势力正是看中了当前信息传播格局的变化，把互联网媒体当作主要平台，利用设立在国外服务器的新闻网站、视频网站、论坛等多种形式吸引国内互联网受众浏览，利用国内新闻传播制度漏洞，对国内受众施加意识形态影响。

随着我国经济快速增长、社会治理结构的不断完善，西方国家“和平演变”中国的各种伎俩逐渐失效。以美国为首的西方国家开始调整对华政策，鹰派政客开始主导对华政策，挑衅对抗取代了合作交流。在政治、经济渗透无果的情况下，西方敌对势力把目光瞄准了文化领域，其中民族宗教就成为西方对中国指手画脚的主要领域，也成为西方对华意识形态渗透的主战场。以上多种因素叠加在一起，为民族地区的信息传播工作带来了巨大的挑战。

---

① 关世杰、温基：《美国之音的前世今生》，载《世界知识》，2011（6）。

② 《我国应高度重视新媒体时代的意识形态安全》，载《中国青年报》，2011 年 12 月 5 日。

三、民族地区媒体的舆论引导能力堪忧

如果把民族地区媒体的发展置于国内外媒体发展的大环境中来看，其发展水平与传播能力已经滞后了。近些年来，国内媒体在市场化、产业化改革浪潮中，内容的独创性、形式的新颖性、制作的精美性已成为媒体竞争的重要方面。在少数民族地区，由于地域资源、民族文化与内地和沿海地区之间的差异，原先的信息传播方式，早已无法适应新时期少数民族群众在民族文化撞击下的收视心理和日益多元的信息需求。[①]

2014 年 8 月，本课题组先后对延边、凤城、哈尔滨、阜新、前郭尔罗斯等地少数民族群众的媒体接触行为进行了实地调查。[②] 调查采取随机抽样方式进行，委托大连民族大学新闻学专业学生负责发放和回收问卷。要求调查员在每地随机选取 100 名少数民族群众，进行问卷调查。调查的内容主要包括三个方面：第一，少数民族群众接触媒体的情况；第二，少数民族群众接触少数民族语言媒体的情况；第三，少数民族群众接触境外媒体的情况。通过汇总和分析回收的问卷，课题组发现，少数民族群众的媒体接触行为出现了一些新的情况和特点。需要说明的是，由于调查对象为少数民族受众，在样本选择时存在身份界定困难，可能存在随机性不够和代表性不强的问题。不过，结合历史数据、文献以及访谈，课题组认为，调查结果基本能够反映出民族地区媒体影响力变动以及受众流失状况。

第一，媒体接触频率高，但是对本民族语言媒体的接触相对较低。接受调查的大部分受访者均表示经常会接触到各类媒体，其中以电视和互联网的接触频率最高。然而，受众对本民族语言媒体接触情况不容乐观。

---

① 白润生：《探索中前进：少数民族新闻事业三十年》，载《中国报业》，2008（9）。

② 本课题组主要成员从 2011 年起便开始关注少数民族地区媒体影响力衰退与受众流失问题，并于 2011 年进行过相关调查。本次调查与 2011 年相比，情况有所变化。其中互联网的使用频率明显有所增加，传统媒体受众流失进一步加大，境外媒体的接触率变化不大。这里需要特别指出的是，东北民族地区尤其是延边地区受众对境外媒体的接触频率应该比课题组所获取的数据更大。之所以未能通过抽样调查反映出来，既可能与样本的数量和抽样方法有关，也可能与受访者的配合程度有关。

表 5－1　少数民族群众媒体接触频率

	每周收听广播三次以上	每周收看电视三次以上	每周阅读报纸三次以上	每周阅读期刊三次以上	每周使用互联网三次以上
延边	26 人	68 人	18 人	13 人	67 人
哈尔滨	32 人	72 人	23 人	31 人	74 人
凤城	18 人	81 人	13 人	15 人	57 人
阜新	17 人	79 人	32 人	18 人	54 人
前郭尔罗斯	9 人	87 人	19 人	9 人	75 人

表 5－2　少数民族群众对本地少数民族语言媒体的接触频率

	每周收听本地少数民族语言广播三次以上	每周收看本地少数民族语言电视三次以上	每周阅读本地少数民族语言报纸三次以上	每周阅读本地少数民族语言期刊三次以上	每周登录本民族语言网站三次以上
延边	23 人	45 人	8 人	1 人	46 人
哈尔滨	0 人	0 人	1 人	0 人	21 人
凤城	0 人	0 人	0 人	0 人	12 人
阜新	1 人	15 人	9 人	0 人	31 人
前郭尔罗斯	1 人	23 人	1 人	0 人	18 人

从以上两个表格可以看出，大众传播媒体已经成为少数民族群众生活中必不可少的内容。由于本地少数民族语言媒体无论是内容的丰富性、形式的新颖性，还是服务的周到性，均不能满足少数民族群众的需要，因此，少数民族群众抛弃本地少数民族语言传媒，改为从其他媒体满足自身对信息和文化娱乐的需求。这种现象需要引起各级党委政府以及少数民族地区媒体工作者的高度重视。

第二，少数民族群众对境外媒体的接触频率较高。这一现象应引起我们的高度重视。如下表：

表 5－3 少数民族群众接触境外媒体情况

	每周收听境外广播三次以上	每周收看境外电视三次以上	每周登录境外网站（含港澳台）三次以上
延边	12 人	35 人	42 人
哈尔滨	0 人	0 人	38 人
凤城	0 人	0 人	32 人
阜新	0 人	0 人	29 人
前郭尔罗斯	1 人	0 人	35 人

笔者调查的五个地区，尽管从地理位置上来讲，均处于祖国的边陲省份，但是除延边以外，其他四个地区并未和其他国家接壤，对境外广播电视的接触不多。但是，五个地区的共同特点是，少数民族群众接触境外网站较为普遍。调研中，笔者还发现韩国广播、电视等媒体在延边地区很有影响力。在延边地区，收看韩国电视节目的家庭数量十分庞大。据笔者了解，大多延边朝鲜族家庭都会通过私自安装的卫星接收器或者互联网收听收看国外电视节目（由于调查技术手段的制约，目前课题组尚不能获得这方面的全面而准确数据，只能通过访谈的方式来进行分析判断）。这表明，国外强势媒体和优质节目资源已经在很大程度上挤占了国内少数民族地区传媒的市场，国内少数民族语言传媒的发展已经远远不能满足少数民族群众的需要。

第四节 双语或多语信息传播模式

民族区域自治制度是我国的基本政治制度之一。国家实施民族区域自治政策，赋予民族区域自治地方依照当地的政治、经济和文化的特点，制定自治条例和单行条例，以保障各族人民当家做主的权利和发展平等团结互助和谐的社会主义民族关系。同时，国家相关法律也赋予少数民族保留和使用本民族语言的权利。因此，在少数民族地区，积极发展国家通用语言媒体的同时，保障使用少数民族语言群众的文化权利和信息权利、开办少数民族语言媒体成为一项重要的民族政策。这就使得双语传播或者多语传播成为少数民族地区基本的信息传播模式。少数民族地区各类双语或者多语种传播媒介，积极宣传民族政策，加强民族团结，具有鲜明的民族特色和地区风格。

诺曼·菲尔克拉夫认为“意识形态在各种层次以各种方式介入到语言之中”。[①] 在民族地区进行舆论宣传的过程中，所有承载在媒介上的文字表达都能够反映少数民族地区舆论的走向和该地区的国家安全意识，而舆论的演变就包含在少数民族社会经济发展和国家安全之中。因此对于少数民族来说，保持和发扬他们语言的传播，会对该群体和组织产生一定的社会影响。[②] 中国少数民族约有6000万人使用本民族语言，占少数民族总人口的60%以上，约有3000万人使用本民族文字。[③] 为了能够让这部分少数民族群众获得公共信息服务，国家大力支持创办少数民族语言信息传播媒体，促进少数民族语言文字规范化、标准化和信息处理工作的健康发展。我国政府先后制定了蒙古、藏、维吾尔、哈萨克、柯尔克孜等文字编码字符集、键盘、字模的国家标准，研究开发出多种少数民族文字排版系统、智能语音翻译系统，支持少数民族语言文字网站和新兴传播载体有序发展，不断提升少数民族语言文字信息化处理和社会应用能力。[④] 内蒙古、新疆、西藏等民族自治区，制定和实施了使用和发展少数民族语言文字的有关规定和实施细则。西藏自治区先后颁布实施《西藏自治区学习、使用和发展藏语文的若干规定（试行）》《西藏自治区学习、使用和发展藏语文的若干规定（试行）的实施细则》等，将学习、使用和发展藏语言文字工作纳入法制化轨道。据《中国民族统计年鉴·2017》数据，截至2016年底，全国共有以少数民族文字出版的期刊225种、报纸105种、广播机构171家、电视机构218家，全国出版少数民族文字图书9436种、印数8238万册。

《内蒙古日报》是中国共产党在少数民族地区创办的最早的省级党报，也是我国最早使用少数民族文字出版的省级党报，还是蒙古族历史上使用本民族文字出版的第一张日报。其前身为内蒙古自治运动中衍生过来的《内蒙古自治报》。1948—1949年和1951—1952年间《内蒙古日报》蒙文编辑部曾先后办

① ［英］诺曼·菲尔克拉夫：《话语与社会变迁》，殷晓蓉译，81页，北京，华夏出版社，2003。

② 南长森：《边疆地区少数民族媒介变迁与国家安全意识舆论引导研究》，载《现代传播（中国传媒大学学报）》，2018（12）。

③ 国务院新闻办：《中国的民族政策与各民族共同繁荣发展》，http://www.gov.cn/zwgk/2009-09/27/content_1427930.htm。

④ 国务院新闻办：《新疆的文化保护与发展》白皮书，http://news.cctv.com/2018/11/15/ARTI2ECNg7doCY6LrXmxImhc181115.shtml。

《民族》《新内蒙古》月刊。随着语言文字使用范围的变化，蒙古文报逐渐以牧区、半农半牧区为重点服务对象，其要闻有编有译，综合新闻多半自采自编，各种栏目贴近蒙古族农牧民的情趣。[①] 辽宁全省有8个少数民族自治县，其中6个满族自治县（新宾、岫岩、清原、本溪、桓仁、宽甸）、2个蒙古族自治县（喀左、阜新），少数民族共48个，接近总人口的4%。由于满语已经消失，满族群众均使用国家通用语言，所以，满族自治县的信息传播媒体一般使用通用语言作为信息传播语言。辽宁蒙古族自治县重视保障蒙古族群众的信息权利，开办蒙汉双语媒体。1980年复刊的《喀左县报》，第一、二、三版为汉文，第四版为蒙古文，体现了蒙古族自治县的特点。这种并用蒙汉两种文字出版的报纸，在国内属独家，成为集报爱好者的抢手藏品。阜新蒙古族自治县的《蒙古贞日报》、广播电视台亦使用蒙汉两种语言播出，蒙语（版）频道重点围绕蒙古族群众的生产生活开展新闻宣传和信息服务工作，收到良好的社会效果。

延边广播电视台也非常重视发展朝鲜语节目，在办好朝鲜语频道的同时，2010年，与中国网络电视台联合组建了中国网络电视台朝鲜语频道。中国网络电视台朝鲜语频道是中国网络电视台的第一个民族语言频道，以电视、广播特色栏目为主，结合新闻话题、延边生活、延边风俗等图文内容，同时集纳直播和在线广播等内容，为网友提供1路卫视直播、3路广播直播以及近40个卫视、广播栏目的点播。为了让网友获得更多更好的收视体验，朝鲜语频道在主导航中设置了电视直播、在线广播、栏目、新闻等明显入口，在首屏对重点栏目进行推荐，对即将播出的电视直播也会进行预告，同时朝鲜语频道还会对用户最关注的视频、栏目进行重点推荐。

双语传播也是西藏自治区公共信息传播体系最为鲜明的特点之一。西藏自治区的藏族人口占总人数的90%以上，西藏各族群众大都懂得藏语。因此，西藏自治区的各类媒体从创办时起，就确定双语传播的方针，在机构设置、干部配备、频率分配、版面设置、节目设置等方面，满足双语传播的需要。西藏大众媒体一般都会设有藏语、汉语两个编辑部。双语传播也成为西藏地区公共信息传播体系最为鲜明的特点之一。《西藏日报》藏汉文版创刊于1956年4月；西藏人民广播电台1960年1月正式播音；西藏电视台1978年5

① 铁木尔·达瓦买提主编：《中国少数民族文化大辞典》（东北、内蒙古地区卷），292页，北京，民族出版社，1997。

月1日开始播出节目。西藏人民广播台在藏、汉语两套广播节目中，坚持以办好藏语节目为主的原则，在藏语节目中，地方性、针对性、知识性和趣味性都有所增强。他们的藏语特色栏目《对国外的藏族同胞广播》节目，每日两次，每次45分钟，对象是国外的藏族同胞，分别以拉萨语和昌都地方语播出。这个节目着重宣传党和政府对国外藏胞的政策，反映我国西藏以及青海、甘肃、四川、云南等藏族地区社会主义建设的新成就，介绍各民族自治区行使自治权利，发展民族经济和文化教育以及国家和各省、自治区、市的支援和帮助情况。此外，藏语广播还先后办有《新闻》《昌都地方语广播》《对牧区农村广播》《今日西藏》《法制漫谈》《藏语文法广播讲座》等节目。[①] 到2016年，西藏人民广播电台拥有藏语综合、汉语综合、藏语科教、康巴话和都市生活5个频率，每天用藏、汉、英三种语言和康巴话方言播音，播音时间90小时25分钟，全区广播人口综合覆盖率达94.78%。除此之外，西藏还开设中国西藏之声网，由西藏自治区新闻出版广电局、西藏人民广播电台主办，是自治区两大新闻门户网站之一。西藏还开办有中文网、藏文网、英文网三语种网站，拥有全球唯一集藏、汉文集成于一体的手机客户端。[②]

新疆维吾尔自治区有2400多万人口，生活在新疆的很多少数民族都有自己的文字和语言。为了满足各族群众的信息需求，新疆的媒体大多都实行多语种信息传播模式。新疆目前办有36种维吾尔语报刊、11种哈萨克语报刊、3种蒙古语报刊、1种柯尔克孜语报刊以及1种锡伯语报刊；自治区和各地市广播电视台均开办了多种少数民族语言的广播频率和电视频道。新疆的维吾尔语网站天山网、新疆新闻在线在少数民族群众中的影响力都很大。多语种传播意味着媒体往往需要建设若干个编辑部，每个编辑部都需要一套完整的采编队伍，这也在无形中增加了媒体信息传播的单位成本，影响和制约着少数民族地区公共信息产品的生产。

新疆人民广播电台目前用五种语言播出（维吾尔、汉、哈萨克、柯尔克孜、蒙古语）。新疆人民广播电台维吾尔语广播开办了《行风热线》《环球音乐听吧》《交通热线》《青春旋律》等节目，形式多样。哈萨克语广播坚持

---

① 国家广播电影电视总局《中国广播电视年鉴》编辑委员会：《中国广播电视年鉴》（1986年），174~175页，北京，中国广播电视年鉴社。

② 国家广播电影电视总局《中国广播电视年鉴》编辑委员会：《中国广播电视年鉴》（2017年），69~70页，北京，中国广播电视年鉴社。

“节目质量就是竞争力”的理念，为哈萨克族群众提供高质量的信息服务。蒙古语广播尝试新的播出形式，采用大型异地直播节目类型，调动听众参与节目的积极性和热情，为听众提供互动平台，拉近广播与听众的距离。柯尔克孜语广播开设热线节目《心连心》，利用短信平台和热线与听众互动点播，受到听众的喜爱。伊犁哈萨克自治州人民广播电台用哈萨克、维吾尔两种语言播出的节目实现了调频调幅双覆盖，维吾尔语节目每天播出时长 17 小时。他们开办的《伊犁新闻联播》《伊广行风热线》《伊犁河》等一批名牌栏目，受到听众的欢迎。和田地区人民广播电台维吾尔语综合广播每天播出 18 个小时，开办《和田新闻》《和广行风热线》等栏目，极大地丰富了广大农牧民群众的精神文化生活。① 在 2016 年，新疆人民广播电台实现维吾尔语综合广播、汉语新闻广播等 10 套频率 24 小时网络播出，微信矩阵粉丝数量也逐年增长。在大力增强广播节目原创能力和节目集成能力的基础上，用全媒体的方式同步开展重大主题宣传，放大正面宣传效果。② 其中，《中国之声》属于专题服务类的栏目，是柯尔克孜语节目，每天播出时长为一个小时，设置有“中国消息”“中国印象”“中国故事”“学说中国话”和“中国文艺”板块。《新广早新闻》栏目属于新闻资讯类的蒙古语节目，自 2016 年改版以后，由以前的 30 分钟延长到 60 分钟，其中 80% 的内容由翻译稿件组成。全年围绕宣传重点，顺利完成“访汇聚”“法制新疆”“去极端化”、自治区两会、援疆工作、深化改革、民族团结等重大宣传任务。③ 在媒体融合发展的过程中，新疆广播电台也进行了积极探索，开拓了多元线上收听终端，PC 端和移动端，网站和微信（公众号）等常见的新媒体收听方式。具有代表性的是新疆人民广播电台开办的“新疆新闻在线”栏目。该栏目拥有多种语言，其中维、哈、柯三种语言网站与中国国际广播电台的“国际在线网”合作，借助国际在线平台，面向世界发布。④ 总体来看，新疆少数民族语言媒体坚持以服务中心工作和广大观众为目标，从不同视角反映少数民族群众的精神风貌，传承

---

① 国家广播电影电视总局《中国广播电视年鉴》编辑委员会：《中国广播电视年鉴》（2012年），45 页，北京，中国广播电视年鉴社。

② 国家广播电影电视总局《中国广播电视年鉴》编辑委员会：《中国广播电视年鉴》（2017年），75 页，北京，中国广播电视年鉴社。

③ 国家广播电影电视总局《中国广播电视年鉴》编辑委员会：《中国广播电视年鉴》（2017年），155～156 页，北京，中国广播电视年鉴社。

④ 王月、蒋金岚：《对新疆传统媒体融合发展的思考》，载《西部广播电视》，2017（13）。

各少数民族的优秀传统文化，为各族群众传播新闻和各类致富信息，有效地配合了新疆维吾尔自治区的社会经济发展。

在国家相关机构的支持下，全国各少数民族语言媒体加强横向协作，提升信息传播水平。1980 年，广西壮族自治区党委决定，恢复自治区少数民族语言文字工作委员会，成立推行壮文试点工作组，同时决定在广西人民广播电台设立壮语编辑部，加强壮文、壮语宣传教育工作。1988 年全国蒙古文报刊新闻奖评选会成立，旨在对蒙古文媒体的年度业绩进行总结和检阅，为蒙古文媒体交流经验和多出精品、多出人才提供交流平台。1998 年，全国藏语文媒体协作会正式成立，该协会为全国的藏语媒体提供了交流经验、审定藏文新词术语的平台，对藏文媒体规范、快捷、准确地传递信息，发挥了重要作用。2008 年，国家语委启动的“中国语言资源有声数据库建设”工程，从我国的语言文字现状出发，一方面加快国家通用语言的推广和语言文字信息化建设，另一方面抢救、保护一些已经处于衰危状态的少数民族语言及汉语方言。除了对已经出现濒危的少数民族语言进行抢救保护之外，我国在进入 21 世纪之后，还特别规范了一些对于语言活力保持较好的较大语种，比如对蒙古语、藏语、维吾尔语等的少数民族人名汉字音译转写规范，对蒙古语、藏语、哈萨克语等的名词术语规范，对蒙古文标点符号的用法，等等。①

① 郝时远、王延中、王希恩：《民族发展蓝皮书：中国民族发展报告（2015）》，345 页，北京，社会科学文献出版社，2015。

第六章 民族地区公共信息服务体系建设面临的主要问题

“新中国成立后，各民族人民实现了根本利益的一致，成为国家和社会的主人，真正掌握了自己的命运。民族地区的社会生产力得到了极大的解放，扫清了民族剥削和压迫制度对少数民族和民族地区加快发展的制约，为实现各民族的共同繁荣打下了坚实的基础。”① 十一届三中全会以来，我国民族工作的主要任务转移到了以经济建设为中心上来。国家大力发展少数民族地区的社会生产力，少数民族地区的经济建设取得了巨大的成就。2000 年国家实施西部大开发战略，把“5 个自治区、30 个自治州、120 个自治县全部纳入西部大开发范围或者参照享受西部大开发的有关优惠政策。西部大开发为民族地区带来了看得见、摸得着的实惠”②。在国家的大力支持下，民族地区建成了一批机场、高速公路、水利枢纽等基础设施项目。

近年来，国家不断加大扶持少数民族地区社会发展的力度。“2005 年，中共中央、国务院做出《关于进一步加强民族工作加快少数民族和民族地区经济社会发展的决定》，明确将发展作为解决民族地区困难和问题的关键，强调随着国家综合实力不断增强，中央将继续加强对少数民族和民族地区经济社会发展的扶持，完善与民族区域自治制度相适应的政策性转移支付制度，帮助民族地区建设一批对带动当地经济社会发展起重大作用的基础设施项目，

① 国家民委：《社会主义时期是各民族共同发展繁荣的阶段》，http://www.seac.gov.cn/art/2004/7/12/art_651_6499.html。

② 据国务院新闻办公室《中国的民族政策与各民族共同繁荣发展》白皮书。

优先安排同各族群众生产生活密切相关的中小型公益性项目。”[①] 2007 年以来，国家陆续制定出台了促进新疆、宁夏、青海等省（自治区）、云南边疆地区经济社会发展的优惠政策措施，“增加投入，加强基础设施建设，发展特色优势产业，推动社会事业发展，促进少数民族和民族地区经济社会加快发展”。[②] 2016 年 12 月，国家发布的《“十三五”促进民族地区和人口较少民族发展规划》对民族地区的发展做出了全面而系统的部署，提出“把少数民族和民族地区加快发展摆在更加突出的战略位置，以推动民族团结、社会和谐、人民幸福为宗旨，以增强自我发展能力、提高公共服务水平、改善民生为重点，以完善体制机制和扶持政策为保障，更加注重民族因素与区域因素相结合，更加注重发展经济与改善民生相结合，更加注重释放政策动力与激发内生动力相结合，更加注重推动改革创新与对内对外开放相结合，着力解决制约少数民族和民族地区发展的突出短板和薄弱环节，着力促进少数民族事业发展，着力巩固和发展平等团结互助和谐的社会主义民族关系，着力提高依法管理民族事务能力，确保到 2020 年少数民族和民族地区与全国人民一道迈入全面小康社会。”[③]

在党和国家的支持和少数民族地区人民的努力下，民族地区社会、经济、文化等各项事业迅速发展。2015 年，我国民族地区国内生产总值完成 6.65 万亿元，民族地区生产总值占全国生产总值 9.7%；1996 年至 2015 年 20 年间，民族地区国内生产总值平均增长速度达到 10.9%。2015 年民族地区人均生产总值达到 3.5 万元，20 年间年均增长 13%。

---

① 据国务院新闻办公室《中国的民族政策与各民族共同繁荣发展》白皮书。

② 据国务院新闻办公室《中国的民族政策与各民族共同繁荣发展》白皮书。

③《“十三五”促进民族地区和人口较少民族发展规划》，http://www.gov.cn/zhengce/content/2017-01/24/content_5162950.htm。

表6－1　我国少数民族地区经济与社会发展主要数据一览表（1990—2016）①

指标	1990年	1995年	2000年	2005年	2008年	2015年	2016年
地区生产总值（亿元）		4902	7485	15706	27940	64068.84	67546.14
第一产业		1629	2022	3300	5002	9254.73	9772.61
第二产业		1747	2834	6419	13202	28556.92	29060.84
第三产业		1526	2629	5987	9736	26257.19	28712.69
人均地区生产总值（元）		3055	4451	8991	15889	72090	75832.62
全社会固定资产投资总额（亿元）		1444	2477	8358	17285	66159	70882
地方财政收入（亿元）	166.7	248	476	1026	2099	7045	7136
地方财政支出（亿元）	304.4	595	1173	3050	6496	21766	23615
农林牧渔总产值（亿元）		2537	3200	5349	8260	15486.37	67851.78
粮食产量（万吨）	5373.0	5801	6381	7187	7925	9449.14	9294.06
棉花产量（万吨）	47.0	95	146	188	303	354	530
油料产量（万吨）	208.0	264	353	372	396	513	566
工业总产值（亿元）			3923	10654	25911		23303.8
社会消费品零售总额（亿元）	682	1692	2570	4874	8243	21243.27	23378.47
国际旅游人数（万人次）			348	532	899	1583	2906.4
旅游外汇收入（亿美元）			8	13	18	59	71.4
金融机构各项存款（亿元）			7906	16324	30144	86180	103384
金融机构各项贷款（亿元）			6548	11300	19318	66137	79877
医院、卫生院数（万个）	1.06	1.23	1.25	1.18	4.4	1.27	1.17
医院、卫生院床位（万张）	33.2	35.7	36.1	38.4	50.1	82.5	70.1

① 综合国家民委网站：2008年民族自治地方国民经济与社会发展主要指标，http://www.seac.gov.cn/art/2010/5/25/art_152_113729.html；国家民委经济发展司、国家统计局经济综合统计司编：《中国民族统计年鉴》（2017年），北京，中国统计出版社，2018。

表6-1反映了1990年以来民族地区总体的经济与社会发展状况。20世纪90年代以来，我国建设有中国特色社会主义的伟大事业进入了新的历史阶段——在社会主义条件下发展市场经济，不断解放和发展社会生产力。“市场的强大纽带，使各民族打破了封闭、保守的思想观念，生产方式、交往方式和思维方式都发生了深刻变化，各民族之间‘三个离不开’的关系大大增强。”① 民族之间、区域之间形成共依共存、相得益彰、“彼此离不开”的局面。在社会主义市场经济体制的发展和完善过程中，国家继续加大对民族地区的支持力度，推动对口支援，增强民族地区的发展能力和活力。

在国家和民族自治地方政府的大力推动下，少数民族地区人民生活水平不断提高，从而带动了公共信息基础设施的极大改善，奠定了公共信息服务事业发展的物质基础。但是，横向来看，民族地区社会经济发展水平与东部发达地区还存在较大差距。民族地区的经济规模、城乡居民收入水平、教育事业、科技发展、基础设施等还落后于发达地区。发展不充分、不平衡的问题是制约少数民族地区公共信息服务体系建设的主要因素，也是我们思考、探讨少数民族地区公共信息服务体系建设的基本出发点。少数民族地区公共信息服务体系建设不应脱离少数民族地区社会经济发展实际，不应盲目移植和模仿发达地区建设思路、模式、方案。近年来，尽管信息传播技术和手段不断发展和进步，但是信息传播生态环境日益复杂。少数民族地区公共信息服务体系发展的过程恰逢信息技术高速发展的时期，技术进步和媒体形态多样化，在推进公共信息服务升级换代的同时，也为少数民族地区公共信息服务体系建设平添了诸多难题。

第一节 信息分化不断加剧

一、信息分化的本质是社会结构失衡

信息分化的本质是社会信息化以后，在政治、经济、文化等诸多因素影响下，人类社会出现的信息资源享有和利用差距，是一种新的社会结构失衡。

① 胡兆义：《包容与开放民族团结的内在逻辑及实现路径》，载《广西民族研究》，2013（2）。

信息分化既表现为个体之间的分化，也有群体之间的分化；既有信息拥有数量方面的分化，也有信息利用能力的分化；既是对当下社会失衡状态的描述，也是对未来社会发展趋势的判断。信息分化是一个不断演进的概念。1970 年，美国著名传播学者 P. J. 蒂奇诺提出了著名的“知识沟假说”（knowledge gap）。[①]知识沟假说主要是基于传播效果而言的，即不同社会经济地位的人群，通过大众传播获得的某一方面的知识或信息差距有扩大的趋势。知识沟假说表明，大众媒体的发展并不能弥补人们因为社会经济地位带来的信息资源获取方面的差距，反而有扩大这种差距的副作用，进而扩大社会的阶层分化。

20 世纪末期，随着计算机技术和互联网技术的发展，媒体带来的阶层分化从隐性转向显性，即人们使用信息技术的机会和能力的差距不断增大。为了描述这种差距，西方学者提出了 information gap、information divide 等概念。国内学者在引进这些概念时，将其翻译为信息分化、信息鸿沟等。“据文献记载，最早提出 information divide 这一概念的是英国学者 William J. Martin 所著的 *The information society*（《信息社会》，1988 年），在这本书中，作者讨论了信息技术对社会的影响，并指出‘隔离是这样的一种感觉，即个人被新技术的发展抛在了后面’”。[②] 早期对信息分化的认识建立在社会地位差异对信息和知识传播效果的影响。随着大众媒体的发展，特别是互联网的发展，技术所导致的信息分化引起很多学者的关注。“美国学者 Sweet lan 指出，信息分化不仅是指信息穷人的信息匮乏即某一个类人或群体缺少获取信息的能力，还应该包括外部世界强行为信息穷人注入的无效信息即信息超载，以及个体信息认知中存在的信息偏见。”[③] “信息分化”以信息的占有和使用数量、拥有信息设施的差距、信息素养差距等作为阶层划分的依据，将信息社会中的社会成员分层。与传统社会以物质拥有量作为阶层划分依据不同的是，信息社会并不是简单地以信息的富足与匮乏作为单一依据来划分阶层。例如少数民族地区，经济、政治、技术信息匮乏，但是文化的多样性所带来的文化信息以及广袤山川带来的自然信息却十分富足。但是，缺乏与富足信息资源相适

---

① 段鹏：《传播效果研究：起源、发展与应用》，99 页，北京，中国传媒大学出版社，2008。

② 于良芝：《理解信息资源的贫富分化：国外“信息分化”与“数字鸿沟”研究综述》，载《图书馆杂志》，2005（12）。

③ 于良芝：《理解信息资源的贫富分化：国外“信息分化”与“数字鸿沟”研究综述》，载《图书馆杂志》，2005（12）。

应的信息传播能力、信息产品开发能力以及信息使用能力，同样会阻碍少数民族地区各族群众对信息的有效利用，无法形成信息优势。在信息时代，“信息优势将成为竞争优势的必要条件，任何形式的匮乏都可能被看作是对社会发展的威胁，通信网络的接入和使用以及满足人们的基本信息需求也将是人类发展的基本人权，陷入与信息和通信技术相关的贫困陷阱是非常危险的”[①]。

试图解释新技术对于社会结构分割的另外一个词汇是数字鸿沟（digital divide）。数字鸿沟实际上是对信息分化的一种更为具体的、技术层面的阐释。最早论及数字鸿沟的是美国国家远程通信和信息管理局（NTIA）从1995年7月到2000年10月先后四次发布的调查报告。该报告调查了美国互联网的使用情况，提出了信息穷人的概念，把“数字鸿沟”问题列为美国首要的经济问题和人权问题。[②] 数字鸿沟主要聚焦于人们在信息与通信技术（information and communication technologies，简称ICT）享用机会上的差距——一些人拥有最好的信息技术、计算机、互联网以及最好的教育；而另一些人，则恰恰相反，缺乏必要的上网条件甚至不懂得如何使用计算机、互联网。“处于这一鸿沟的不幸一边，就意味着他们很少有机遇参与到我们的以信息为基础的新经济当中，也很少有机遇参与到在线的教育、培训、购物、娱乐和交往当中。”[③] 数字鸿沟不仅仅包括互联网使用能力问题，还包括互联网使用过程中的基础条件诸如网络带宽、软硬件性能以及个体的信息素养、互联网应用领域等方面的差距。数字鸿沟广泛存在于各类人群之间，包括发达国家与发展中国家之间、国家内部不同人群（如阶层或地区）之间等。

正是基于以上认识，有学者认为，在数字时代，相对于接入和使用而言，知识上的鸿沟才是直接影响信息社会中个人和社区生存和发展的决定性因素。[④] 基于此，他们把数字鸿沟分为三种形态：一种是接入沟，即在各种社会因素如经济实力、电信设施、政府决策影响下的互联网接入差距。第二种是使用沟，即计算机技术和互联网具有的多用性以及人们技能上的差异，所带来的实际使用差距，人们的上网目的、网络活动、适用范围会因为年龄、语

① 胡鞍钢、周绍杰：《新的全球贫富差距：日益扩大的“数字鸿沟”》，载《中国社会科学》，2002（3）。

② 胡鞍钢、周绍杰：《新的全球贫富差距：日益扩大的“数字鸿沟”》，载《中国社会科学》，2002（3）。

③ 曹荣湘：《数字鸿沟引论：信息不平等与数字机遇》，载《马克思主义与现实》，2001（3）。

④ 韦路、张明新：《第三道数字鸿沟：互联网上的知识沟》，载《新闻与传播研究》，2006（4）。

言、性别、种族、教育背景、职业背景等的不同而有所差别。例如，老年人和青年人之间的数字鸿沟超越了简单的接入问题。第三种是知识沟。知识沟假设是先于数字鸿沟提出的理论，在数字媒体时代，媒体渠道对于知识沟的影响愈来愈受到关注。“因特网接入和使用上的数字鸿沟是否会转化成知识获取上的鸿沟，并进而导致其他社会后果，对于我们理解数字化时代的不平等现象极为重要。”①

尽管人们对数字鸿沟（digital divide）这一概念做出了不同角度的解读，但是，无论是接入的差距抑或是使用能力的差距，其本质都是信息技术和互联网发展所带来的社会分化。即因为社会地位、经济地位、文化水平存在差异的个体、群体乃至国家之间，使用信息技术和互联网的机会、程度存在着差异。因此，数字鸿沟的本质是信息社会出现的社会结构失衡，是一种信息分化。数字鸿沟反映出在计算机技术、互联网技术高度发达的今天，社会结构加速失衡的严峻现实。信息分化是信息化社会的常态，一些特定人群如低收入者、老人、少数民族等，因为经济、文化等差异，不能够及时适应信息技术革命带来的变化，使用和理解新的信息传播技术和媒介的能力不足，成为信息社会的弱势群体。同时，随着信息技术的快速发展和社会信息量的暴增，如果缺少了外部力量的干预和调控，信息分化会越来越加剧，信息弱势群体的社会地位会越来越边缘化，社会结构失衡会日趋严重。

基于信息分化的本质，其与个人权利、社会公平正义等概念建立了密切联系。也就是说，如果我们把信息分化简单地理解为技术发展带来的结果，忽视信息分化更深层次的政治经济、社会文化、信息素养等因素，那么，建立在物质平等基础上的信息分化解决方案，大都会致力于改善基础设施条件，其最终的结果是信息分化非但无法弥合，反而会继续扩大。因此，解决信息分化问题是一个综合而复杂的系统工程，改善信息基础设施条件是解决信息分化问题的基础，却并不是终极目标。

二、民族地区信息分化的表现形态

改革开放后，国内媒体数量剧增，内容的独创性和形式的新颖性不断增强。白润生先生认为，在少数民族地区，由于地域资源、民族文化与内地和

① 韦路、张明新：《第三道数字鸿沟：互联网上的知识沟》，载《新闻与传播研究》，2006（4）。

沿海之间的差异，旧有的信息传播体系和传播方式，早已无法适应改革开放新时期群众在民族文化撞击下的信息需求。① 在当今时代，信息已经构成各民族生存与发展的基础环境要素。信息传播提供了不同民族与文化之间相互了解、相互尊重、和谐共生的基本条件。信息利用水平也因此成为衡量一个国家或地区可持续发展水平的重要标志。但是，在民族地区的实际工作中，人们往往把信息传播视为改善和创造良好经济环境的工具，并没有把事实上存在的信息分化视作少数民族地区贫困落后的根源。少数民族群众的信息权利没有受到足够的重视。信息分化并没有随着民族地区经济的发展而缩小，而是有加大的趋势。以信息利用能力与信息基础设施差距为核心的信息分化的扩大，促使民族地区和发达地区的社会发展差距不断扩大。

第一，信息基础设施建设有待加强。

信息基础设施的改善是公共信息服务水平提升的前提条件。公共信息服务基础设施改善的重点体现在两个方面：一是接收终端，如公众所拥有的电脑、电视、智能手机等；二是信息传播设施，如广播电视设施、网络设施等。我国广播电视已基本普及，电脑和智能手机正在逐渐普及，已形成了政府网站、各类大众媒体相结合的公共信息传播网络。但是，由于我国存在发展不平衡的问题，城乡之间、区域之间的发展水平差异较大。而公共信息服务体系主要是依托地方政府和行业系统建设的，地区之间、行业之间的自我封闭、条块分割等问题，使得信息基础设施难以实现共建共享。特别是在一些经济欠发达地区，公共信息基础设施建设滞后于发达地区，数字鸿沟问题非常突出。

第二，大众媒体发展滞后。

大众媒体是民族地区公共信息传播的主体，普遍存在着发展空间不足、发展水平滞后的问题。在传统媒体方面，少数民族地区媒体数量不少，但水平和影响力不高。少数民族地区大众媒体发展的各个层面都落后于发达地区。信息传播基础设施的差距可以通过增加投入加以解决，但是，信息传播能力等软实力的提升则很难一蹴而就，甚至伴随着技术的进步，差距会逐渐扩大。以电视媒体为例，当前我国电视市场总体形成了央视、省市级卫视、地面电视分庭抗礼的格局，中央级电视媒体（包括中国教育电视台）的 18 个电视频道、43 个省级卫视瓜分着全国市场，而为数众多的地面频道守护着各自的地

---

① 白润生：《探索中前进：少数民族新闻事业三十年》，载《中国报业》，2008（9）。

盘。从地域分布来看，中央级电视媒体和省级卫视的栏目很难进入广州、上海、北京、南京等东部发达地区电视收视率的前十名。这些地区占据主要收视份额的是地面频道。而西宁、兰州、呼和浩特、银川、乌鲁木齐等西部民族地区的主要城市则正好相反，地面媒体很难占据收视率靠前的位置，电视市场恰恰是央视和卫视的天下。① 这个现象说明，经济发达地区的电视媒体能够利用自己的地缘优势，以强大的节目生产能力、较强的贴近性，满足当地受众的信息需求，在信息传播方面获得了一定的优势；而少数民族地区电视媒体则无法利用自己的地缘优势占领当地的电视市场，其影响力有限。这也从一个角度反映出少数民族地区电视媒体的整体实力落后于发达地区。

中国互联网络信息中心（CNNIC）历次发布的《中国互联网络发展状况统计报告》均显示：我国各地区互联网发展状况差异较大。CNNIC 的研究还发现，互联网发展程度与地区经济发展水平正相关，即地区经济越发达，其互联网也就越发达，互联网普及率可以作为地区经济发展水平的表征。根据互联网普及情况可以将中国的互联网发展分为三个梯队。东部地区地理位置优越，技术力量较强，在 GDP 增长中发挥着龙头作用，其互联网发展水平较好，普及率高于全国平均水平，成为互联网发展的第一梯队。少数民族聚居地区多处于二三梯队。从民族地区政务微博、政务微信的表现看，也印证了社会经济发展水平与新媒体发展状况之间的正相关关系。2018 年《人民日报》政务微博影响力指数报告，也印证了这一点（见表 6 - 2）。

表 6 - 2　全国省份政务微博影响力排行榜

排名	地区	传播力	服务力	互动力	影响力指数
13	内蒙古	56.72	67.35	68.24	63.94
21	广西	58.27	70.05	42.50	56.8
27	新疆	22.20	45.35	47.48	39.15
28	宁夏	39.17	51.43	17.08	35.73
30	西藏	7.37	25.47	19.44	17.93

据《2018 年人民日报政务微博影响力指数报告》②

① 数据来自 CSM，http://www.csm.com.cn/download/ratingchina.html。

② 载 http://yuqing.people.com.cn/NMediaFile/2018/0803/MAIN201808031653000432997648842.pdf。

第三，公众媒体素养有待提升。

媒体素养是指公众对媒体的认知、选择、使用、态度等基本素质的统称。在信息化时代，公众的媒体素养不仅关系到个人的生产、生活方式，也会影响到社会发展进程。区域发展的不平衡不仅影响到民族地区媒体的发展，也影响民族地区公众的媒体素养。为了直观地反映民族地区公众媒体素养现状，课题组选择以宁夏回族自治区为样本进行了抽样调查和访谈。宁夏回族自治区在我国民族地区中，属于自然条件相对较好、社会经济发展水平相对较高的区域。本次调查采用面访的方式，委托宁夏大学新闻传播学院于 2018 年 3—5 月实施。调查目的地共涉及宁夏五个地市，包括银川市、石嘴山市、吴忠市、中卫市、固原市。每个地市随机确定访谈人数 10 人，剔除无效访谈 6 人，最后成功访谈 34 人。调查的主要目的是了解民族地区公共信息获取的主要媒体途径以及少数民族地区公众的媒体素养。由于课题组人员、经费使用等诸多限制，本次调研的样本数量偏少，影响了调查研究的客观性和准确性。但是，结合历史文献资料对比观察，本次调研所获得的数据和基本情况，具有一定的代表性，基本能够反映民族地区信息传播和公众媒介素养的情况。具体调查结果如表 6 – 3：

表 6–3　宁夏公众媒体接触情况调查表

序号	姓名	居住地		本县有无广播电视台	请简要描述本县电视台的主要栏目	本社区或村镇有无公共微信群 / 名称是什么 / 您是否加入	本县（区）有无政府网站	政府网站的主要功能是什么	是否使用过手机上网功能
		市、县	乡、村 / 社区						
1	马某琴	吴忠市同心县	河西镇李岗子村	同心电视台	栏目设有午间新闻，晚间新闻，天气预报，卫生服务信息等，每天更新	有，未加入	有	不知道	没有
2	李某如	吴忠市同心县	丁塘镇李岗子村	不知道	不知道	有，未加入	不知道	不知道	没有
3	马某圆	吴忠市同心县	河西镇旱天林村	同心电视台	午间新闻，晚间新闻，天气预报	有，未加入	有	不知道	没有
4	田某	吴忠市同心县	丁塘镇新庄子村	不知道	不知道	有，未加入	不知道	不知道	没有
5	杨某	吴忠市同心县	豫海镇豫西社区	同心县电视台	每日八点新闻，其余的时间多为电视剧	不知道	有	发布同心县新闻	是
6	杨某慧	吴忠市同心县	王团镇	同心电视台	各类新闻，天气预报	有，未加入	有	不知道	没有
7	周某	银川市金凤区	高桥家园	不知道	不知道	有两个微信群	不知道	不知道	没有
8	马某花	银川市兴庆区	健康小区	不知道	不知道	不知道	不知道	不知道	没有
9	杨某慧	银川市贺兰县	立岗镇先进村	贺兰县电视台	主要报道贺兰民生，环境问题	无	不知道	不知道	没有
10	王某	银川市贺兰县	永泰花园（南区）	贺兰县电视台	不知道	无	不知道	不知道	没有

续表

序号	姓名	居住地		本县有无广播电视台	请简要描述本县电视台的主要栏目	本社区或村镇有无公共微信群／名称是什么／您是否加入	本县（区）有无政府网站	政府网站的主要功能是什么	是否使用过手机上网功能
		市、县	乡、村／社区						
11	王某	银川市贺兰县	金贵镇江南新村	贺兰县电视台	一天24小时都在播出	无	不知道	新闻、办事	没有
12	邵某	银川灵武市	宁东镇金萍阁	灵武电视台	不知道	“金萍阁”群，人员有200人左右	不知道	不知道	是
13	苏某琴	银川灵武市	水木灵州	灵武电视台	节目主要是新闻，夏天会有灵武好声音等节目	无	有	政务公开，网上办事	没有
14	孙某丽	银川灵武市	明珠苑A区	灵武电视台	节目主要是新闻，会播放灵武周边事件	主要群是“明珠苑社区交流群”，群成员有240人	有	不知道	没有
15	刘某	银川灵武市	海子村	灵武电视台	不知道	无	不知道	不知道	没有
16	胡某亮	银川灵武市	盛世嘉园	灵武电视台	不知道	无	不知道	不知道	没有
17	马某乾	中卫市沙坡头区	永康镇彩达村二队	中卫广播电视台	不知道	彩达信息群和彩达村民监督群，约150人左右	有	不知道	没有
18	李某茂	中卫市沙坡头区	宣和镇敬农村三队	中卫广播电视台	不知道	敬农村民一家亲，敬农权利监督平台，有50到300人不等	有	不知道	没有
19	马某霞	中卫市海原县	李俊乡联合村双沟	海原县广播电视台	不知道	主要是扶贫群，讨论村里附近发生的事，农活情况，校车询问情况	有	政务公开，新闻中心，办事服务，政民互动，走进海原	没有
20	孙某春	石嘴山市平罗县	城关镇	平罗电视台	栏目不详，每日播出	平安物业工作交流群，150人	有	政务公开	是

续表

序号	姓名	居住地		本县有无广播电视台	请简要描述本县电视台的主要栏目	本社区或村镇有无公共微信群 / 名称是什么 / 您是否加入	本县（区）有无政府网站	政府网站的主要功能是什么	是否使用过手机上网功能
		市、县	乡、村 / 社区						
21	征某文	石嘴山市平罗县	城关镇	平罗电视台	不知道（现在很少看电视）	高考公益群，150 人左右	有	不知道	是
22	文某	石嘴山市大武口区	永乐园	不详	不知道	不知道	不知道	不知道	没有
23	李某	石嘴山市大武口区	佳乐雅园	平罗电视台	不知道	名称不详，100 人左右	不知道	不知道	没有
24	马某楠	石嘴山市平罗县	黄渠桥镇	平罗电视台	交通指引	不知道	有	不知道	没有
25	刘某兵	石嘴山市大武口区	创业园西区 6 排 7 号	石嘴山市电视台	石嘴山新闻、点歌台、人生阶梯、法之声、女性天空、经济信息等栏目	不知道	有	设有 8 个栏目，信息更新准确及时	是
26	秦某	固原市彭阳县	冯庄乡崖湾村秦家庄	广播电视台	不知道	法律群与社区事务通知群，该群有 456 人	有	通知公告、政务动态、政策解读	不详
27	刘某云	固原市彭阳县	城阳黄沟村	没有电视台广播站	不知道	黄沟队队员	有	不知道	是
28	姬某霞	固原市彭阳县	白阳镇玉洼村	电视台和广播站	新闻为主	白阳镇玉洼村和谐大群，群成员 500 人	有	不知道	没有
29	王某建	固原市彭阳县	红河镇河南队韩堡村	电视台和广播站	不知道	有，未加入	有	不知道	没有
30	王某祥	固原市彭阳县	红河镇红河村王沟队	电视台和广播站	不知道	王沟信息公布群	有	不知道	没有

续表

序号	姓名	居住地		本县有无广播电视台	请简要描述本县电视台的主要栏目	本社区或村镇有无公共微信群 / 名称是什么 / 您是否加入	本县（区）有无政府网站	政府网站的主要功能是什么	是否使用过手机上网功能
		市、县	乡、村 / 社区						
31	余某倩	固原市彭阳县	新集乡何山村	电视台和广播站	不知道	不知道	不知道	不知道	没有
32	张某文	固原市原州区	东海园区	电视台和广播站	新闻、财经、公共、教育、少儿等	无	有	走进固原、新闻中心、政务公开网上办事，互动交流	没有
33	杨某梅	固原市原州区	三营镇团结村东二区 061 号	广播站	天气预报	打针群（48）、电网咨询群、村委会干部群	有	不知道	是
34	余某林	固原市彭阳县	白阳镇郑河街社区	彭阳县广播电视台	政策宣传、地方新闻	有老乡群、打工群、普通群三种类型；主要名称为“彭阳人”，300 多人左右	有	不知道	没有

在34名访谈对象中，有21人能够准确说出本地广播电视媒体的名称，有13人能够准确或粗略说出广播电视媒体的播出内容，仅有3人能够准确说出本地电视台的栏目名称；21名受访对象知道本社区（村庄）有微信群，有10名受访者能够说出微信群的人数和主要功能；有21人知悉本地有政府网站，8人知悉政府网站一个以上的功能，仅有4人能够说出政府网站的栏目设置；仅有7人明确表示使用过手机上网功能。以上数据表明：第一，本地媒体的影响力有限，有38%的访谈对象从未接触过本地广播电视媒体，仅有38%的访谈对象对本地广播电视媒体提供的信息内容留有印象——也就是说本地广播电视媒体的无效传播对象占访谈对象的62%。能够说出广播电视媒体内容的13人中，仅有3人能够准确说出一个以上的广播电视媒体栏目。仅有11.7%的受访者能够说出本地政府网站的栏目设置。栏目是媒体内容聚类的主要形式，也是媒体用以凝聚特定受众的方法。栏目的知名度在很大程度上反映出媒体的影响力。例如，中央电视台是我国最有影响力的电视媒体，其影响力则是通过公众耳熟能详的《新闻联播》《焦点访谈》《海峡两岸》等栏目体现出来的。第二，民族地区受众媒介素养还有很大提升空间。受众对媒体和栏目的认知程度既反映出了媒体及栏目本身的质量和影响力，也表明该媒体和栏目目标受众群体的媒体素养。能够了解甚至熟知媒体栏目设置情况和功能说明受众媒体素养较为深厚。反之，则表明受众对媒体的认知较为有限。换句话说，栏目是受众选择、认知、使用媒体的重要途径。另外，移动传播已成为信息传播的主要途径，受访者中仅有20.6%的受众表示使用过手机上网功能，这个数据尽管不一定精确，但也能够从一个侧面表明宁夏智能手机的普及率和使用率还偏低，受众利用新媒体、新技术获取信息的途径不畅、能力不足。以上情况表明，宁夏公众的媒体素养还有很大提升空间。

实际上，我国公共信息分化的具体表现还可以提出很多，例如各地政府都意识到了互联网是公共信息服务能力提升的重要平台，但是，新技术发展的快捷性和不确定性，使得互联网平台建设缺乏统一的规划和技术标准，造成了信息资源分散建设和重复建设的问题十分突出。凡此种种，需要各级党委政府和学术界在实践中不断探索、不断解决。信息分化的本质是社会结构失衡，是社会发展过程中不可避免的问题。信息分化仅仅依靠社会成员个体或者地方政府很难化解，需要从国家层面做好顶层设计，加大干预力度，采取有效措施，通过完善公共信息服务体系加以解决。

第二节 媒体管理体制有待完善

1978 年，财政部批准了《人民日报》等几家报社要求试行“事业单位、企业化管理”的报告。1979 年 4 月财政部在颁发《关于报社试行企业基金的实施办法》中，再次明确报社是党的宣传事业单位，在财务管理上实行企业管理的办法。这样，“事业单位，企业管理”的经营管理体制得以出台并在全国报业中迅速推广。[①]“事业单位，企业管理”标志着我国大众媒体开展经营活动获得了更大空间，另一方面也标志着媒体开始向自我发展、自我约束、自负盈亏的产业化经营道路迈进。在这一背景下，少数民族地区媒体管理体制改革也开始起步。

长期以来，我国媒体实行条块分割、以块为主的管理模式。媒体隶属于党委或政府部门，实行党组（委）领导下的社长（台长）负责制，社长或台长由上级党委任命。报刊社是事业单位，不承担行政管理职能。而广播电影电视执行的是宣传、事业建设（事业建设实际上也与产业的发展联在一起）和行业管理（包括社会的行业管理）三位一体的管理体制。中央和地方各级广播电视机构，既是新闻宣传机关，又是事业管理机关，将宣传、事业建设、行业管理结合在一起。随着社会主义市场经济体制的建立，上述体制出现了诸多不适应。1996 年是中国媒体管理体制改革的重要一年。在这一年，广州日报报业集团正式成立，开启了中国媒体集团化发展之路。集团化也成为中国媒体改革的基本路径选择。1996 年至 2000 年，国内主要媒体都通过兼并、重组、扩张组建了报业（广播电视）集团。

我国少数民族地区媒体集团化改革相对滞后。《新疆日报》于 2003 年 4 月 28 日开始筹建报业集团。2018 年 11 月 24 日，新疆经济报社、今日新疆杂志社、天山网并入新疆日报社，组建了新疆报业传媒集团有限公司。宁夏日报报业集团 2006 年 7 月 26 日挂牌成立，逐步形成以自治区党委机关报《宁夏日报》为主体，拥有七报两刊和一网站的报业传媒集团。内蒙古日报传媒集团 2008 年 12 月 29 日成立，形成了拥有八报两刊两网的格局。广西日报传

---

① 吴文虎主编：《新闻事业经营管理》，262 页，北京，高等教育出版社，1999。

媒集团成立于2009年12月22日，旗下拥有八报三刊三网。宁夏广电传媒集团成立于2009年9月8日，这是我国少数民族自治地方成立的第一家按全新企业模式运行的广电传媒集团。

近年来，民族地区传媒管理体制改革进入了细化与深化阶段。宁夏广电传媒集团通过资本运作，完全控股了宁夏有线电视网络。一些民族地区的媒体积极与中东部地区媒体联系，进行深层次的合作。宁夏日报社主办、创刊于2005年的《看天下》杂志，引进南方周末、凤凰网等前卫媒体骨干，几年间该刊已成长为发行量超50万的新闻周刊，创造了中国媒体的“看天下模式”。宁夏电视台和上海广播电视台于2009年12月31日正式签署合作开发宁夏卫视协议。经国家广电总局批复，2010年2月8日，合作开发的宁夏卫视频道新版节目正式开播，这是宁沪两地经过多次会谈协商、共同努力的成果。在现行产业政策和广电总局指导下，双方在宁夏卫视频道的节目制作、广告经营等领域展开合作，努力探索“制播分离”改革的新模式。①

尽管民族地区媒体管理体制改革迈出了坚实的步伐，但是，受制于区域经济发展水平、民族地区特殊的政治文化生态以及多样化的受众需求，民族地区媒体管理体制改革步履维艰，其主要表现如下。

一、民族地区媒体的社会定位与发展路径出现偏差

媒体的社会定位与发展路径是密切相关的概念。社会定位决定发展路径，发展路径则会影响甚至塑造媒体的社会定位。所谓社会定位是指媒体在社会结构中的最佳位置。定位是媒体生存和发展的基础，关系到媒体的风格、信息的种类、服务的范围、经营的方式、管理的机制、经费的来源等。少数民族地区大众媒体处于国家媒体体系的边缘地带，其主要功能是为少数民族地区各族群众提供多样的信息服务。少数民族地区公共信息服务体系不健全，公众信息获取渠道有限，需要依靠大众媒体承担更多的公共信息传播责任；少数民族地区社会经济欠发达，缺乏支撑市场化媒体发展的基础和环境，媒体市场化、产业化改革缺乏必要的条件。所以，综合满足受众基本信息需求、公共信息传播效能、大众媒体经营环境几个方面的因素看，少数民族地区大

① 张全庆：《广电跨区域深度合作的意义与思考——上海广播电视台与宁夏电视台合办宁夏卫视调研报告》，载《中国广播电视学刊》，2010（8）。

众媒体理应定位于社会公益性事业，以公益性为主要价值诉求，以公共信息传播为主要职责，其经营属性应附着在其实现公益属性的过程中。然而，现实情况却恰恰相反。

从中华人民共和国成立直至改革开放以前，我国的大众媒体属于上层建筑、意识形态领域，简言之属于“事业性单位”，一直是作为“意识形态媒体”与“宣传工具媒体”存在着。[①] 中华人民共和国成立后，我国通过接管、公私合营等方式将所有大众媒体收归国有，大众媒体完全作为党政部门的一个附属机构和事业单位存在于行政系统之中，承担信息传播和宣传职能。这一时期的媒体属于公益性媒体的范畴，以服务政府、服务公众为基本目标，以提供公共信息产品为主要手段，其价值的补偿依赖于公众使用过程中所支付的成本和公共财政的支持，不追求价值增值。十一届三中全会以后，随着经济体制改革的启动，媒体经营管理体制改革同步启动。经济体制的变革，直接影响着大众媒体的价值体系，从计划经济时期沿袭下来的按照政治宣传的要求采集信息、图解社会的报道方式显然无法适应新的体制对媒体的要求。大众媒体的社会功能和定位面临矛盾：一方面，大众媒体是党和人民的耳目喉舌，要为党和人民服务。但人民的信息需求不仅有共性，更有差异性。统一的宣传口径往往很难和千百万受众的具体要求相协调一致，媒体容易脱离群众。另一方面，受众对媒体发展的决定性作用愈来愈明显，媒体自身利益与市场的关系也越来越密切。信息时代的到来，公众信息需求爆炸式增长使得国家财政再也无力承担媒体运行的全部开销。在此背景下，我国大众媒体普遍把市场化、产业化作为基本发展路径，通过市场进行资源配置，生产和经营目标是实现资产的补偿和增值。市场化媒体与公益性媒体是两种不同的发展模式，其最大的区别在于价值补偿和增值的方式存在差异。

在媒体管理体制改革的早期，我国各地区大众媒体管理体制改革的方向和目标基本相似，即把多元化经营和容量扩张作为改革的主要目标。由于这个时期市场对媒体发展的作用有限，民族地区与发达地区媒体的发展差异并不是十分突出。加之传统媒体的行业壁垒和地域壁垒，使得民族地区媒体形成了事实上的信息供给垄断。在垄断条件下，民族地区多元化经营和媒体容量扩展为各族群众提供了更为丰富的信息产品，媒体的影响力一度迅猛增长，

---

① 裘正义：《传媒市场取向与中国新闻改革中观思路的若干问题》，载《复旦学报》，1995（3）。

为民族地区各类媒体带来了可观收入，坚定了民族地区传媒走市场化、产业化道路的决心。情况从2001年后开始发生转变。2001年，中共中央办公厅下发了《中央宣传部、国家广电总局、新闻出版总署〈关于深化新闻出版广播影视业改革的若干意见〉的通知》，这份文件对于我国媒体经营管理体制改革具有重大影响。该文件打开了媒体融资的政策大门，对媒体与国有企业合作、与民营资本合作、与外资合作都做出了明确规定，允许媒体以股份公司形式吸收国有大型企事业单位的资金；允许发行集团、电视集团吸收非国有资本和境外资本。这一政策不仅推动资本市场和传媒的紧密结合，而且对传媒业的经营管理体制机制产生了深远影响，加速了中国传媒业的分化。此后，经济发达地区的大众媒体根植于雄厚的经济基础和发达的市场环境，大众媒体的市场化、产业化发展步入快车道，大众媒体的形态日益丰富，功能日益完善，公众多样化的信息需求亦能够得到充分满足。

然而，少数民族地区的情况则不同。由于在市场化、产业化发展的初期少数民族地区媒体无一例外地选择了与发达地区同样的发展模式，市场化改革进入到新阶段后，资本的逐利性使得民族地区成为被资本遗忘的角落。少数民族地区媒体的内容生产方式、经营管理方式与发达地区同质化，但是少数民族地区薄弱的经济基础很难为当地媒体提供有力的资本以及广告和受众市场支撑，媒体的规模、营收、影响力都无法提升到资本青睐的程度。在传媒市场化、产业化改革进程中，经济基础和市场环境对于媒体发展路径的选择至关重要。在市场化环境下，市场化媒体发展的“马太效应”会越来越强烈地表现出来——富者愈富，穷者愈穷。

在内容生产方面，民族地区媒体也经历了与国内其他地区一样的变化，出现了生活服务类媒体与党媒（党报党台）两种不同价值取向的媒体类型。民族地区晚报、晨报、都市报的界限逐渐淡化，形成了以服务城市市民和报道社会、文化娱乐等方面的软新闻为主的生活服务类传媒。而传统意义上的党媒则以报道政治、经济“硬新闻”为主。生活服务类媒体改变了党媒“硬新闻”的传播模式，转而以生活服务信息为主，满足了公众对于公共信息的需求，填补了党媒的空白，迅速得到了受众的认可。随着生活服务类媒体的发展，党媒在市场上呈萎缩趋势。不过，新世纪以来，情况逐渐在发生变化。随着新媒体的发展，发达地区生活服务类媒体迅速完成转型。而民族地区经济欠发达，传媒市场容量有限，并不具备媒体转型所必需的人才、资本、市场条件，受到新媒体的冲击极大，出现了发展停滞的现象。党媒的“硬新闻”在地方政府的资助下，还可以维持生存。而生活服务类媒体的市场空间受到新媒体挤压，收入锐减，难以为继，纷纷倒闭或者咬牙坚持。①

在中国媒体市场化改革的20多年里，由于少数民族地区普遍财力不足，对于大众媒体所需经费无法足额提供，少数民族地区大众媒体不得不把很大精力投向传媒市场，拼广告、拼经济效益。同时，由于发展模式的原因，忽视了公共信息产品的生产和传播，导致社会认可度和影响力不断降低。这在很大程度上模糊了少数民族地区传媒的公益性定位，误导了少数民族地区大众媒体的发展方向。换句话来说，少数民族地区承担着公益性媒体的职责，以公益性媒体的思维方式、行为方式，却走到了传媒市场化的道路上，其结果必然是步履维艰。另外，社会定位模糊的少数民族地区媒体往往缺乏明确的看点，也缺少明确的报道理念，盲目模仿甚至是简单重复有影响力的市场化传媒的报道方式和形式，低水平竞争，生产出来的产品往往似曾相识。在笔者调研过程中，民族地区媒体普遍“向东看”，每年都会派出很多人员到东部发达地区学习经验、学习改革思路。学到的经验和做法往往因为水土不服，大多很难落地。定位与路径偏差，严重削弱了民族地区大众媒体所承担的公共信息服务功能。

综合上述分析，可以说，受到经济、市场条件落后等诸多因素的影响，民族地区媒体并不适合走发达地区媒体的产业化、市场化道路，民族地区媒体应回归公益性媒体定位，充分发展其公共信息服务功能，承担更多的公益性职责，以公共信息产品供给为己任。因此，各级政府应做好顶层设计，明确少数民族地区媒体的社会定位，即承担公共职能、强调社会责任和非营利原则。少数民族地区媒体的竞争方向应该是高效地服务受众而不是利润最大化。同时，中央应制定国家媒体分类管理办法，在政策上、经济上对少数民族地区媒体予以大力扶持。

二、行政化、机关化的管理方式制约着少数民族地区媒体的发展

行政化、机关化的传媒管理方式导致了媒体的级别化，级别高的媒体获

① 民族地区20世纪90年代以来创办了大量的行业媒体和都市媒体，在新媒体的冲击下，此类媒体基本都在亏损运营。但是，由于此类媒体改革与转型涉及大量的资产处置及人员安置问题，对民族地区的社会稳定有较大影响，所以，尽管严重亏损，财政还必须输血维系，改革推进的难度极大。

得的行政资源多于级别低的媒体。另外，传媒组织结构的级别化不利于少数民族地区媒体的发展壮大。级别化的管理方式致使传媒形成了相对封闭独立的运作系统。高级别媒体获得的资源远大于低级别媒体，从而影响到低级别媒体的生存和进一步发展。

三、投资渠道单一，投入严重不足

少数民族地区媒体对财政的依赖性很强。在新媒体没有崛起之前，部分民族地区媒体尽管财政拨款比例逐年减少，但依靠行政力量控制当地传媒市场，生存尚不存在问题，例如绝大部分民族地区的报刊。但是，随着传媒市场格局的巨变以及传媒体制改革的推进，有限的财政拨款已不足以支撑媒体发展的需要。投资不足已经成为制约民族地区信息传播事业发展的主要瓶颈。导致这一问题的原因一方面在于民族地区社会经济发展水平比较落后；另一方面在于民族地区媒体定位不清晰而导致的公共财政拨款的积极性、合理性和动力不足。在新疆、西藏、云南、宁夏等边疆少数民族地区，媒体资金匮乏、设备简陋的问题十分突出。“西新工程”提升了民族地区广播电视节目的覆盖率，但是，受益者主要是中央、省（区）级广播电视媒体。市县级广播电视节目的传输特别是向边远地区的传输问题依然没有能够很好地解决。受资金、设备等的限制，内地已经大力推进的媒体融合在民族地区要想推开还存在不少障碍。

随着传统媒体影响力的衰落，推进媒体融合，加快新媒体发展已成为民族地区无法回避的问题。新媒体建设正在成为民族地区信息传播事业发展的重心。要想进一步推进民族地区新媒体建设既缺乏必要的资金投入，也缺乏政策和人才的支持，步履维艰。实行通用语言与民族语言双语（或多语）传播是民族地区媒体的区域特色和民族特色决定的，也是少数民族新闻传播的优势。但是，由于每家民族地方媒体均须设汉文、少数民族语言文字两个甚至三四个编辑部，这无形中使得事业成本增加，人才需求量加大。还有，由于民族地区地域广大，给信息传播带来很多实际困难，信息传播机构和公众之间因为距离遥远，传播时间拉长，再一次加大了成本。凡此种种，都制约着民族地区公共信息服务事业的发展。

投资渠道单一对新媒体的负面影响更为明显。宁夏是全国唯一的回族自治区，目前仅有省级互联网新闻信息服务单位 2 家，这两家分别是宁夏网、宁夏新闻网。从2009年至今，受制于各种因素，宁夏新闻网的发展依然面临着资金、人力投入不足的制约，始终没有找到妥善的解决办法。

四、评价考核体系有待调整

计划经济时代，和绝大多数媒体一样，少数民族地区媒体主要依靠政府来获得所需的人、财、物。政府和社会对媒体的评价主要依据社会效益指标。始于20世纪90年代的中国传媒业产业化、市场化浪潮，给中国的传媒经营管理理念带来了巨大影响。传媒市场化是一个系统工程，从根本上来看，是传媒资源获取方式和途径的改变。市场化给相当多的中国媒体带来了巨大的经济利益和社会效益。伴随着传媒市场化、产业化的浪潮，我国主流媒体形成了以市场化为指向的媒体评价体系。几乎所有中国传媒都选择了以市场为指向的经营和管理策略，千方百计寻找和探索走向市场的路径。这种评价体系表面上仍然强调媒体的社会效益，但是评价体系的核心却是媒体的市场收益，反映在媒体运行层面则是所谓的“收视率”“发行量”“点击率”导向。“收视率”“发行量”“点击率”高的，被视为好的产品；反之，则是需要改进、提升甚至是不好的产品。报刊的发行量（电视的收视率、广播的收听率、互联网的点击率）、广告收入、媒体的成本收益均成为政府、社会和媒体自身关注的重点。社会效益指标反倒退而居其次，在许多媒体管理者的眼里甚至是可以被忽略的评价指标。在市场收益为核心的评价指标导向下，媒体出现了诸多乱象，受到社会诟病，导致媒体公信力的整体下降。市场导向的媒体评价体系对于承担特殊社会功能的少数民族地区媒体更为不利，对媒体履行基本社会责任产生不利的影响和干扰。

显然，对于大众化媒体来说，追求市场化的目标，如影响力（发行量、收视率、点击率和传播效果等）和经营效果（经营收入和利润等）等无可厚非，即便是发达地区承担特殊职能的党报党刊依然可以部分引入市场化的评价指标。他们需要注意的是如何在社会效益与经济效益之间找到最佳平衡点。然而，用传媒市场资源比较丰富的东部地区发展大众媒体的思路考量少数民族地区媒体的发展路径是不妥当的。与其说呼唤少数民族地区媒体市场化是一种理性的沉思，不如说是一种被裹挟的市场化迷思。少数民族地区媒体承担着传承民族文化、传播公共信息和主流价值观、宣传党的路线方针政策的重要使命，在新兴媒体兴起的时代更加凸显着无可替代的作用。但是，少数民族地区媒体发展的市场资源局限性，决定了它不可能复制市场化媒体成功的模式。采用市场化媒体的评价标准来衡量少数民族地区媒体的发展既不科学也不公平。笔者认为，少数民族地区媒体因其承担的特殊功能，用以评价其质量和水平的标准只能是社会效益标准，即能否完成党和政府赋予的信息服务、舆论引导职责以及媒体在少数民族群众中的公信力。因此，以社会效益为中心评价考核少数民族地区媒体，借助于国家的力量规范和引导少数民族地区媒体的发展，就成为少数民族地区公共信息服务体系建设的重要内容。

五、法律和政策体系有待完善

如前文所述，我国相继制定和出台了一系列完善公共信息服务体系的制度和政策。特别是《政府信息公开条例》实施后，明确了政府在公共信息传播中的责任和义务，明确了政府信息公开的范围、程序、方式。在《2006—2020 国家信息化发展战略》《国家电子政务总体框架》中也明确了政府在信息基础设施建设中的责任。但是，我国公共信息服务立法刚刚起步，对于公共信息服务的立法原则、价值观念、功能作用的理解还比较比较粗浅，法律政策不到位的情况十分普遍。具体而言，体现在以下几个方面：

第一，公共信息服务的主体责任不够清晰。政府是公共信息服务主体这一观念已经成为全社会共识，我国政府也是按照这样的要求履行自己的主体责任，并且大力推进公共信息服务体系建设。2017 年实施的《公共文化服务保障法》则进一步明确了政府主导公共文化服务的责任。然而，《公共文化服务保障法》所确定的只是基本原则，并不是实施细则。法律所确定的原则和精神能不能落到实处完全取决于地方政府的重视程度和推进力度。同时，《公共文化服务保障法》明确“文化、新闻出版广电主管部门”为本地的公共文化服务主管部门，客观上是为了适应我国当前政府管理体制的现实。但从实际效果上形成了多头管理的结果，甚至造成职能交叉、责任不清、缺乏统筹或者推诿扯皮等问题，影响公共文化服务事业的发展。发达地区的信息服务体系健全，公众的信息权利满足渠道多。而民族地区经济欠发达，信息服务体系不健全，政府主体责任不清晰，对公众信息权利的保障更为不利。

第二，立法原则模糊，对于公民信息权利保护不力。我国公共信息服务的领域越来越广泛，对公众生产生活的影响越来越深远，信息与公众日常生活密切交织。例如，每日获取气象信息、公共卫生信息、食品安全信息、公共交通信息等已经成为公众基本的生活方式。然而，由于在相关立法中，对公共信息服务的主体、对象、实现方式、行为规则等缺乏基本的规范和明确的表述，提供公共信息服务成为政府的一种可选择的行为而不是法律义务。《政府信息公开条例》中明确规定，行政机关应当及时、准确地公开政府信息，行政机关发现影响或者可能影响社会稳定、扰乱社会管理秩序的虚假或者不完整信息的，应当在其职责范围内发布准确的政府信息予以澄清。但是实际上，在执行中，不同地区、不同部门在信息公开方面存在很大的差异，对信息公开“无所谓、无热情”的现象很普遍，及时准确、主动公开的信息与公共的需求之间还存在较大差距。

第三，对民族地区公共信息服务的扶持政策和制度宏观要求多，刚性约束少。例如，相关文件明确了政府加大民族地区信息基础投入的责任，如《公共文化服务保障法》规定，“国家扶助革命老区、民族地区、边疆地区、贫困地区的公共文化服务，促进公共文化服务均衡协调发展”。但是如何扶助、资金投入渠道、比例幅度等没有做出具体规定。

第三节　信息传播人才匮乏

人是决定事业成败的根本因素。笔者2009年至2017年多次对东北、西北少数民族地区媒体进行调研，通过调研发现，少数民族地区从事公共信息服务的传媒人才、技术人才、管理人才规模偏小、整体素质不高，发展不均衡的问题比较突出，在传媒中人浮于事与可用人才屈指可数的矛盾比较尖锐。导致上述问题的根源一方面在于民族地区社会经济发展水平滞后，对优秀人才缺乏吸引力；另一方面，少数民族地区的发展前景、工作条件和待遇水平等方面与发达地区存在差距，导致少数民族地区难以吸引优秀人才。

民族地区不乏具有改革创新意识的信息传播从业人员。但总体来看，从业人员的观念落后、创新能力不足，依然是制约民族地区公共信息服务事业发展的一个重要原因。思想封闭，安于现状，观念陈旧，少有创新，使得少数民族地区信息传播机构很难有大的作为。“等、靠、要”的心理在民族地区还比较普遍——等指示、靠别人、要支持。谈及改革和创新时，患得患失、求稳怕乱的思想根深蒂固。民族地区发展公共信息服务事业的基础差，离不开国家的政策和资金扶持以及发达地区的对口援助。但是，一味地“等、靠、要”，失去了进取心和奋斗精神，对事业发展是极端有害的。

笔者在调研中发现，民族地区常常会有人以文化、政治环境为借口，消极对待新媒体环境下的传播格局变革，不敢“越雷池一步”，更不敢主动创新。媒体上存在着官样文章多、文章形式旧等问题。另外，目光短浅、重视当下、缺乏长远规划的问题在民族地区也较为普遍。以新媒体和新业务的发展为例，民族地区媒体利用新技术、新媒体总是滞后于东部发达地区。这固然与投资不足有关，但是，更为重要的原因是民族地区媒体注重硬件建设和眼前利益，缺乏主动性与创新精神，忽视软件建设和长远利益。近年来，少数民族地区媒体基础设施不断改善，但人才流失的情况日益严重。尽管各级政府和各类媒体招收了一些信息传播专业人才，民族地区高校、民族院校也培养、输送了一批专业人才到民族地区工作，但从总体来看，情况未得到根本改善。少数民族地区优秀大学毕业生普遍选择流向经济发达的大城市，很少有人愿意回到家乡。民族地区培养出来的优秀人才不断地流向发达地区。人才的“孔雀东南飞”现象依然严重。例如，宁夏回族自治区区级媒体每年流出人才都达到两位数以上，全区媒体中具有博士学位人数仅有2人。

更为重要的是，民族地区基层政府重视传播硬件建设的落实工作，而对信息传播内涵建设则说得多做得少。调研中，很多地方领导对有线电视入户率、数字电视普及率、光缆铺设数量、融媒体中心建设等津津乐道，但是这些设备能够产生什么效果、群众利用情况如何则是一问三不知。从表面上看，提高有线电视入户率等事关信息传播事业发展和解决群众看电视难的大问题，也是基层政府的重要政绩。其背后潜藏的逻辑是，有线电视用户的增加最直接的好处是部门收入的增加。几乎每一个地区都在不遗余力地推动这项工作。而对于传播效果的改进、传播内容的丰富、传播事业内涵的提升等方面，其主动性和积极性明显要低得多。留住人才不是目的，给人才创造一个能够施展抱负的软硬环境，让人才学有所用才是根本目的。仅仅重视硬件建设，忽视内涵发展显然不利于人才发挥作用。具体来讲，民族地区人才问题集中表现在以下四个方面。

一、人才总量不足

最新全国人口普查（2010 年）数据[①]显示，我国总人口为 133972 万人，少数民族人口为 11379 万人，占全国总人口的比重为 8.49%，其中居住于民族自治地方的少数民族人口为 8813.76 万（2010 年数据，2016 年增长为 9655 万），占全国总人口的 6.57%。少数民族地区整体受教育水平低于非少数民族地区，特别是接受过大专以上学历教育的人口远低于非少数民族地区。全国汉族文盲人口占 15 岁以上人口比例为 4.6%，少数民族文盲人口占 15 岁以上人口比例为 8.15%；少数民族文盲人口占全国文盲人口总数的 13.07%。全国共有各类高等学校 2879 所，分布于民族自治地方的普通高校有 237 所，占高校总数的 8.23%。总体来看，少数民族地区教育水平低于非民族地区，更远低于东部发达地区。

表 6－4　2010 年第五次人口普查少数民族人口受教育状况

民族	高中	大学专科	大学本科	研究生
全国总计	186646865	6861059	45625793	3955695
汉族	176525992	4256818	42822692	3955659
少数民族合计	10120873	4256816	2803101	182926
少数民族占全国百分比（%）	5.42	62.04	6.14	4.62

教育水平的低下极大地制约着信息传播人才的培养。随着新媒体技术的发展，信息传播所需要的理论和技能不断增加。在纸媒时代，信息传播需要的基本技能是文字表达能力，需要的人才是印刷人才、写作人才等；在电视时代，信息传播不仅仅需要纸媒时代的人才，又新增了电视技术、影音采编技术、播音与主持等各类人才的需求；而在互联网时期，所需要的人才类型就更为广泛。民族地区相对落后的教育水平与日新月异的信息传播人才需求之间存在着巨大差异。

① 国家统计局：《全国人口普查主要数据公报》，http://www.stats.gov.cn/tjsj/tjgb/rkpcgb/。

二、人才分布不均衡

少数民族地区地广人稀，各种优质资源大多集中于少数中心城市，民族地区内部的人才资源也呈现出了不均衡的分布状态。以我国五个少数民族自治区为例，西藏、宁夏、新疆三区的经济活动集中度非常高，经济活动主要集中于首府城市拉萨、银川和乌鲁木齐，内蒙古自治区的主要经济活动集中在呼和浩特、包头等少数几个中心城市。截至 2016 年底，呼和浩特、包头、鄂尔多斯 3 个地级市的人口总数为 741 万人，占全区人口总数的 29.4%，所产出的 GDP 总额达到 10903.6 亿元，占全区 60% 以上。三市的公共财政收入总额 853.2 亿元，占全区的 42.3%。广西壮族自治区下辖 14 个地级市，主要经济活动集中在南宁、柳州、桂林等城市。南宁市人口占全区的 15.6%，GDP 占全区的 22.4%，公共财政收入占全区的 21.3%。

表 6－5　五个自治区经济活动集中度简况表

地区	人口（万人）	地区生产总值（亿元）	公共财政收入	首府	首府人口（占全区人口比重）	首府生产总值（占全区比重）	首府公共财政收入（占全区比重）
内蒙古自治区	2520	18128.1	2016.43	呼和浩特	243.79（9.6%）	3173.6（17.5%）	269.7（13.3%）
广西壮族自治区	4838	18317.64	1556.27	南宁	756.87（15.6%）	4118.83（22.4%）	332.15（21.3%）
西藏自治区	330	1151.41	155.99	拉萨	90.25（27.3%）	422（36.6%）	70.79（45.3%）
宁夏回族自治区	674.9	3168.59	387.65	银川	219.11（32.4%）	1580（49.8%）	188（48.4%）
新疆维吾尔自治区	2398	9649.7	1298.95	乌鲁木齐	233（9.7%）	2459（25.4%）	369.7（28.4%）

（本表数据来源于五个少数民族自治区及相关城市 2017 年经济与社会发展统计公报，百分比由笔者计算而得。）

经济活动和人口向中心城市聚集是由少数民族地区特殊的自然条件以及社会经济发展的现实条件决定的。少数民族地区广袤的土地、恶劣的自然条件、较低的发展水平决定了只能采取集中力量重点开发、以点带面、最终实现全面发展的战略。这在客观上造成了少数民族地区个别的中心城市发展水平较高，却无法对周边地区形成辐射与带动作用。聚集效应不仅体现在经济活动上，少数民族地区教育、医疗、文化等各类资源也大多集中在中心城市或者首府城市。以宁夏银川为例，银川市集中了全区84%的高等院校，100%的三甲医院。中心城市较为发达的经济、较好的文化教育医疗条件远比周边及边远地区对人才更具有吸引力，中心城市对区域内人才的虹吸效应十分明显，人才不断地向中心城市聚集。这使得民族地区非中心城市本就不充裕的人才更加匮乏，造成民族地区内部人才分布的不均衡。

在新媒体快速发展的今天，新技术对于信息传播的方式及效果产生深远影响。新技术的发展和应用需要一定的产业基础、市场基础作为支撑。从全国来看，北上广深四个一线城市因其发达的信息产业基础和庞大的市场容量，为新媒体、新技术的发展奠定了良好基础，并聚集了国内最为优秀的信息传播人才。从区域来看，中心城市的辐射能力、产业基础、市场基础都优于周边城市，信息传播人才不断向中心城市汇集亦是无法逆转的趋势。

三、人才开发能力不足

人才开发的主要途径有两条：一是立足于教育机构特别是高校培养地方社会经济发展需要的人才；二是依靠人力资源的二次开发，如继续教育、在职教育等。民族地区人才开发的规模和层次都与中东部地区存在较大差距。这反映在民族地区教育资源的拥有量（高校、教师、在校学生等）和教育投入方面。

表6－6　民族地区教育资源一览表（2016）

地方	高等学校数	在校研究生数（万人）	在校本专科学生数（万人）	专任教师数（万人）	教育经费支出（亿元）
全国	2914	191.1	2753.6	157	38888.9
内蒙古	53		43.6	2.5	70.7
占全国的份额（%）	1.8		1.5	1.5	0.18
广西	73	2.7	81.0	4.0	101.1
占全国的份额（%）	2.5	1.4	2.9	2.5	0.25

续表

地方	高等学校数	在校研究生数（万人）	在校本专科学生数（万人）	专任教师数（万人）	教育经费支出（亿元）
西藏	7	0. 15	3. 5	0. 24	19. 1
占全国的份额（%）	0. 24	0. 078	0. 12	0. 15	0. 049
宁夏	18	0. 46	11. 7	0. 80	19. 6
占全国的份额（%）	0. 6	0. 24	0. 42	0. 5	0. 05
新疆	46	1. 9	3. 1	2. 0	71. 3
占全国的份额（%）	1. 5	0. 99	0. 11	1. 2	0. 18

据国家民委经济发展司、国家统计局经济综合统计司编：《中国民族统计年鉴》（2017年），北京，中国统计出版社，2018。

2016 年五个民族自治区总人口约占全国总人口的 8%，但五个自治区高校在校学生本专科生总数为 142. 9 万人，仅占全国总数的 5. 1%；五个民族自治区高校专任教师数约占全国总数的 6%；五个民族自治区的教育经费支出约占全国总数的 0. 7%。以上三个指标均低于其人口比重。高校是人才开发的主渠道，在校生数量指标表明民族地区的人才开发规模偏低；高校专任教师数量和教育经费支出指标表明，民族地区的教育资源水平偏低，人才开发能力不足。

表 6 – 7　民族自治区科技活动一览表（2016）

地区	研究与试验发展（R&D）经费（亿元）	国际国内论文（全国排名）单位：篇	国内授权专利数（全国排名）单位：件
全国	15676. 7	49. 42 万	40. 4 万
内蒙古	147. 5	6061（27）	871（27）
占全国的份额（%）	0. 9	1. 2	0. 21
广西	117. 7	11174（23）	5159（16）
占全国的份额（%）	0. 75	2. 2	1. 2

续表

地区	研究与试验发展（R&D）经费（亿元）	国际国内论文（全国排名）单位：篇	国内授权专利数（全国排名）单位：件
西藏	2.2	96（31）	33（31）
占全国的份额（%）	0.014	0.019	0.008
宁夏	29.9	2523（29）	560（28）
占全国的份额（%）	0.19	0.51	0.13
新疆	56.6	10589（25）	910（26）
占全国的份额（%）	0.36	2.1	0.22

据国家统计局、科学技术部、财政部2017年10月10日发布的《2016年全国科技经费投入统计公报》和中国科学技术信息研究所2017年10月发布的《中国国内科技论文产出状况》。

人才数量偏低以及人才开发能力不足影响到了科技投入和科研产出。2016年，五个民族自治区的研究与实验发展经费总额353.9亿元，约占全国总数的2.2%，科技论文发表数量和授权专利数量均达不到全国平均水平。除广西壮族自治区授权专利数排名全国第16以外，其他民族自治区的科技论文发表数量和专利授权数量均排名靠后。整体的教育投入和科研投入偏低对于民族地区人才开发环境的塑造和人才开发能力的提升有着直接影响。信息传播是一种高度依赖人才和技术的社会活动。特别是新媒体技术在实际应用过程中的升级、维护、开发，需要一支强大的技术支持队伍。教育基础和科技基础的薄弱，直接影响到了新媒体技术条件下的公共信息传播能力提升。

四、双语及多语传播人才难以满足需要

我国是一个使用多种语言、多种文字的国家。在我国实行民族区域自治的绝大多数民族都有自己的语言文字，许多少数民族群众没有能力使用通用语言接受和传播信息。尊重少数民族使用本民族语言文字的权利，帮助少数民族使用和发展自己的语言文字，组织编写时事政治、法律法规、科普、文化等领域“双语”读物，逐步提高国家通用语言文字和少数民族语言文字优秀出版物双向翻译出版的数量和质量，是我们党和国家的一贯政策。少数民族地区信息传播媒体是传承少数民族语言、传播少数民族文化、宣传党和政府路线方针政策的最为有力的工具。这也是少数民族地区必须建立双语或者

多语传播机制的根源。

双语或者多语传播要求少数民族地区传播机构必须要建立多个语种的信息采编机构。现实情况是，从事少数民族语言信息传播工作的人员，能熟练掌握本民族语言并且具有扎实的通用语言功底的人才，大多并未系统学习过信息传播专业理论和技能。众所周知，信息传播是一项专业性极强的工作，语言文字功底仅仅是这项工作需要的基本素质之一，而扎实的专业功底同样是做好这项工作必不可少的条件。少数民族语言信息传播人才培养的难度很大——既要熟练掌握少数民族语言，又要掌握通用语言，还要熟练掌握信息传播理论和技能。因此，双语信息传播人才培养一直是我国少数民族公共信息服务事业发展中亟待解决的难题。为了满足少数民族群众的信息需求，加之少数民族语言媒体传播功能和内容与汉文媒体完全一样，基于工作效率和确保政治上的正确，在实际工作中，各信息传播机构通常采用将汉文信息翻译为少数民族语言信息的做法，以实现对少数民族群众的信息传播。因此，翻译人员往往成为少数民族信息传播活动中的关键角色。建立在依靠通用语言和少数民族语言对译基础上的大众媒体，用翻译人员来代替专业人员，显然很难适应日益发展和复杂化的信息传播环境。

从当前我国信息传播人才培养的格局来看，也存在着不重视少数民族语言传播人才培养的现象。目前，国内高等院校开设新闻与信息传播类专业的院系已达800多家，其中，大多数民族院校和少数民族地区高校开办了相关专业。但是，我国尚未建立起少数民族文种或语种的信息传播专业人才的教育体系。尽管民族院校和民族地区高校也注意招收一定数量的少数民族学生，其中不乏学习民族语言的学生。但是，除中央民族大学开办了双语传播的培养方向以外，绝大部分高校还不能为这些学生提供系统的少数民族语种或文种的教材或课程，他们入校后接受的依然是以通用语言为媒体的信息传播专业教育。他们所具备的本民族语言能力，无法通过高等教育转化为运用本民族语言进行信息传播的专业能力。可以说，语言能力和专业能力具备的复合型人才匮乏是制约我国少数民族地区公共信息服务水平提高的瓶颈。对此，国家有关部门应该给予高度的关注，把少数民族语言信息传播专业人才的培养纳入到国家人才培养规划中，采取有力措施，在高等院校建立少数民族语言信息传播专业人才教育培训体系，为少数民族地区公共信息事业提供坚实可靠的人才资源支撑。

第四节　公共信息传播能力有待提升

公共信息传播能力不足是民族地区公共信息服务体系建设面临的核心问题。在信息化时代，公共信息服务主体呈现多元化的趋势。政府是公共信息服务的责任主体，政府授权的社会机构是公共信息服务的社会主体，此外，公共信息内容外延的不断扩展，使得一些个人和企业也有机会参与到公共信息的生产和传播中，如咨询机构发布的各种行业研究报告等，此为公共信息服务的市场主体。在民族地区，由于自然条件恶劣、经济发展滞后、政府财力不足，社会主体与市场主体参与公共信息服务的积极性不高。政府中从事公共信息收集、整理、加工、传播的机构和人员数量严重不足，无法满足公众日益增长的信息需求。公共信息服务体系建设的效益是隐性的，难以用量化指标衡量，在现有的政府考核评价体系下，很难转化为实际的政绩，各级政府推动公共信息服务体系建设的热情自然不高。因此，在相对贫穷和偏远的民族地区，各级政府对投资回报率高、政绩突出的经济项目或基建项目趋之若骛，而公共信息的生产、传播、服务等见效慢的项目容易被忽视。另外，作为主要公共信息传播渠道的各类大众媒体过度履行了其宣传教育职能，忽视了公共信息服务职能。当然，这与我国大众媒体职能的制度设计密切相关。在目前的信息传播体制与政策架构下，大众媒体的公共信息服务权威性以及公共信息收集的便利性都受到了一定限制。充分发挥大众媒体在公共信息服务方面的功能与作用，是提升民族地区公共信息服务水平的重要途径。

一、公共信息供给保障机制尚未建立

尽管国家和各民族地区都制定了一些保障公共信息服务的政策措施，但是，在实际工作中，各级政府落实政策的积极性不高，影响到了公共信息服务能力的提升。其具体表现如下：

第一，民族地区公共信息机构供给的简单信息、静态信息、浅层信息多，深度分类、加工、分析的信息少，公共信息对公众生产、生活的实际作用并没有很好地发挥出来。

第二，民族地区公共信息服务的机构和人员数量不足与公众日益旺盛的公共信息服务需求之间的矛盾十分突出。当下，最基本的社会资源是信息。

各级政府以及政府部门理应围绕这一基本社会资源开展工作。然而，在民族地区党委和政府机构设置和人员配置中，从事公共信息服务的机构和人员数量与公众日益增长的信息需求不相适应。尤为重要的是，由于缺少统筹与协调部门，分散于各个政府职能部门中的信息搜集、生产、传播机构和人员无法形成合力。两方面的因素综合在一起，制约着公共信息服务的效果。

二、公共信息传播能力滞后

公共信息服务不仅仅包括为公众提供平等获取公共信息的机会和途径，还包括为公众提供个性化的公共信息咨询与指导服务。可以说，民族地区在这两方面都存在诸多问题。从机会和途径看，公共信息服务的主要形式包括主动公开和依申请公开两种。主动公开指政府及政府授权的相关机构通过大众媒体公开信息的方式。依申请公开是指公民依据法律向政府申请获得或者公开信息的方式。我国民族地区在信息主动公开方面想了一些办法，做了一些努力，但是与公众不断增长的信息需求还存在较大差距。例如，近几年一些民族地方政府尝试以公共信息服务亭、公共信息屏等方式扩大公民获取信息的途径，但是受制于人力物力，推广难度大，信息量有限，效果不佳。民族地区各级政府也普遍开办了政府网站，但是，政府网站普遍存在着专栏设置不规范、检索功能不到位等问题，影响用户使用效果。按照西方的标准，由政府资助的大众媒体统称为公共媒体，公共媒体应承担公共信息生产和传播的责任。我国民族地区拥有丰富的公共媒体资源，却普遍存在着以宣传为主、忽视公共信息服务的问题，公共媒体在公共信息服务方面的作用体现不充分。造成这一问题的原因是多方面的，例如管理体制、政策和法律授权不足等。深化媒体改革，让公共媒体的公共性充分发挥出来，是提高我国民族地区公共信息服务能力的重要突破口。至于为公众提供个性化的公共信息咨询与指导服务，对于民族地区而言，依然是公共信息服务体系中最为薄弱的环节。

另外，少数民族地区各类媒体的传播能力与其他地区还存在着一定的差距。我们试以中华人民共和国互联网信息办公室网站每月一次发布的《中国新闻网站传播力（50）强》为例加以说明。笔者将该榜单中五个少数民族自治区和少数民族人口分布较多的贵州、云南、青海等民族8省（区）以及延边自治州所涉及的上榜媒体摘录出来，制作成表6-8。通过此表，我们不难发现，与其他地区相比，少数民族地区新媒体的传播力还存在着明显的差距。

表 6-8　2017 年少数民族地区新媒体传播力排名表

项目	中国（城市）新闻网站综合传播力 50 强	中国（城市）新闻网站移动端传播力 50 强	中国（城市）新闻网站 PC 端传播力 50 强	中国（城市）新闻网站微信传播力 50 强	中国（城市）新闻网站微博传播力 50 强
1 月上榜及排名	多彩贵州 37 广西新闻 50	多彩贵州 48	多彩贵州 36 云南网 40 广西新闻 48	南宁新闻 35 昆明信息港 40 延边新闻 47	云南网 47
2 月上榜及排名	多彩贵州 34 云南网 37	多彩贵州 48	多彩贵州 30	昆明信息港 36 南宁新闻 40 延边新闻 49	多彩贵州 35
3 月上榜及排名	云南网 48	多彩贵州 49	多彩贵州 43 云南网 45	延边新闻 45	多彩贵州 49
4 月上榜及排名	多彩贵州 44 云南网 49	无	多彩贵州 42 云南网 48	南宁新闻 41 昆明信息港 50	云南网 47 多彩贵州 50
5 月上榜及排名	多彩贵州 41 云南网 50	多彩贵州 48	多彩贵州 40	昆明信息港 44 延边新闻 46	云南新闻 43 多彩贵州 50
6 月上榜及排名	多彩贵州 32	多彩贵州 48	云南网 44	南宁新闻 46 多彩贵州 50	多彩贵州 38 云南网 44
7 月上榜及排名	多彩贵州 31 云南网 48	无	多彩贵州网 29	昆明信息港 36 南宁新闻网 38	云南网 37 多彩贵州 50
8 月上榜及排名	多彩贵州网 40	无	多彩贵州网 30 云南网 43	南宁新闻网 40 昆明信息港 47 延边新闻网 49	云南网 25
9 月上榜及排名	新疆网 17 昆明信息港 18 延边新闻网 26 南宁新闻网 38 银川新闻网 43	延边新闻网 18 新疆网 20 昆明信息港 23 南宁新闻网 27 银川新闻网 34	昆明信息港 17 新疆网 26 延边新闻网 44 南宁新闻网 45	南宁新闻网 13 昆明信息港 14 延边新闻网 17 银川新闻网 22 新疆网 25	新疆网 21 昆明信息港 23 银川新闻网 27 南宁新闻网 32 延边新闻网 49
10 月上榜及排名	多彩贵州网 30	多彩贵州网 45	无	多彩贵州网 44 南宁新闻网 47 宁夏新闻网 50	多彩贵州网 49
11 月上榜及排名	多彩贵州网 39	多彩贵州网 46	多彩贵州网 39 云南网 49	昆明信息港 47 南宁新闻网 48 宁夏新闻网 50	多彩贵州网 49
12 月上榜及排名	多彩贵州网 32	多彩贵州网 29	多彩贵州网 42	南宁新闻网 43 宁夏新闻网 45 广西新闻网 49	多彩贵州网 48 云南网 50

从表6－8可以看出：五大少数民族自治区，有宁夏、广西、新疆三地上榜。广西2017年全年各类新媒体共17项上榜，宁夏2017年全年共7项上榜，新疆2017年全年共5项上榜。少数民族地区新媒体能够在全国进入50强，表明其水平和竞争力有所提升，但上榜的次数和地区总体偏少，又反映出少数民族地区新媒体的发展任重道远。从上榜排名来看，广西最好名次是南宁新闻，2017年9月微信传播力排名第13；宁夏最好名次是银川新闻，2017年9月微信传播力排名第22；新疆最好名次是新疆网2017年9月微信传播力排名第25。三者均为城市新闻网上榜，分属三地的首府南宁、银川和乌鲁木齐。这反映出民族地区新媒体的发展还很不平衡，省会或者首府城市的新媒体已经能够在同一平台上与发达地区竞技，而其他地区的发展水平相对滞后。

三、公共信息传播的特色和优势未能体现

少数民族地区公共信息传播的主要内容应是少数民族政治、经济、社会、文化信息。由于上述诸多原因，加之少数民族地区文化教育水平落后，少数民族地区公共信息的传播特色和优势未得到充分体现，存在着信息传播载体单一、内容单调乏味、缺乏吸引力和接近性等问题，少数民族地区的生产生活内容得不到充分反映。[①] 在少数民族地区，随着传统媒体的衰落，生活服务类媒体逐渐式微，党报党台受政策保护勉强生存。新媒体受制于技术、人才、资金的制约，传播覆盖面和影响力十分有限。媒体所传播的内容深受发达地区媒体的影响，少数民族群众听得懂、看得明白、喜闻乐见的公共信息产品比较贫乏。例如，新疆维吾尔自治区政府网是我国民族地区最早的政务信息平台之一，于2002年11月开通，目前已开通网络版和手机版，以汉文、英文、维吾尔文、俄文等语言进行信息传播，其信息传播水平在民族地区居于领先位置。其维吾尔文版开通于2006年11月，是我国省区级政府开通的第一个少数民族文字公共信息传播平台。新疆政府网围绕政府工作的不同方面设置了“政务动态”“公示公告”“信息公开”“公众参与”“友情链接”等栏目，为公众提供多样化的公共信息服务。近年来，新疆政府网不断探索与改进服务方式，提高服务水平，网站的亲和力不断增强。例如，设置了浮动

---

① 赵晓红：《少数民族地区新闻媒介发展的困境与出路》，载《云南财经大学学报（社会科学版）》，2009（4）。

按钮式超链接，询问“我”（网站或者政府）能帮助“你”（公众）做什么，点击按钮，便可以把网民导入相应的网页。公众可以根据自己的需求到相应栏目寻找所需信息。从这个细节可以看得出，新疆政府网的服务意识有了明显改进。但是，总体看，新疆政府网依然秉持单向传播理念，信息更新的及时性、服务的周到性、形式的多样性、信息服务的互动性都还有待提高。

再看发达地区的网站。“中国上海”网站开通于2002年1月，是上海市政府设立的公共信息服务平台，同时以汉文和英文开通了网络版和手机版。中文版突出服务的个性化、集聚化和整合化，以“我”——“用户”作为主线进行串联，使公众无论在哪个栏目哪个页面均可快速定位想要的栏目和内容。“中国上海”是国内率先推出视频新闻检索功能的网站。该网站采用先进的语音识别系统结合人工比对方式，将视频语音转化为文字内容。其英文版注重服务实用性，开设出入境、婚姻收养、就业等专栏以及政府部门、服务场所联系方式短信发送服务。在版式设计上，“中国上海”在首页最上方以醒目的文字标示出“我”字，在“我”的两端搭建了资讯、查询、办理、参与等平台。“我”（即公众）是整个网站的出发点，也是服务对象。网站所有的信息传播行为都是围绕“我”来开展。可以说，“中国上海”网站秉持的是公众本位的理念，一切皆以公众需求为出发点。

正因为传播理念的不同，导致两个网站在信息搜集、信息处理以及网站设计方面存在很多不同。新疆政府网主要发布本地政务信息、旅游信息、部门要闻、地州要闻、中央要闻五类公共信息。还开设了通知公告、在线办事、领导信箱等政务网站必备的栏目。信息类型以党委政府活动为主。“中国上海”所发布的信息内容极为广泛，上到市委市政府领导公务活动、下到公园里何种鲜花已经盛开，包罗万象，涉及政治、经济、文化、生活的方方面面。“中国上海”在网站设计方面，围绕公众的不同需求，把海量的信息条分缕析，界面清晰而亲和，查询极为简易。例如，设置了一网通办功能，按照法人、个人不同的身份类型进行功能设置，每日更新与市民生活息息相关的各类动态信息。

显然，新疆政府网站与“中国上海”网站之间存在着一些不同。归纳起来，主要体现在：

第一，新疆政府网内容更新速度、信息数量与信息覆盖面与“中国上海”相比存在差距。不仅新疆政府网站如此，其他民族自治区新媒体的发展水平都远低于发达地区。例如，宁夏红枸杞客户端（宁夏广播电视台移动新闻网）共开设10个栏目，其中五市新闻、国际、体育、娱乐、社会、科技、教育、治国理政进行时、趣图等9个栏目的时效性都比较差。有的栏目形同虚设，数月未更新信息。作为宁夏回族自治区的重点网站，信息更新情况尚且如此，其他各级各类媒体的信息时效性可想而知。

第二，从新疆政府网站的结构与网页布局看，显然是基于政府工作需要而设计的，界面亲和力弱于“中国上海”网站。

第三，新疆政府网站的服务功能还有待加强。由于服务功能不强，民族地区各类媒体的传播效率大打折扣。这一问题在其他民族地区也较为普遍。例如，笔者观察到宁夏网络广播电视台2017年11月28日于09：11：28在首页推送的《宁夏召开全域旅游发展推进会，石泰峰出席并讲话，咸辉主持》，标题以突出字体显示并加注特别推荐，但是，截至12月02日，该报道的查看数仅有188次，转发量为0，传播效果非常有限；同日推送的《宁夏艾滋病疫情呈低流行态势》一文的查看数仅为199次，转发量为0；2017年12月01日于14：12：01推送的《宁夏艺考生可赴甘肃参加校考》，查看数为190次，转发量为0。诸如此类的例子在民族地区不胜枚举。

笔者认为，从微观层面看，导致上述问题的主要原因是民族地区信息传播机构的信息搜集能力和处理能力较弱。从宏观的层面看，导致上述问题的原因包括两个方面：一是民族地区经济不够活跃，企业和个人的信息需求不够旺盛，致使信息传播机构改革创新的内在动力不足；二是民族地区政府推动公共信息服务的积极性、主动性不强。

四、新媒体、新技术应用不充分

在新媒体、新技术高速发展的今天，如何利用新媒体、新技术提高公共信息服务能力是全国各级政府普遍重视的问题。我国少数民族地区也在积极发展新媒体，利用新技术提升公共信息传播能力。报纸、广播、电视、门户网站、公众号、客户端因其生产流程不同，在传播功能上进行设计和布局，方能发挥各自优势，形成整体传播效果。但是，在民族地区新媒体与传统媒体区分度不高，各自的优势发挥不充分。以宁夏回族自治区级政府网站和媒体为例，《宁夏日报》是宁夏回族自治区党委机关报，开办了宁夏新闻网、宁夏日报公众号、宁夏日报客户端，宁夏广播电视台也开办了网站和客户端

（名为红枸杞客户端）。宁夏日报公众号、宁夏日报客户端、宁夏网络广播电视台均设置了与网友互动的功能，不过，该功能发挥得并不好。红枸杞客户端未设置互动功能。新媒体与传统媒体最大的不同就是其交互性强，既具有媒体传播的特点，也有人际传播的特点。因此，新媒体提供给公众的既是一个信息获取的渠道，也是一个信息沟通的平台。受众不再是单一的、被动的信息接受者，而是融信息的接受者和传播者为一体。受众对媒体信息的多次传播，是提升新媒体传播力的关键。加强与公众的互动、提升互动的效果，才能激发受众再次传播信息的主动性。这是主流媒体提升影响力、传播力、公信力的关键。

在信息内容的生产方面，民族地区新媒体也存在着诸多不足，需要不断改进工作。依然以宁夏主流新媒体为例：一是宁夏主流新媒体原创内容数量较少，而有情感有情怀、发人深省、激起共鸣的报道更少。据笔者观察，宁夏新闻网 2017 年 10 月 1 日至 8 日期间共发表原创新闻报道 22 篇，每日不足 3 篇；宁夏网络广播电视台、宁夏政府网、红枸杞客户端、宁夏日报客户端均以转发其他媒体内容为主，基本没有原创内容，转发内容亦缺少了整合与改写，只是进行简单的复制与粘贴，与传统媒体在内容和形式上并无二致，不符合新媒体的传播规律。红枸杞客户端在 2017 年 10 月 1 日至 8 日共推送信息 100 余条，全部为转发，且均未进行再整合与再加工。该客户端发布的信息大多数仅有数百浏览量，所推送信息的转发量和评论量基本为零。这表明该客户端的传播效果不佳。尽管不能把转发量和评论量作为衡量公共信息传播工作成效的唯一标准，但是，受众的转发和评论（特别是正面和积极的评论）是体现主流媒体传播力、影响力甚至公信力的重要指标，应予以重视。二是上述新媒体推送的信息文风普遍呈现严肃风格，语言刻板，不适合新媒体受众年轻化的特点，不易拉近媒体和受众的距离，影响传播效率的提升。

新媒体理应多用一些新的采编技术和采编手段。例如有的报道中涉及的数字特别多，如果简单罗列，受众阅读体验很差。如能采用数字可视化的手段，对内容进行处理，一定能够提升传播效果。数字可视化就是将数据转换成图形或图像呈现出来，在报道中用各种动态或静态的信息图表向受众传递信息，用以展现信息内容各个要素的关系，使人们在理解这些信息及它们之间的关系时能够更直观。但是，由于民族地区缺乏对数据进行可视化处理的人才，普遍采用传统的罗列数字的办法处理信息，这在很大程度上影响了传播效果。例如宁夏新闻网2017年12月20日于06：03：00推送的内容《宁夏空气质量由恶化扭转为持平，优良天数同比增3天，重污染天气同比减4天》。这篇报道用大量数字反映出了宁夏大气污染防治收到明显成效，信息量很大，传播价值也很大。遗憾的是，通篇报道罗列了一堆枯燥的数字，受众很难有耐心仔细阅读和理解数字所蕴含的意义。这篇报道完全可以进行可视化处理，最简单的是运用静态图表如柱状图、流程图等，把冗长的文字和繁琐的数字浓缩在图表里，简化受众的阅读过程，增强受众的阅读体验。当然，新媒体如果能把数字变成动态图表特别是交互式图表，融入视频、音频、动画等元素，既能清晰地报道事实，亦能增强传播效果。如何应用新的采编技术和采编手段，提高信息传播效果，是民族地区媒体亟待解决的问题。

民族地区媒体技术保障能力滞后。民族地区各类媒体在媒体融合方面进行了多方面的尝试，例如，运用直播、无人机航拍、短视频等多重手段，结合传统优势，进一步巩固和壮大了主流媒体的舆论阵地。例如，2018年4月，宁夏日报客户端利用无人机制作发布了《俯瞰艾依河》《用无人机带你看银西高铁铺轨》《银川之夜》等短视频，向公众报告宁夏重大工程现场以及城市建设进展情况。《宁夏日报》制作的短视频《贺兰山有个岩羊司令》，展示宁夏野生动物保护工作取得的成就，既有趣又有意义。主流媒体用镜头记录公众无法亲临的现场，积极向新的传播形态和报道手段靠拢，运用文字、影音、直播等多种传播手段，满足公众的多重需求，这一点是值得肯定的。但是，《宁夏日报》的技术保障能力还比较单薄，新技术的使用范围和使用频次比较低。信息传播是技术密集和人才密集的行业，民族地区对于新兴传媒技术领域的人才缺乏吸引力，直接影响到了民族地区各类媒体的技术保障工作。媒体引进设备易，设备引进后如何发挥最大作用则成为难以解决的问题。

五、信息传播中的刻板印象难以改变

刻板印象是指一种深刻存在于人们大脑中的成见或者偏见。造成刻板印象的根源在于信息传播的不对称。由于地处偏远，交通不便，信息传播事业不发达，民族地区内部和外部的人员流动和信息传播是不对称的，即从外部流向少数民族地区内部的人员和信息数量远远高于民族地区内部流向外部的人员和信息。民族地区以外的人们往往凭借零散的、不完整的信息拼凑出民族地区的生活图景，形成李普曼在《公共舆论》一书中所说的刻板印象。刻板印象一旦形成后，将十分牢固，不易改变，对人们认知和判断民族地区社会发展的状况影响深远。在信息传播和接受的过程中，人们往往具有选择性接触和选择性注意的特点。不违背受众观念、信仰或行为方式的信息易于受到注意和接受，反之则很难受到人们的关注，也很难被人接受。对民族地区的刻板印象深刻影响到了信息传播者和接受者的态度。

实事求是地说，中华人民共和国成立70多年来，每个历史时期，我国少数民族地区的信息传播都有过精彩之作。但很多有关少数民族地区的报道往往限于比较肤浅的衣食住行以及风土人情等表象，重大题材少，能够反映民族地区经济社会发展的典型报道少。这自然与公众对民族地区的刻板印象直接相关。特别是非民族地区的媒体，一提到少数民族往往就习惯性地和载歌载舞、节日狂欢或者是各民族互帮互助、解决生产生活中的问题挂起钩来。这些虽然是党的民族政策和少数民族地区信息传播必不可少的内容，但是媒体通常依据相对固定的时间年复一年地推出这类“民族新闻”，就使得民族地区信息传播的题材极容易被限定在题材单一、角度雷同的窠臼之中。[①] 例如，中央电视台、《人民日报》等中央媒体非常重视少数民族地区宣传工作，但是其报道的视角多集中在民族文化、民族教育、民族风俗习惯、民族节日等民族特色比较突出的内容方面，而更为深层次的政治、经济方面的报道相对较少。媒体如此报道，从信息传播专业角度有一定的道理，因为只有新鲜的、独特的内容才能够引起公众的关注。对于民族题材的信息产品，非民族地区的公众与各少数民族之间存在着民族文化的差异，报道民族特色鲜明的内容，容易吸引受众的眼球。这是受众需求与传播需求之间的矛盾，仅仅依靠媒体自身调整与选择是无法从根本上解决的。这个矛盾带来的直接后果是信息传播过度集中于民族地区文化教育领域，在一定程度上遮蔽了民族地区火热的社会、经济生活，导致非民族地区对少数民族地区和少数民族群众的认识发生偏差，刻板印象加深。

另外，还有个别媒体由于不熟悉民族政策和民族文化习俗，在信息传播中容易忽视民族地区信息传播的特殊性。这实际上也是刻板印象的另一种表现形态。少数民族信息传播既具有一般信息传播的共性，也具有民族地区的特殊性。具体而言，少数民族地区信息传播涉及党的民族政策以及少数民族

---

① 蒙应：《民族新闻宣传简论》，载《广西社会科学》，1999（2）。

地区政治、经济、文化、宗教等方方面面，只有熟悉和把握党的各种民族宗教政策，信息传播才能够避免出现导向性错误。正确的工作原则是严格遵守党的民族政策，遵守少数民族地区信息传播工作纪律，充分发挥少数民族地区公共信息传播在经济建设、社会发展、文化传承方面的积极作用，以实现各民族的共同团结奋斗和共同繁荣发展。另外，每个少数民族都在其发展的历史过程中形成了自己的文化习俗，只有熟悉并尊重少数民族文化习俗，才能做好少数民族地区信息传播工作。

六、公开传播的理念尚待进一步强化

公共信息服务的目的是满足公众的信息需求，保障公众的信息权利，其核心在于公开传播。公共信息传播是人们了解公共事务的基本渠道，公开传播则是公共信息传播活动必须遵守的基本原则。只有公开传播，公共信息才能够具有一种强大的张力，才能够最迅速、最广泛地面向公众，为尽可能多的社会公众所接受和共享。社会接受面越广，受众越多，公共信息传播的效果越好、价值越大。正因为如此，中国共产党历任领导人都非常重视信息公开传播，注重拓展信息公开传播渠道。中华人民共和国成立初期，毛泽东同志给时任中宣部常务副部长的胡乔木和新华社社长吴冷西的信中要求对广东大雨要公开报道，并写道："全国灾情，照样公开报道，唤起人民全力抗争。一点也不隐瞒。"① 改革开放以来，我国对党务、政务、社会事务的报道越来越公开透明，公众的信息权利得到了越来越多的尊重。中国共产党把信息公开透明作为政府改革的一项重要内容加以落实。2008 年实施的《政府信息公开条例》把政府信息公开作为基本原则，把不公开作为例外，通过公开政府信息，提高政府工作的透明度，充分发挥政府信息对人们生产生活的服务作用。

但是，受到历史与现实诸多因素的影响，民族地区公共信息传播过程中的禁忌和顾虑还比较多。信息传播为官员服务的理念超过了为公众服务的理念。尤其是根植于中国文化中的官本位思想，对于民族地区公共信息服务的影响尤为巨大。少数民族地区相对落后的社会环境和复杂的文化环境，使得一部分政府官员头脑中的"民可使由之，不可使知之"的封建主义思想严重，

① 毛泽东：《毛泽东书信选集》，562 页，北京，人民出版社，1983。

排斥公民接触政府信息。随着互联网时代的到来，信息传播途径不断扩大，政府垄断公共信息的可能性越来越小，政府与公众之间的信息交流与沟通对于社会治理与社会发展的作用越来越突出。信息时代倒逼政府扩大信息公开的途径和范围。源于 20 世纪末期的政府上网工程便是这样一个背景下的产物。政府上网工程为公众获取公共信息提供了非常便捷的渠道，也在一定程度上改进了公共信息服务水平。

政府是公共信息的主要生产者和传播者，也是各种信息传播媒体的监管者。政府及其工作人员如果对公共信息传播不积极不主动，势必影响公共信息传播的效果。党在新时期确立了以人民为中心的发展理念，在公共信息传播的过程中必须要坚持党性和人民性的统一。习近平指出：“我们强调党性，包含着人民性的深刻内涵。我们党是代表人民利益的党，她没有独立于人民利益的自身利益。但我们党既代表人民的眼前利益，也代表人民的长远利益；既代表人民的局部利益，也代表人民的全局利益；党的路线方针政策，党对每一件事情的看法主张，应该说就是人民愿望、要求的充分体现，就是人民的看法和主张。”[①] 人民是一个集群概念，落实到实际工作中，就是要全心全意为每一个公民服务。基于此，把为公众服务当做民族地区公共信息服务的主导性理念，在实际工作中为各族群众服务好，理应成为我国民族地区公共信息服务体系建设的努力方向。

① 习近平：《摆脱贫困》，83 页，福州，福建人民出版社，2014。

第七章　民族地区公共信息服务体系建设对策[①]

公共信息服务体系发展水平是衡量一个地区社会进步与文化繁荣的重要指标。少数民族地区公共信息服务体系面向特定受众、承担特殊社会职能。完善的公共信息服务体系是少数民族地区摆脱“小国寡民”的封闭生活状态的关键，是促进少数民族地区多元文化相互融通、相互推进，促进少数民族地区发展繁荣的重要前提，是实现民族地区经济发展与社会和谐的重要战略举措。民族地区特殊的自然条件、社会经济、文化构成等因素在客观上制约着少数民族地区公共信息服务体系发展的规模和空间。因此，各级党委政府应把少数民族地区公共信息服务体系建设纳入到地方经济社会发展的总体战略中，高度重视，大力推进。

少数民族地区公共信息传播具有突出的意识形态属性，要服务于国家发展的需要，要担当党和政府的耳目喉舌，要配合政府推进各项事业发展，要凝聚社会共识、协调社会利益关系。公共信息传播的属性决定了公共信息传播机构具有权威性，有利于公共信息传播机构形成协调一致的立场，形成强大有力的声音。不过，从辩证法的角度看，有利必有弊。公共信息传播的权威性也极易导致信息传播的垄断和体系的自我封闭，形成传播模式僵化、传播效果受限等一系列问题。这些问题在信息传播途径较为单一的情况下对信息传播效果及社会运行并不会带来很大的挑战。

① 本章所引用国家相关政策和法律较多，均出自中国政府网等官方权威网站公开发布的内容，除首次引用注明出处外，后文引用的出自同一部法律或同一文件的内容不再加注释。特此说明。

但是，随着互联网的发展，多种所有制形式的信息传播媒体急速发展，以今日头条、网易、新浪等为代表的平台化媒体和以微信、微博、QQ等为代表的社交媒体逐渐成为我国信息传播的主渠道。上述媒体打破了传统信息传播体系的垄断和封闭，形成了新的传播格局，塑造了新的传播权力结构，公共信息传播机构的权威性也在遭受更多的挑战。需要注意的是，当前主要的平台化媒体和社交媒体控制主体构成十分复杂。网易、搜狐、百度、新浪等国内知名的平台媒体都在美国上市，其主要控股人大多为个人，主要股东或多或少都与国外资本有着千丝万缕的联系。多元复杂的股权结构以及外资背景，对我国主流意识形态的安全必然产生诸多影响。如何在新的传播权力建构进程中发挥自身优势、重新获得信息传播的权威性、巩固壮大主流思想舆论、维护国家的信息安全和社会稳定，是公共信息传播面临的新课题。在传播权力格局重塑的背景下，少数民族地区各级党委政府仅仅依靠传统的公共信息传播渠道、单一的公共信息传播形式显然已无法实现有效传播信息、更好服务社会公众的目标。少数民族地区公共信息传播体系受制于社会经济发展水平，发展速度慢、发展水平低。尤其是在传媒产业化、市场化改革的大潮中，被发达地区的媒体远远地甩在了后面，加之互联网、社交媒体的冲击，受众流失、人才流失、传播力下降等问题，都在影响着公共信息传播的效果。

目前，我国媒体正在向智能化媒体阶段发展。虚拟现实、人工智能、全息影像等新技术不断普及，改变着信息传播和接受的方式。这些新技术对于人才、资金、受众媒体素养的依赖性更强。少数民族地区对于新技术的吸纳和消化能力十分有限，不断创新的信息传播技术和方式日益扩大着民族地区和发达地区的信息鸿沟。大多数少数民族地区群众没有条件、能力参与以新技术、新知识为基础的社会变革，在信息技术革命中被边缘化。而同时，商业媒体营造的迎合“大众口味”的信息传播价值观，也使得“小众需求”的少数民族地区各族群众的信息权利得不到充分重视。因此，加强少数民族地区公共信息服务体系建设迫在眉睫。

少数民族地区公共信息服务体制改革的重点在于明确少数民族地区公共信息服务的社会功能与属性。如前文所述，始于20世纪90年代的传媒市场化、企业化改革浪潮，席卷全国，也将少数民族地区大众媒体裹挟于其中。几乎所有的地方党委政府和大众媒体都以市场化、企业化作为大众媒体体制机制改革的唯一方向。传媒市场化、企业化改革的推进与深化，让少数民族地区的媒体在社会定位方面出现了一定程度的迷茫。二十多年的改革实践证明，在市场基础好、经济发达的地区，传媒市场化改革取得了巨大成效，大众媒体的传播力、影响力明显增强，经济实力跃居各行业的前列，很多媒体甚至成为当地的纳税大户，为经济发展做出重要贡献。在这类地区，各级党委政府应鼓励和支持主流媒体坚定不移地走市场化、产业化的道路。而少数民族地区，特别是边疆少数民族地区，由于缺乏市场化发展的基本条件，大众媒体在市场化、产业化的浪潮中踉踉跄跄，有的媒体甚至难以为继。

在舆论环境日益复杂、民族地区各种社会矛盾纠结缠绕的时代，信息传播所承担的责任无比重大。民族地区主流媒体缺乏市场化的基本条件，公共信息传播成为民族地区巩固和壮大主流思想舆论的基本途径，在有些地区甚至是唯一途径。基于此，各级党委政府理应调整民族地区信息传播事业发展的思路，对民族地区大众媒体实行分类管理，把民族地区公共信息服务纳入到基本公共服务的范畴。厘清公益性信息传播媒体与经营性媒体的界限，制定不同的发展战略，为公益性信息传播媒体的发展创造适宜的法律和政策环境。

一、高度重视民族地区公共信息服务体系建设工作

少数民族和民族地区的发展，一直是党和政府着力推进的重要工作。当前，我国少数民族地区遇到了很多新的问题，需要以新的政策措施加以解决。2001 年 2 月举行的第九届全国人大常委会第 20 次会议对《民族区域自治法》作了修改。新修订的《民族区域自治法》加大了对民族区域自治地方的扶持力度。特别是加大了对民族自治地方文化事业发展的支持力度。此后，国家相继制定了一系列的政策、法规、措施，扶持和推进少数民族地区公共信息服务事业发展，各项扶持政策直接或者间接影响着少数民族地区公共信息服务体系建设进程。

2005 年，中共中央和国务院发布了《关于进一步加强民族工作，加快少数民族和民族地区经济社会发展的决定》，进一步明确了新时期民族问题的基本理论和政策，从十二方面提出了发展少数民族和民族地区的任务和要求，其中对文化产业和信息传播事业也提出了任务和要求。2009 年，国务院制定了《关于进一步繁荣发展少数民族文化事业的若干意见》，明确了发展少数民族地区文化事业的意义、原则、目标、政策措施，把新闻出版、广播影视事业的发展作为少数民族地区文化产业发展的重要组成部分，提出了发展目标

和对策。2015 年 1 月，中共中央办公厅、国务院办公厅印发了《关于加快构建现代公共文化服务体系的意见》，并发布了《国家基本公共文化服务指导标准（2015—2020 年）》，提出了包括公共服务均等化、公共文化服务现代传播能力建设等 26 项任务。2017 年实施的《中华人民共和国公共文化服务保障法》更是以法律的形式把广播电视播出传输覆盖设施等公共信息服务基础设施纳入到公共文化基础设施建设的范围，确定了国家支持边疆地区、民族地区发展包括新闻出版、广播电视在内的公共文化服务体系的义务。上述政策和法律把少数民族地区公共信息服务事业的发展纳入到了公共文化服务体系的范畴，提出了目标、要求和措施。

（一）实现公共信息服务均等化，是各级政府的重要目标

民族区域自治制度是少数民族地区公共信息服务体系建设的政治保障和法律保障。民族区域自治制度作为中国的一项基本政治制度，对我国少数民族地区各项社会事业的发展有着重要影响。结合民族地区社会发展现实与各民族地区的需求变化，积极发展民族地方公共信息服务事业是《民族区域自治法》赋予民族地区各级政府的法定权力。《民族区域自治法》第三十八条规定：“民族自治地方的自治机关自主地发展具有民族形式和民族特点的文学、艺术、新闻、出版、广播、电影、电视等民族文化事业，加大对文化事业的投入，加强文化设施建设，加快各项文化事业的发展。”①

国家高度重视民族地区公共信息服务事业发展。民族自治地方贫困面大、贫困人口多，仅仅依靠自身力量不足以建设体系完备、能力突出的公共信息服务事业。因此，国家和上级人民政府应当从财政、金融、物资、技术、人才等方面加大对民族自治地方的贫困地区的扶持力度，帮助贫困人口尽快摆脱贫困状况，实现小康。②《民族区域自治法》确定了国家支持和扶持民族地区各项事业发展的总的方针。帮助民族地区发展好经济、社会、文化等各项事业不仅仅是民族地区的事，也是国家的重要使命。在公共信息服务事业发展方面，《国务院关于进一步繁荣发展少数民族文化事业的若干意见》提出：

---

① 《中华人民共和国民族区域自治法》，http://www.npc.gov.cn/wxzl/gongbao/2001-03/03/content_5004447.htm。

② 万其刚：《我国民族区域自治制度的历史及其发展》，中国人大网，http://www.npc.gov.cn/npc/xinwen/rdlt/rdjs/2010-12/29/content_1613535.htm。

“坚持基本公共服务均等化，优先发展少数民族和民族地区文化事业，保障少数民族和民族地区各族群众的基本文化权益。”① 到2020年，要实现“民族地区文化基础设施相对完备，覆盖少数民族和民族地区的公共文化服务体系基本建立，主要指标接近或达到全国平均水平，少数民族群众读书看报难、收听收看广播影视难、开展文化活动难等问题得到较好解决。”② 《关于加快构建现代公共文化服务体系的意见》提出要“推动革命老区、民族地区、边疆地区、贫困地区公共文化建设实现跨越式发展。与国家扶贫开发攻坚战略结合，编制老少边穷地区公共文化服务体系建设发展规划纲要”③。《国家基本公共文化服务指导标准（2015—2020年）》则确定了国家基本公共文化服务的标准，在书刊、广播、电视、电影内容获取的便利性，基础设施建设标准、人员培训及人员保障等方面提出了明确的要求。④《公共文化服务保障法》明确规定：“国家扶助革命老区、民族地区、边疆地区、贫困地区的公共文化服务，促进公共文化服务均衡协调发展。”⑤ 公共信息服务是信息时代提升公共文化服务水平的主要途径。国家从政策与法律的角度明确了实现公共文化服务均等化的目标，提出了明确要求。

国家也通过一系列的政策法规明确了政府支持和发展民族地区公共信息服务事业的主体责任。2005年，中共中央和国务院《关于进一步加强民族工作加快少数民族和民族地区经济社会发展的决定》中明确提出，党和政府要“加强民族地区文化基础设施建设，加快‘广播电视村村通工程’和‘西新工程’建设，争取在‘十一五’时期使所有具备条件的自然村通广播电视……支持民族地区公益性文化事业，积极发展民族文化产业。”在《国务院关于进一步繁荣发展少数民族文化事业的若干意见》则进一步明确：民族地区文化事业的格局是“以公有制为主体、多种所有制共同发展”。《关于加快构建现代公共

① 《国务院关于进一步繁荣发展少数民族文化事业的若干意见》，http://www.gov.cn/test/2009-08/13/content_1390565.htm。

② 《国务院关于进一步繁荣发展少数民族文化事业的若干意见》，http://www.gov.cn/test/2009-08/13/content_1390565.htm。

③ 中共中央办公厅、国务院办公厅印发《关于加快构建现代公共文化服务体系的意见》，http://www.gov.cn/xinwen/2015-01/14/content_2804250.htm。

④ 《国家基本公共文化服务指导标准（2015—2020年）》，http://www.gov.cn/xinwen/2015-01/14/content_2804250.htm。

⑤ 《中华人民共和国公共文化服务保障法》，http://www.npc.gov.cn/npc/xinwen/2016-12/25/content_2004880.htm。

文化服务体系的意见》则明确提出，公共文化服务体系要“坚持政府主导”。《公共文化服务保障法》还明确了责任追究条款：“地方各级人民政府和县级以上人民政府有关部门未履行公共文化服务保障职责的，由其上级机关或者监察机关责令限期改正；情节严重的，对直接负责的主管人员和其他直接责任人员依法给予处分。”由此可见，各级政府是推进民族地区公共信息服务事业发展的主体。落实党和国家推进民族地区公共信息服务事业发展的要求，是各级政府的重要责任。

（二）因地制宜地发展民族地区公共信息服务事业

民族地区公共信息事业发展有其特殊性，不能把东部发达地区公共信息服务事业发展的一般模式和经验照搬到民族地区。东部发达地区大众媒体自身造血功能十分强大，可以通过走市场化、产业化的道路发展壮大自身实力，进而反哺公共信息服务事业。而民族地区的大众媒体离开了政府的扶持，非但无法履行巩固社会主流舆论的责任，连自身生存都会成问题。正因为认识到这一点，《公共文化服务保障法》规定“国务院和省、自治区、直辖市人民政府应当增加投入，通过转移支付等方式，重点扶助革命老区、民族地区、边疆地区、贫困地区开展公共文化服务。国家鼓励和支持经济发达地区对革命老区、民族地区、边疆地区、贫困地区的公共文化服务提供援助”。充足的经费仅仅是发展民族地区公共信息服务事业的第一步，而制定符合民族地区社会经济文化发展实际状况的政策体系、管理制度才是解决问题的根本出路。另外，国家也充分认识到了少数民族语言媒体对于完善民族地区公共信息服务体系的重要价值，《公共文化服务保障法》明确提出：“加强民族语言文字文化产品的供给，加强优秀公共文化产品的民族语言文字译制及其在民族地区的传播，鼓励和扶助民族文化产品的创作生产。”

国家制定的法律和政策具有导向性、宏观性和战略性，需要各少数民族地区和各级政府部门结合宏观政策和法律，通过制定具体的实施细则加以落实。目前，我国部分少数民族地区依据国家的政策法规，制定了地方性的实施意见和实施细则。例如，2015 年 9 月广西壮族自治区制定了《关于加快构建现代公共文化服务体系的实施意见》，2017 年 6 月制定了《公共文化服务体系建设专项资金管理暂行办法》等地方性政策；宁夏回族自治区 2015 年 10 月制定了《关于加快构建现代公共文化服务体系实施意见》，2017 年 2 月制定了《宁夏公共文化服务体系“十三五”建设规划》等。民族自治区的下属市县以及各民族自治州、县也相继制定了类似的实施意见和发展规划。不过，总体看来，各民族地区制定的实施意见和细则还较为抽象和宽泛，落实不易、不实、不力的问题比较突出。同时，对于互联网时代少数民族地区公共文化产品需求的新变化、新趋势把握不准确，在实施细则里体现不清晰、不充分的情况还比较普遍。

例如，新疆维吾尔自治区、内蒙古自治区、广西壮族自治区等地出台文件，提出了政府购买公共文化服务的具体措施。但是，文件所确定的公共文化产品购买范围与公众的需求存在一定差距，地方有限的财力很难满足公众不断增长的对公共文化服务的需求。2016 年 3 月和 2016 年 10 月新疆维吾尔自治区和广西壮族自治区分别出台了《政府向社会力量购买公共文化服务工作的实施意见》。新疆将“公益性广播电视作品、印刷出版作品、数字文化产品、公益广告”“广播电视、农家书屋的运营维护”“互联网上网场所向社会提供的免费或者低收费服务”[①] 等纳入到政府购买公共文化服务的范畴；广西则把“公益性数字文化产品的制作与传播”“广播电视节目上卫星租金”“广播电视设施运行维护”“印刷出版物质量检测”“农家书屋运行维护”[②] 等符合信息时代公共文化需求导向的类目纳入到政府购买公共文化服务的范畴。这表明，两个地方的政府认识到了公共信息产品在当代社会的重要性。但是，群众需求更为迫切、广泛的政务信息、生活服务信息以及新媒体服务都没有纳入到政府购买的范围。

另外，部分民族地区对于公共文化服务内涵的理解比较狭隘，所提出的政府购买公共文化服务的范围与广大群众的需求相去甚远。例如内蒙古自治区 2017 年 12 月发布的《内蒙古自治区财政厅文化厅政府购买服务指导性目录》（内财科〔2017〕2284 号）在基本公共服务类别里，政府购买服务的范围是“公益性文化产品、公共文化项目、公共文化设施”[③] 等，至于“公益性文化产品、公共文化项目、公共文化设施”的具体内容是什么则没有进一

---

① 《关于做好政府向社会力量购买公共文化服务工作的实施意见》，http://zfcg. xjcz. gov. cn/mos/cms/html/1/1751/201711/331098. html。

② 《关于做好政府向社会力量购买公共文化服务的实施意见》，http://www. gxwht. gov. cn/affairs/show/17017. html。

③ 《内蒙古自治区财政厅文化厅政府购买服务指导性目录》，http://www. nmg. gov. cn/art/2017/12/28/art_1566_173410. html。

步的明确规定。而在社会管理性服务类目里，则明确规定“文化、文物类社会组织”的“宣传、咨询、队伍建设培训、等级评估”等为政府购买服务的范畴。“文化、文物类社会组织”的“宣传、咨询、队伍建设培训、等级评估”打上了鲜明的行业壁垒烙印，其迫切性显然比不上群众对于政务信息、生活服务信息和新媒体服务的需求。这表明，相关部门对新时期群众的公共文化服务需求把握不够精准。

综上，即便是民族地区各级政府制定了公共文化服务体系建设的实施措施，也制定了政府购买公共文化服务的指导性意见和具体类目，但是一些民族地区政府对于公共信息服务事业重要性的认识不足，在有限的财力投入中，尚未把少数民族地区公共信息产品供给作为公共文化服务体系建设的重要内容，这也在很大程度上影响到了少数民族地区公共信息服务事业的发展。

二、落实国家政策法律，加快公共信息服务事业发展

中共中央办公厅、国务院办公厅《关于加快构建现代公共文化服务体系的意见》明确提出，根据国家基本公共文化服务指导标准，明确老少边穷地区服务和资源缺口，按照精准扶贫的要求，以广播电视服务网络、数字文化服务等为重点，集中实施一批文化扶贫项目；深入实施边远贫困地区、边疆民族地区、革命老区人才文化工作者专项支持计划。力争在较短时间内使老少边穷地区公共文化服务能力和水平有明显改善。《公共文化服务保障法》也提出，应根据公共文化服务的事权和支出责任，将公共文化服务经费纳入本级预算，为促进基本公共文化服务标准化、均等化提供资金支持，中央和省级财政还应通过转移支付对老少边穷地区基本公共文化服务保障资金予以补助。国家对于加大经费投入，支持少数民族地区公共文化服务事业发展的政策和法规是一贯的、明确的。通过什么样的方式、重点支持哪些公共文化服务领域的发展则需要根据各级政府的财力以及社会发展、人民群众的实际需求来确定。

（一）把民族地区媒体建设纳入公共文化事业发展的重要事项，加大财政支持力度

我国民族自治地方普遍存在较大的财政困难。全国 150 多个县级以上的民族自治地方，除少数几个自治州、自治县财政收支平衡或略有上缴外，其

他均靠上级财政补贴过日子。在1994年实行分税制财政改革后，国家对财政困难省区（包括少数民族省区）的支持，主要是通过财政转移支付制度实现的。《民族区域自治法》明确规定："民族自治地方在全国统一的财政体制下，通过国家实行的规范的财政转移支付制度，享受上级财政的照顾。""随着国民经济的发展和财政收入的增长，上级财政逐步加大对民族自治地方财政转移支付力度。通过一般性财政转移支付、专项财政转移支付、民族优惠政策财政转移支付以及国家确定的其他方式，增加对民族自治地方的资金投入，用于加快民族自治地方经济发展和社会进步，逐步缩小与发达地区的差距。"①这样，民族自治地方将得到更多支持，有利于民族自治地方在财政上行使自治权，有利于加快民族地区发展，有利于社会稳定和国家安全。②

2000年，中央财政设立民族地区转移支付，支持民族地区加快发展，转移支付范围为5个民族自治区、青海、云南、贵州以及非民族省区的8个民族自治州。2006年起，又将非民族省区及非民族自治州管辖的民族自治县纳入转移支付范围，实现了对所有民族地区的全覆盖，并建立了民族地区转移支付资金稳定增长机制。据财政部官网统计，2000年至2013年，中央财政累计下达民族地区转移支付总额为2853亿元。2017年，中央财政下达民族地区转移支付704亿元，比2000年增加678.47亿元，年均增幅达21.5%，转移支付规模快速增长。在支持边疆地区发展方面，中央财政对边疆地区实施了边境地区转移支付、兴边富民行动、国家级边境经济合作区基础设施贷款贴息等特殊支持政策。据统计，2006年至2013年，中央财政累计下达边境地区转移支付448亿元。2000年至2013年，累计下达兴边富民补助资金64亿元。2009年至2013年，累计下达国家级边境经济合作区基础设施贷款贴息6.8亿元。

国家对民族地区财政的支持力度在不断扩大，但是国家财政转移支付传导至媒体发展方面的规模却十分有限。其根源在于，民族地区对媒体与公共信息服务事业发展的关系认识不清、不深。当前，我国媒体改革不断深化，尤其是东部发达地区的媒体，大都走向了产业化、市场化的良性发展轨道，

---

① 《中华人民共和国民族区域自治法》，http://www.npc.gov.cn/wxzl/gongbao/2001-03/03/content_5004447.htm。

② 万其刚：《我国民族区域自治制度的历史及其发展》，中国人大网，http://www.npc.gov.cn/npc/xinwen/rdlt/rdjs/2010-12/29/content_1613535.htm。

实现了经济效益和社会效益的双重丰收。这也造成了一个很大的误解，即大众媒体完全可以通过市场化、产业化的发展路径，在经济自立的同时履行好党和人民耳目喉舌的社会职责。基于这样的认识，传媒市场化改革成为全国各地媒体改革唯一的路径选择。少数民族地区主流媒体也普遍把市场化、企业化改革视为基本方向。部分少数民族地区主流媒体由全额财政预算事业单位改革为差额财政预算事业单位，还有一部分少数民族地区媒体完成了企业化改制，由差额财政预算事业单位改为财政补贴企业单位。无论是差额预算的事业单位还是财政补贴的企业单位，由政府财政提供的经费无法满足民族地区主流媒体生存与发展的需要，其公共信息传播能力及主流舆论的引导能力受到极大的削弱，对少数民族地区的民族团结、社会稳定、文化繁荣都产生了不利影响。可以说，在传媒市场化、产业化改革的浪潮中，有限的财政投入已成为限制民族地区主流媒体发展的瓶颈。解决这一问题的根本之策是深化民族地区文化体制改革，整合信息传播资源和文化资源，对民族地区信息传播机构进行分类管理，将少数民族地区的主流媒体纳入到公益性文化事业范畴，由政府统筹解决其发展经费，使其摆脱公益性社会职能和企业化管理目标之间的矛盾，全心全意地为民族地区各族群众做好公共信息服务工作。同时，国家支持平台媒体、社交媒体以及发达地区有实力的主流媒体积极拓展民族地区信息服务市场，为民族地区各族群众提供丰富多彩的信息产品。

（二）建立民族地区公共信息服务专项补贴制度，引导各类社会主体积极参与公共信息服务事业

公共信息服务事业是公益性事业，不以盈利为目的。加之少数民族地区多是比较落后的、偏远的欠发达地区，其信息基础设施建设投入与运营成本相对较高，相关社会主体参与信息传播的成本补偿效果较差，投资的积极性一般不高。在公共信息越来越成为广大人民群众生产生活不可或缺的基本资源的时代，解决公共信息产品供给问题的首要途径是发展公益性公共媒体，满足各族群众的基本需求。在此基础上，政府积极支持和鼓励相关企业为少数民族地区提供公共信息服务，丰富民族地区公共信息产品的类型和供给方式，满足公众多样化的信息需求。另外，民族地区政府财力的局限性使民族地区公共信息服务供给与人民群众的需求之间矛盾突出。基于此，中央和省级政府可以通过设立少数民族地区公共信息服务专项补贴制度，与现有的政

府购买公共文化服务制度相结合，既能照顾到具有普遍性的公益性政务信息、生活信息供给，满足公众基本公共文化需求，也能有针对性地支持民族地区各类社会主体投入到群众急需的生产经营信息、生活服务信息等产品的开发与传播之中，提升民族地区公共信息服务的覆盖面和质量。民族地区主流媒体历史悠久、经验丰富、专业性强，参与公共信息服务具有人才、信息资源和社会影响力等方面的优势，通过设立公共信息服务专项补贴制度，鼓励大众媒体特别是主流媒体开发具有民族地区特色的公共信息服务平台，开发政务、教育、文化、经济等各类公共信息资源库，既能解决民族地区大众媒体发展过程中经费不足的问题，也可以丰富少数民族地区公共信息服务供给，同时利用大众媒体传播广泛的特点扩大少数民族地区的影响力。

（三）支持文化传媒企业发展，满足人民群众多样性信息需求

近年来，经过多次的治理整顿，少数民族地区传媒资源整合力度很大，区域内部的传媒竞争秩序有所改善。但是相对于发达地区而言，少数民族地区传媒的规模小、实力弱、竞争力不强。区域间传媒发展的不平衡，致使少数民族地区的社会发展情况以及少数民族群众的呼声不能有效地传播出去。这也是当前少数民族地区信息鸿沟的主要表现之一。因此，少数民族地区需要对传媒进行各层面的重新排列组合，或强强联合，或兼收并蓄，或优胜劣汰，打破地域和行业的限制，推动传媒跨地区、跨行业重组。传媒管理体制改革的核心是消除政府在管理中的政事不分和政企不分现象，其前提是进行真正的政府机构改革，消除多头管理、职能交叉、政出多门的情况。发展公益性公共媒体是少数民族地区公共信息服务体系建设的基础和关键。但是，随着少数民族地区社会经济的发展，受众对多样化信息的需求日益旺盛。经营性文化传媒企业是少数民族地区公共信息服务体系的有益补充，是满足各族群众多样性信息需求的不可或缺的渠道。支持少数民族地区发展经营性文化传媒企业是完善少数民族地区共公共信息服务体系的重要举措。

按照分类管理的原则，少数民族地区经营性文化传媒企业应依法经营、自主管理、自负盈亏，政府必须与经营性文化传媒企业脱钩。但是，脱钩并不意味着政府放弃对经营性文化传媒企业的监管和支持。通过笔者长期对于民族地区经营性文化传媒企业的调研和观察发现，制约民族地区文化传媒企业发展的根源依然在于体制机制弊端——该大力投入和支持的没有尽力；早

应该脱钩推向市场的依然藕断丝连。尽管民族地区出台了不少深化文化传媒产业体制机制改革的政策，但是，政策的针对性和贯彻落实往往受制于旧体制的惯性影响。在旧体制下形成的浓烈的机关化色彩使得民族地区国有文化传媒企业不适应市场化、产业化的要求，自视为国有企业，认为政府不可能抛开不管，等靠要思想严重。在笔者调研中了解到，部分民族地区国有文化传媒企业常年亏损，但是员工依然依靠政府补贴和贷款拿着比个体私营文化企业高得多的薪水；一些走向市场的报纸、电台、电视频道常年亏损，有的亏损额甚至达到数百万、上千万，但是依然不改革、不创新、抗拒媒体融合，排斥向新媒体转型。观念保守与滞后，依然是民族地区事业发展的重要制约因素。实事求是讲，除了体制机制与观念外，融资渠道也是制约经营性文化企业发展的瓶颈。由于少数民族地区传媒体制改革不够彻底，公益性媒体和经营性媒体的边界划分不清晰，公益性媒体企业化管理，经营性媒体占据事业单位编制。身份混乱使得经营性传媒资产的所有权和经营权不明晰，阻滞了资本进入经营性文化传媒企业的通道。缺少资金，经营性文化传媒企业无法改进传播手段和提高传播水平，难以满足受众的需求。发展资金不足的问题同样需要通过体制机制的创新加以解决。基于以上分析，少数民族地区有必要尽快实施对文化传媒机构的分类管理，将经营性文化传媒企业的资产剥离出来，使之独立经营、自主管理、自负盈亏。政府依法对经营性文化传媒企业实施管理，按照国家法律和政策对经营性文化企业予以税收、项目、经费等方面的支持，不再介入经营性文化传媒企业的内部经营和管理事务。只有这样，各级党委和政府才能够集中精力办好公益性信息传播事业，做大做强主流媒体，发展和巩固好主流舆论。同时，为经营性文化传媒企业创造宽松环境，使之服务于广大人民群众日益丰富的多样化公共信息需求。

三、重视人才队伍建设，激发人才的活力和创造力

事业发展的关键取决于高质量、高素质的人才，公共信息服务事业的发展同样需要具有良好专业素养和能力的人才。民族地区经济发展水平低、自然条件差，公共信息服务的工作环境、收入水平以及个人发展机会都落后于发达地区。而民族地区信息传播环境的复杂性，又要求必须要有一支又红又专的人才队伍——既要忠诚于党的事业，还得精通民族语言、熟练掌握信息传播专业技能的专业技术人才队伍。民族地区人才队伍建设的难度和重要性

毋庸置疑。解决少数民族地区人才问题首先要立足于人才培养。一方面加强对在职人员的培养，提升少数民族地区公共信息服务人才队伍的能力和水平；另一方面，少数民族地区政府和国内高等院校应当加强协调、通力合作，实施切实可行的少数民族地区信息传播人才培养计划，大力培养具有现代信息传播理念、新媒体专业技能并有志于民族地区发展的人才。

（一）立足民族地区培养留得住、用得上的信息传播专业人才

人才培养的主要机构是高等院校。我国民族地区高等院校的办学水平、人才培养能力普遍落后于东部发达地区。特别是在信息传播人才培养方面。截至2017年底，我国西部地区高校中具有新闻传播专业博士人才培养资格的高校只有四川大学。而民族地区没有一家高等院校具有培养新闻传播类博士人才的资格，具有硕士学位教育资格的高等教育机构也不多。另外，民族地区高校新闻传播本科教育的整体水平也远落后于东部发达地区。上海软科中国最好学科2018排行榜中，五个民族自治区上榜的新闻传播类院校仅有新疆大学一所。落后的人才培养条件使得民族地区优秀学生基本上都会选择去东部发达地区就学，毕业后的高学历、高层次人才绝大部分不愿意回到民族地区工作，而民族地区自身又没有能力培养高学历、高层次人才。这一问题极大地影响着民族地区公共信息服务事业的发展。我们以宁夏回族自治区为例。2018年，宁夏回族自治区成立60周年。60年来，宁夏回族自治区没有建立起任何一家具备培养新闻传播类硕士及以上学历人才的高校。[①] 就职于宁夏高校及宁夏新闻传播机构的具有博士学位的新闻传播专业人员总数不到10人，仅有一名博士是外地生源，且这名博士2018年实质上已经脱离岗位到外地工作，人事档案依然保留在宁夏本地。其余博士均为在职攻读获得的博士学位。可见，加强民族地区高校新闻传播类专业建设和学科建设、提升民族地区高校信息传播人才的培养能力，为民族地区培养一大批留得住、用得上的优秀人才，是民族地区公共信息服务体系建设不可或缺的一环。

（二）重视基层人才队伍培养，适应新技术条件下对信息传播人才的新要求

在公共信息传播人才队伍建设上，不仅要重视专业信息传播人才队伍建

---

① 宁夏大学2018年获批新闻与传播专业硕士点，将于2019年开始招生，是宁夏成立60年以来第一家具有培养新闻传播类硕士研究生资格的高校。

设，还应重视发展业余信息传播队伍。民族地区地广人稀，交通不便，仅仅依靠专业人员很难及时地为每个地区提供有效信息服务。基层政府工作人员和通讯员在当地工作的时间比较长，安心在民族地区工作，熟悉情况，因此能够及时把民族地区最新最鲜活的信息报道出去。但是，基层信息传播工作人员的学习培训机会少，专业能力提升途径缺，很难满足日新月异的公共信息传播事业发展的要求。大众媒体和政府主管部门应把发现和培养基层信息传播人才纳入工作计划，投入必要的人力、物力、财力，把提升基层信息传播人员的综合素质和专业能力作为义不容辞的责任。

在基层人才队伍培养方面可以采取灵活多样的方式，既可以"请进来"——邀请国内外专家进行专题讲座辅导或者开展短期培训班，保证现有人员及时得到再教育和培训的机会；"走出去"——把各类人员送出去开展交流、岗位轮换等办法进行培训、提高素质，提升专业能力，开阔视野。"通过灵活的机制，如给予优秀人才在收入分配、养老保险薪酬待遇上的优先照顾，稳定骨干力量，防止人才外流，营造事业留人、待遇留人、感情留人的良好氛围，创造优秀人才脱颖而出的环境。"①

此外，还应该建立一支由专家学者组成的智囊团和技术支持队伍。民族地区公共信息传播政策性强、专业性强，邀请专家学者参与到信息传播工作中，一方面可以从他们那里得到来自社会各阶层各行业的最新消息，增加信息传播的前沿性、引领性；另一方面还可以发挥专家团队的作用，做好民族地区信息传播行业在职人员的培养培训。同时，还能对少数民族地区各族群众关心的问题，解疑释惑，以增强公共信息传播的权威性和引导力。

（三）深化人事制度改革，激发人才的活力和创造力

以互联网和信息技术为核心的新媒体技术发展，奠定了现代公共信息服务事业发展的基础。在科技、文化、市场三股力量的推动下，催生了很多新型的信息传播形态，比如网络电视、数字电视、移动媒体等，在这些不断涌现的新名词背后，蕴藏的是无限的发展机遇。机遇对于任何地区来讲都是平等的。但是，新的技术和生产营运模式需要不断吸纳新的人才和更新人才的

① 郑明轩、蔡汉路、梁锋：《党报少数民族文字版如何提升影响力》，载《新闻前哨》，2010(12)。

知识结构。发达地区更多的发展机会吸引着全国各地的人才，而少数民族地区至今还在为人才流失而忧虑。对于少数民族地区而言，能否抓住新媒体带来的新机遇，关键在于人才。而吸引人才和留住人才的关键则在于破除陈旧的人才管理体制，建立公平合理的人才进入和人才内部流动的机制。当前，全国各少数民族地区均制定了吸引和留住人才的政策制度。但是，制度的关键不在于制定而在于执行，少数民族地区在人才引进、使用、管理方面面临的最大问题是统得过死、权力中心偏上，即权力高度集中，用人单位缺乏对人才的引进、评价、考核权力。真正做到人才使用、评价和管理权力下移，破除人才管理的僵化体制，是解决民族地区公共信息服务事业人才问题的关键。

（四）重视高端信息传播专业人才的培养

全媒体时代信息传播方式最显著的特点就是信息来源的多样性和传播的快捷性。动态性、事务性信息传播速度快，公众可以迅速通过网站、广播、电视、报刊、移动媒体等各种终端获取。随着智能媒体的发展，特别是机器人写作技术的发展，大多数动态性、事务性的信息生产都可以由机器人来完成。新华社写稿机器人快笔小新、《今日头条》写稿机器人张小明、《腾讯财经》的写稿机器人 Dreamwriter 等都已经上岗，正在发挥着越来越重要的作用。美国《华盛顿邮报》的智能写作机器人 Heliograf，不仅已可以写出事件的过程，还具有初步的逻辑判断能力，能够提供对事实的基本判断。在智能媒体快速发展的背景下，培养具有对信息进行深度分析解析能力的专门人才，为受众提供超越机器人简单描述事件层次的公共信息产品，是未来公共信息服务和公共信息生产的发展方向，也是民族地区人才培养和引进的方向。

四、建立民族地区公共信息传播基础设施建设长效机制

国家通过村村通、西星工程等重大基础设施建设，极大地改善了民族地区的信息传播基础设施。民族地区广播电视节目的覆盖率普遍提高到 90% 以上。但是，总体来看，民族地区信息传播基础设施仍然落后于发达地区，基础差、底子薄，特别是边疆民族地区的农牧区，地广人稀，新媒体基础设施建设的困难很多，信息基础设施还相当落后。以西藏为例，西藏的面积有 120 多万平方公里，人口有 300 多万，人口密度仅为每平方公里 2.5 人，常住人

口中藏族人口为2716389人，其他少数民族人口为40514人，汉族人口为245263人。藏族和其他少数民族人口占91.83%，其中：藏族人口占90.48%，其他少数民族人口占1.35%；汉族人口占8.17%。[①] “由于自然条件和历史因素等制约，西藏信息传播极不平衡，呈现出一种‘头重脚轻’的状态——城市信息相对充足，农牧区信息严重贫乏。从首府拉萨到其他地区中心城市，到县城，到乡镇，到农牧区，信息密度层层递减。”[②] 西藏的这种“信息传播极不平衡”的情况在其他少数民族地区也很普遍。

国家相关部门和各级政府应建立支持民族地区信息基础设施建设的长效机制。一方面，中央和省级政府把民族地区公共信息基础设施建设纳入重大基础设施投资项目，并根据国家经济的发展和民族地区社会的发展，逐年加大财政投入。《民族区域自治法》规定：“国家根据统一规划和市场需求，优先在民族自治地方合理安排资源开发项目和基础设施建设项目。国家在重大基础设施投资项目中适当增加投资比重和政策性银行贷款比重。”信息基础设施建设的滞后性对民族地区社会发展与稳定具有较大影响。把民族地区信息基础设施建设项目纳入到国家重大基础设施投资项目中十分有必要。此外，应把民族地区信息基础设施建设政策和经费落实情况纳入到国家检查督查的范围，定期和不定期进行专项督查，以确保国家支持少数民族地区的各项优惠政策得到贯彻落实。同时，民族地区地方政府也应将公共信息基础设施建设纳入到地方财政预算之中，建立中央、省（区）、地市（州、盟）、县（区、旗）四级政府投入为主，社会力量为辅的公共信息基础设施投资体系，多元投入，合力共建，使民族地区公共信息基础设施能够跟上信息技术不断发展进步的步伐。另一方面，利用好国家支持民族地区社会发展的金融政策，加快发展民族地区公共信息基础设施。《民族区域自治法》明确规定：“国家根据民族自治地方的经济发展特点和需要，综合运用货币市场和资本市场，加大对民族自治地方的金融扶持力度。金融机构对民族自治地方的固定资产投资项目和符合国家产业政策的企业，在开发资源、发展多种经济方面的合理资金需求，应当给予重点扶持。”“国家鼓励商业银行加大对民族自治地方

① 《西藏自治区2010年第六次全国人口普查主要数据公报》，http://www.stats.gov.cn/tjsj/tjgb/rkpcgb/dfrkpcgb/201202/t20120228_30406.html。

② 郑明轩、蔡汉路、梁锋：《党报少数民族文字版如何提升影响力》，载《新闻前哨》，2010（12）。

的信贷投入，积极支持当地企业的合理资金需求。”民族地区应依照《民族区域自治法》的规定，结合本地实际，制定扶持和发展本地公共信息服务事业的具体实施细则，争取金融机构长期而稳定的金融支持。

民族地区公共信息基础设施建设的重要性毋庸置疑，国家政策和法律也对民族地区信息传播基础设施建设做出了具体安排。民族地区公共信息基础设施建设的滞后性既有地方财力不足的原因，也有地方政府观念的原因。民族地区部分地方党政领导干部对公共信息服务以及公共信息基础设施建设的重要意义缺乏必要的认识，认为信息基础设施的建设投资大，对于社会经济发展的价值不大，很少将公共信息基础设施建设纳入党委和政府中心工作之中。这与党和国家对公共信息服务事业的高度重视形成了巨大反差。民族地区信息传播基础设施建设是一项漫长的系统工程，信息传播技术不断在发展，民族地区各族群众的信息需求不断在变化和提升。不断发展的信息传播事业，对民族地区各级政府不断提出新的要求，也带来了新的困难。如果不从根本上认识到公共信息服务事业的重要意义，把目光聚焦于公共信息服务事业，民族地区各级政府就很难敏锐地把握住信息传播事业发展的新格局和新形势，也就不可能根据不断发展变化的新情况调整和优化信息基础设施布局。

2018 年初，党中央决定推进县级融媒体中心建设，打通公共信息服务的最后一公里。这充分表明了国家对于公共信息服务基础设施建设的重视程度。2018 年 11 月 14 日，中央全面深化改革委员会第五次会议通过了《关于加强县级融媒体中心建设的意见》，决定在全国范围内加快推进县级融媒体中心建设，调整和优化媒体布局，推进媒体融合发展。党中央推进县级融媒体中心建设是立足于加强国家信息安全、巩固壮大主流思想舆论的高度，做出的一项战略决策。推进县级融合媒体的发展使得少数民族地区和全国其他地区站在了同一起跑线上，不仅有助于完善我国公共信息服务体系，也有助于缩小地区之间的数字鸿沟。对于民族地区而言，推进县级融媒体中心建设是加快信息基础设施建设的一次重要机遇。民族地区应充分利用这一机遇，着眼于强基础和补短板，补上历史欠账，优先发展互联网基础设施，着重发展移动互联网和智能媒体，缩短与发达地区在移动媒体、智能媒体方面的差距。

五、改进信息传播方式，丰富公共信息产品形态

传播学认为受众对信息的需求有两个层次：一个是初级欲望，即对事件

的基本状况、发展脉络等方面的了解；一个是高级欲望，即对事件前因后果、发展趋势、发展背景的了解。当下，少数民族地区公共信息传播的软肋恰恰是后者，即公共信息传播停留在浅层的动态性、事务性信息方面，缺少满足各族群众不断增长的公共信息需求的能力，也缺少对政府各项工作、各种政策进行深层次解析和传播的能力。

（一）信息传播要贴近各族群众的生产生活实际

少数民族地区公共信息传播方式的改进要坚持为民族地区和各族群众服务的宗旨，保障国家信息安全，维护民族地区社会和谐稳定。信息接受与受众的心理状态、文化传统、风俗习惯等因素密切相关。少数民族地区公共信息传播工作必须要充分了解受众心理，抓住适应民族地区各族群众需求的信息内容，注重信息传播的及时性、接近性、显著性、重要性。同时，加强信息传播的创意和策划，讲究传播艺术，紧扣对少数民族地区发展具有积极意义的宣传主线，满足少数民族受众多样化的信息需求。长期以来，少数民族地区信息传播机构理念滞后，我传播什么，你就得看什么，不考虑受众的感受和需求，这样的做法显然不符合当下受众的信息接受规律。但是，从另一个角度看，受众需求又是一个十分庞杂和难以把握的状态。受众需求的层次和内容非常多，特别是对于少数民族地区受众而言，各民族在地理环境、经济构成、文化结构、心理、素质、风俗习惯等方面的多样性甚至是特殊性，造就了信息需求的多元化、复杂化，这就要求少数民族地区公共信息传播要针对不同群体的特点，多侧面、多层次、多样态地生产和传播公共信息，使不同民族、不同层次的受众都能通过媒体了解他们想及时知道的生产、生活信息。其次，还要注意信息传播形式的多样化，讲究方式、方法和技巧。①

公共信息传播的主要内容不外乎政治、经济、文化、社会、生活等方面。随着民族地区经济、社会和文化事业的不断发展，过去那些比较传统的、政治色彩非常浓的公共信息传播方式已经无法吸引少数民族群众。我国各少数民族的发展实际情况不同，群众的生产生活实际情况也不一样。这就要求各信息传播媒体一定要熟悉和了解目标受众的情况和需求。例如，新疆维吾尔自治区和宁夏回族自治区是信仰伊斯兰教群众分布较为集中的少数民族自治

① 蒙应：《民族新闻宣传简论》，载《广西社会科学》，1999（2）。

区。伊斯兰教的信教群众有爱国爱教的传统，但是也有一些特殊的风俗习惯。在这些地区，把少数民族文化传播纳入中华民族多元一体的文化进程中，是对信息传播工作者的基本要求。缺乏对民族宗教政策的准确把握，就可能导致信息传播导向出现偏差，造成难以挽回的损失。同时，新疆和宁夏都属于资源富集地区，在信息传播中，有针对性地加强科学、法律、经济、生活的内容，引导群众关注脱贫致富、科学生活等积极健康的内容，把媒体变为各族群众生产生活当中必不可少的助手，是增强公共信息传播服务性的重要落脚点。

总之，公共信息产品的生产和传播要针对少数民族地区的新情况，贴近少数民族地区各族群众新生活。要力戒灌输式的信息传播理念，用娓娓动听、平等对话的理念，从群众的实际需求出发，从接受者的角度去发现、去传播。要把生硬死板的宣传转变为有情有理的对话，以理服人，以情动人，让少数民族地区广大群众真正感到媒体上的内容讲的是自家事，说的是老百姓的心里话。心贴心的信息内容才能够真正进入各族群众的心灵，产生预期效果。

（二）重视整合传播，引导受众理性认识多元社会

社会的多元化发展，使得很多社会事务、社会问题无法用非黑即白、非对即错的标准进行价值判断。信息传播中许多二元对立的传统观念如正面报道和负面报道，已经无法解释当下的社会现实，更无法体现良好的传播效果。越是复杂的问题就越需要进行多层次、多侧面的描述和分析，直至揭示问题的本质。为受众提供的信息越完整、评价视角越多样，就越能够引导受众理性地思考和判断，避免被片面信息误导，避免情绪化反应。因此，新媒体时代的公共信息产品生产和传播不能停留于事件的表面，要整合不同来源、不同侧面的信息，进行深度分析和解析。政府要鼓励媒体和各相关机构就重大政策、重点工作进行系统深入的调查研究，写出有分析、有预测、有说服力的文章来。

（三）丰富信息产品的呈现形态，满足受众多元化的信息需求

信息渠道的不断丰富，使得受众的视野变宽，对媒体的要求变多。信息来源和选择机会的增加，使得受众不再仅仅满足于有没有渠道和内容的层次，而是希望通过媒体获得有用、有趣、有价值、有深度的信息产品。对信息要

素进行多层次的整合体现的是信息产品的深度，而丰富多样的呈现形态体现的是信息产品的厚度。媒体之间不断加剧的竞争、智能媒体对信息传播带来的冲击，对信息生产者的思考能力、创新能力都提出了新的要求。传统的公共信息传播主要是以文字为主要载体的。书写清晰、逻辑严谨、文从字顺是公共信息产品的基本要求。当今是媒体不断融合的时代，单一的信息传播方式已经无法满足受众多样的信息需求。公共信息产品的生产要用到文字、音频、视频甚至图片、漫画、动图、H5、VR、全息影像等新的传播方式。融合传播使得受众对公共信息产品的要求更多、更高——受众接受公共信息服务不仅仅是希望获取生产生活信息，还希望通过获取公共信息服务满足深刻理解和认知所处社会环境的需求，还有些受众甚至可能希望获得公共信息产品的同时获得精神享受。融合多种传播形式，满足受众多样化需求，强化公共信息产品的表达效果，提高公共信息产品的使用效果、观赏效果，是新媒体时代的必然选择。因此，政府要做好公共信息传播的整体统筹，一般信息的传播要发挥各类专业机构的作用，注重信息传播的形式创新和传播效果；在重点工作、重大政策宣传上，要主动出击，积极组织人员进行系统、深入的宣传报道，寻根探源，以实现传播信息、解释政策、疏导舆论的目的；在社会热点、焦点、难点问题上，政府要做好舆论引导工作，组织媒体抓住热点、难点、焦点问题开展讨论，凝聚社会共识，把人们的认识逐步引向深入。

六、建立激励机制，鼓励大众媒体积极参与公共信息服务

近年来，随着信息传播格局的变化，少数民族地区公共信息传播事业遇到了一些困难，一些历史悠久、成绩卓著的载体因为种种原因，被裁撤或者改变功能，例如《宁夏日报》开办的具有悠久历史的“民族团结”专版，退出了历史舞台。民族地区的大众媒体，因公共信息传播政治要求高、政策性强，给媒体带来的经济利益有限，参与这项工作的意愿不高。尽管各级政府也积极寻求与媒体合作，通过开设专版专栏的形式开展公共信息服务，但实际效果并不尽如人意。如何调动大众媒体的积极性，鼓励和支持他们参与到公共信息传播实际工作中来，发挥公共媒体的作用，是提高公共信息传播实效的重要途径。

目前，国家和民族地区均制定了政府购买公共服务的制度，如能把政府向媒体购买公共信息服务纳入政府购买公共服务的项目，在机制上和经费上

对媒体参与公共服务予以保障，则会极大地提高媒体参与公共信息服务的积极性。目前只有个别少数民族自治地方把激励媒体参与公共信息服务作为政府购买服务的类目。例如广西壮族自治区，把广播影视节目评奖作为政府购买公共服务的类目；银川市把公益性广播影视、出版物、数字文化产品的出版和传播纳入公共服务购买类目。但是总体来讲，政府购买公共信息服务涉及的范围狭窄、分类较为笼统。更为重要的是，政府购买公共服务的资金投入本就不多，例如广西壮族自治区 2017 年用于购买公共服务的总投入为 45.07 亿元，仅占全区公共预算的 0.9%，总体看，政府购买公共服务规模小，积极性不高。[①] 购买公共服务的有限资金，大多又投入到教育、养老服务、医疗、公共卫生等项目中，用于公共信息服务的经费所占比重极小。增加政府购买公共服务经费在公共预算中的比重，是民族地区转变政府职能、提高公共服务能力的必由之路。同时，在政府购买公共服务的项目中，提升购买公共信息服务的比重，也是民族地区政府适应信息时代社会变化的必然选择。

另外，国家民委奖励民族好新闻、好专栏的做法也值得民族地区党委政府借鉴。民族自治地方应该建立媒体参与公共信息传播奖励制度，通过奖励，提高媒体参与公共信息传播的积极性。奖励是一种价值认可，也是一种指挥棒。这样的话，公共信息传播就会形成政府和主流媒体主唱、社会机构积极合唱的格局，必将能够形成长效机制，形成声势浩大、生动活泼的良好局面。

七、发挥对口支援作用，扶持民族地区公共信息服务体系建设

在 1979 年 4 月召开的全国边防工作会议上，国家确定了对口支援边疆地区和少数民族地区的政策，北京支援内蒙古，河北支援贵州，江苏支援广西、新疆，山东支援青海，天津支援甘肃，上海支援云南、宁夏，全国支援西藏。到 1996 年，国务院确定由 15 个东部发达省市对口帮扶西部 11 个省（自治区、直辖市），同时动员中央各部门对口帮扶贫困地区。为促进西藏的发展，中央先后多次召开西藏工作座谈会，逐步加大对口支援力度。据统计，1994 年以来，国家先后安排 60 多个中央国家机关、全国 18 个省（直辖市）和 17

① 《广西 2017 年政府购买服务呈现五大特点》，http://www.ccgp.gov.cn/gpsr/zhxx/df/201805/t20180511_9910198.htm。

个中央企业对口支援西藏。[①] 最近几年，中央和全国各省对新疆和西藏都给予了重点支持。从1959年至2008年，中央给予西藏的财政补助累计达2019亿元，年均增长12%；1994年以来，国家先后安排60多个国家机关、全国18个省（直辖市）和17个中央企业对口支援西藏，截至2008年底，累计对口援藏资金111.28亿元，安排6050个对口援藏项目。从新疆维吾尔自治区成立的1955年到2008年，中央给予新疆的财政补助累计达3752.02亿元，年均增长11%，其中2008年达685亿元。[②] 2001年修改后的《民族区域自治法》规定："上级国家机关应当组织、支持和鼓励经济发达地区与民族自治地方开展经济、技术协作和多层次、多方面的对口支援，帮助和促进民族自治地方经济、教育、科学技术、文化、卫生、体育事业的发展。"同时，还增加规定："国家引导和鼓励经济发达地区的企业按照互惠互利的原则，到民族自治地方投资，开展多种形式的经济合作。"[③]

对口支援是提升少数民族地区公共信息服务水平的重要途径。一方面，少数民族地区各族群众尤其是少数民族群众特有的民族心理与信息需求造成受众与媒体在信息传授方面不可避免地存在着障碍，从而影响着他们对公共信息的接受程度；另一方面，少数民族地区信息载体要承载的内容较其他地区更为复杂多样。在这样的情况下，离开国家和兄弟地区的大力支持，仅仅依靠民族地方党委政府和媒体自身，很难高质量、高水平、高效率地做好此项工作。目前，对口支援工作大多限于基础设施和经济建设领域，对公共信息服务领域关注度不高。不过，我国中央媒体与地方媒体、兄弟省市媒体之间的合作具有优良传统，形成了许多有效的方法，积累了许多经验。当前各种媒体竞争日益激烈，如何在竞争中发挥各自优势，走合作发展之路，已成为各级各类媒体的共同命题。对于中央媒体以及发达地区媒体而言，少数民族地区的信息传播必不可少。但是民族地区点多线长，如果仅以中央或者发达地区媒体的力量来做，其成本很大，也很难做深入。因此，只有加强同民族地区媒体的合作，才能实现共赢。例如，2013年3月，中央人民广播电台新疆民族语言广播中心携手《新疆日报》《新疆经济报》《新疆法制报》《乌

---

① 国务院新闻办公室：《中国的民族政策与各民族共同繁荣发展》白皮书。

② 国务院新闻办公室：《中国的民族政策与各民族共同繁荣发展》白皮书。

③ 万其刚：《我国民族区域自治制度的历史及其发展》，中国人大网，http://www.npc.gov.cn/npc/xinwen/rdlt/rdjs/2010-12/29/content_1613535.htm。

鲁木齐晚报》《民族团结》杂志新疆分部、《新疆妇女》杂志、《新疆青年》杂志、新疆人民出版社、新疆青少年出版社、新疆美术摄影出版社、新疆电子音像出版社等新疆10家平面媒体签署战略合作协议，建立长效合作机制，共享内容资源，降低传播成本，提高传播效率。协议规定，双方将在重大报道、品牌活动等诸多方面加强协作，利用各自载体优势，形成广播媒体与平面媒体的互动共享，共同探索跨媒体合作新模式。中央人民广播电台新疆民族语言广播中心将在维语频率设立固定栏目，定期与平面媒体沟通，选择平面媒体的特别策划和优质内容播出，并在中国维吾尔语广播网建立专区，进一步提高内容再传播率；同时，中央人民广播电台维语频率的特别策划、重大选题内容也将提供给平面媒体。[①] 中央人民广播电台与新疆地方平面媒体的合作模式具有很强的示范意义。跨区域的媒体合作，有助于丰富民族地区信息传播内容、提高民族地区信息传播水平；对于民族地区的媒体来说，通过合作可以学习中央媒体和发达地区兄弟媒体先进的传播理念、方法和技巧，也能够借助兄弟媒体扩大民族地区的影响力。

但是，目前民族地区媒体与中央及发达地区媒体之间的合作多停留于业务层面，具有一定的局限性，其政策性、系统性、可持续性都无法保障，难以带动民族地区公共信息服务整体水平提升，还不足以从根本上改变民族地区公共信息服务体系落后的局面。国家应制定和实施对口支援民族地区公共信息服务事业发展的政策，加大对民族地区公共信息服务事业的支持力度。只有深化合作的形式、内容、体制机制，把少数民族地区公共信息服务事业发展纳入到对口支援项目，才能够从根本上调动发达地区党委政府推进民族地区公共信息服务体系建设的积极性，才能够调动发达地区更多的政府资源、媒体资源、企业资源、社会资源投身于帮助、扶持民族地区公共信息服务事业发展工作之中。

东部地区支援民族地区公共信息服务事业发展具有十分重要的意义。我们仅以辽宁省对口支援西藏自治区那曲地区为例加以说明。西藏那曲地区下辖11个县（区），总面积为45万平方公里，人口41万，地域辽阔，人口分布广，农牧民居住不集中，广播电视信号传输覆盖困难。到2009年，那曲地

---

① 中国广播网：《中央人民广播电台新疆民族语言广播中心携手新疆多家平面媒体签署战略合作协议》，http://xj.cnr.cn/jjxj/szyw/201303/t20130319_512185571.shtml。

区广播、电视人口覆盖率仅为76.3%和81.9%，而同期西藏全区广播电视人口覆盖率分别为90.28%和91.41%，全国广播电视综合覆盖率超过96.95%。[①] 显然，那曲地区信息传播基础设施条件较差，凭借那曲地区自身的力量，很难在短期内改善。辽宁把公共信息事业发展当作对口支援西藏那曲地区的重要任务，取得了明显的效果。辽宁省委、省政府在对口支援那曲地区工作中，把那曲地区公共信息基础设施建设作为重要工作，帮助那曲地区改善信息传播机构的技术条件，迅速使那曲地区的公共信息传播条件有了翻天覆地的变化。在辽宁省的支持下，那曲电视台不但搬入20000平方米的现代化办公大楼，还更新了采编设备和播出系统，实现了非线系统编辑、网上审片和现代化办公，全地区11个县区全部建立IP通联远程传播上下传系统，《那曲新闻》节目可以在所有县区实现同步播出，在全自治区第一个实现电视节目硬盘播出。在辽宁省的援助下，那曲电视台的节目包装和节目质量也有了质的变化，管理水平和人员素质都上了新的台阶。[②]

如果没有辽宁省对那曲地区公共信息服务事业的大力支持，那曲地区信息传播硬件设施和内容生产能力远远落后于内地，甚至连西藏自治区的平均水平都达不到，更不用说信息传播实效和水平提升了。辽宁省对那曲地区公共信息服务事业的支援仅仅是一个特例。中央和东部地区高度重视对口支援边疆少数民族地区工作，制订了一系列政策和措施，对口支援工作取得了显著的成果。但是，把公共信息服务事业作为重要援助项目的东部地区还比较少。即便是在对口支援工作中重视公共信息服务工作的省区，也仅仅是把对口支援的对象限定在少数省区级大型媒体上。例如，西藏自治区，除《西藏日报》、西藏电视台等主要媒体外，其他媒体还没有获得相关省市媒体一一对应的援助机会。[③] 加大在对口支援工作中文化事业特别是信息传播事业的支援力度，把提升民族地区公共信息服务能力和水平纳入对口支援工作中，从经费、设备、技术、人才、信息资源等方面通盘考虑，帮助民族地区公共信息服务事业实现跨越式发展，是一项重要而紧迫的任务。

---

① 车凯强：《民族地区新闻宣传的几点思考》，载《中国广播电视学刊》，2011（3）。

② 车凯强：《民族地区新闻宣传的几点思考》，载《中国广播电视学刊》，2011（3）。

③ 郑保卫：《中国少数民族地区新闻传播发展报告（1949—2009）》，61页，北京，人民日报出版社，2012。

八、大力发展新媒体，提高公共信息传播能力

如何抓住新媒体带来的机遇，加快少数民族地区信息传播事业管理体制和内部机制改革步伐，成为少数民族地区公共信息服务体系建设的重要内容。当前，国外敌对势力对我国的渗透转向互联网，他们利用互联网，诋毁我们国家的民族政策，煽动民族仇恨，对我国政治安全、文化安全和边疆稳定构成了严重威胁。[①] 在互联网高速发展的今天，我们不仅要加强传统领域的传播能力建设，还要加强网络建设，实施传统媒体和新媒体的融合发展战略。特别是在地域广大的民族地区，新媒体的传播范围和传播效果是传统媒体所难以企及的。加快少数民族地区不同层级 PC 端和移动端公共信息综合服务平台建设，提高网络内容生产和传播能力，构建多媒体融合平台，特别是积极扶持民族地区市县级综合信息服务平台建设，已成为当务之急。

（一）精准把握媒体融合对民族地区公共信息服务体系建设的重要意义

推动媒体融合发展，是巩固宣传思想文化阵地、壮大主流思想舆论的战略举措。近年来，党中央高度重视媒体融合发展，习近平等党和国家领导人多次就推动媒体融合做出深刻阐述与指导。自 2014 年 8 月 18 日中央全面深化改革领导小组第四次会议审议通过了《关于推动传统媒体和新兴媒体融合发展的指导意见》，到党的十九大、十九届二中三中全会提出融合媒体的新要求新部署，再到 2018 年 11 月的《关于加强县级融媒体中心建设的意见》出台一系列意见、要求，迅速推动了中央、省、市、县各级媒体单位媒体融合改革工作。2014 年以来，经过 4 年多的探索与建设，全国各地陆续完成了各具特色的媒体融合改革，媒体融合改革开始呈现向县级媒体发展、向全融合媒体发展、向综合服务发展的趋势。

就全国而言，媒体融合改革存在一些具有普遍性的问题：一是缺乏顶层设计，缺乏统一规划部署与统一技术标准，无法形成特定区域内的资源共享、联动，最终难以形成合力；二是传统媒体对媒体融合建设理解不一，改革程度参差不齐，部分媒体单位新媒体体系难以有效运营。针对这样的问题，全

① 肖玉林、张克清：《提高藏语节日质量　增强节目影响力和感染力》，载《中国广播》，2010（3）。

国各地在实践中逐步摸索出了以下三个解决问题的方案：一是以省为单位，建设统一的服务平台；二是建设省级信息大数据中心，形成数据共享；三是打造统一的省级移动平台。上述方案目前正在逐步实施，例如天津津云平台实现了“播、视、报、网”全媒体融合，正在向省级统筹迈进。民族地区媒体融合与国内兄弟省市基本同时起步。但是，受制于观念以及地方经济发展水平，媒体融合改革推进存在一定难度，推进速度慢。

以宁夏为例。宁夏回族自治区党委政府制定了《宁夏回族自治区推进传统媒体和新兴融合媒体发展的实施意见》，在意见指导下，银川新闻传媒集团作为宁夏传统媒体改革的先锋，率先进行了媒体融合改革尝试，将报纸、电视、广播、网站、新媒体五大传播平台的业务整合，形成了一次采集、多种生产、多元传播的体系。但是，其他媒体的媒体融合进程还不尽如人意，在建设运营与推动媒体融合发展方面还存在一些问题：首先是发展方略和目标上存在一些偏差。宁夏融合媒体试点改革并未体现国家倡导的移动优先战略，在技术上并未构成融媒体传播的闭环，业务体系上没有建立有效的协调机制，媒体融合创新没有相应的开放空间和环境。其次，在运营上存在一些缺憾。各媒体技术体系标准不一，即便是使用同一技术体系的银川新闻传媒集团和宁夏广播电视台，由于管理体制问题，也没有形成数据共享、业务联动的横向融合，仍然是各自为政、单兵作战，无法形成合力。最后，基层市县行动慢、推动力度小。尽管个别媒体进行了有益的尝试，但是并没有改变全区媒体融合发展缓慢的状况，具有较高影响力与用户规模的龙头媒体的成功经验，并不适合用户规模较少的媒体单位，也无法改善其他市县媒体单位的资金状况、人员情况、技术力量、基础设施等制约因素。

我们认为，民族地区应把媒体融合建设当成发展和完善公共信息服务体系的一次重大机遇。民族地区公共信息服务体系经历了从组织传播到大众传播的漫长历程，现在又面临着互联网高速发展的契机。在机遇来临的时刻，民族地区应提高认识，高度重视媒体融合发展。

民族地区媒体融合的目的并不在于实现媒体综合经营能力和营收能力的提升，而在于把党和政府的声音有效传播出去，占领宣传主阵地，巩固主流舆论。一般而言，媒体融合首先是技术的融合、新旧信息生产传播系统之间的融合、新媒体和传统媒体的融合，以及产业的融合。但是，对于民族地区而言，媒体融合的重点和难点是政府各部门信息生产、传播功能与大众媒体的信息生产、传播的融合。在此基础上，实现“信息＋服务”“新闻＋政务”“媒体＋应用”的媒体发展格局，实现信息传播事业和媒体产业的深度融合，政府与媒体形成合力，共同提升民族地区公共信息服务能力。

（二）以主流媒体为龙头统筹推进民族地区媒体融合

民族地区媒体融合是一项系统工程，覆盖内容广，牵扯单位众多。既涉及传统意义上的新闻单位，也涉及技术支持部门，还涉及众多的政府机构。党委政府牵头，难免使得公共信息服务体系打上过于浓郁的行政化色彩，降低公共信息传播的专业化。尽管近年来民族地区主流媒体经营状况普遍不佳，媒体从业人员收入不高、意志消沉、人心思变，但不可否认的是，民族地区主流媒体长期从事信息传播事业，人才储备和技术储备扎实，在信息传播领域的权威性强，公众的认可度高。唯有民族地区主流媒体扛起媒体融合建设的大旗，代表政府、企业和社会做好顶层设计与整体规划，沟通协调政府与各级媒体、社会组织，才最有利于统筹媒体融合建设进程，建立新的优质信息生产、传播平台，提升媒体融合建设的专业化和有序化。同时，也有助于扭转主流媒体下滑态势，稳定人心，留住人才。

因此，加快媒体融合建设进度，尽快完成新型平台建设，快速形成新型主流媒体，强化主流媒体的引导力、影响力、公信力与传播力，确保民族地区舆论环境的正向和健康，才能够为经济文化建设提供良好的主流舆论支持。通过主流媒体的牵引作用，在民族地区建立起“政府＋媒体＋信息服务”的运营模式，以新闻媒体内容为核心，所有媒体单位共同建设，积极促进当地政府应用与信息的集成。在此过程中，主流媒体应摆脱传统运营思路，积极借鉴探索互联网经营体制，面向政府、面向大众、面向社会，积极拓展落地各类政务服务和社会服务。同时采用互联网思维，以内容生产为基础，以公众需求为导向，以创造价值为提升，真正实现媒体、政府、社会在公共信息服务体系上的共建共赢。

（三）建立省（区）、市（州）统一的公共信息服务平台

媒体融合后的形态已经由原来的线性播出与平面发布转化为平台化传播。从目前的信息传播实践看，谁拥有平台，谁就拥有话语权。平台建设应该统一进行顶层设计与规划，形成合力。民族地区媒体小而弱，依托单一媒体很

难建设起服务能力强、技术先进的公共信息服务平台。目前，各民族地区媒体纷纷建设自己的“中央厨房”平台。“中央厨房”平台说到底是一个信息采编调度平台，并不是媒体融合服务平台。如能将公共信息服务平台和媒体的采编调度平台对接融合起来，形成存储分析、采编审核、传播发布、综合服务四大部分构成的综合平台体系，带动信息生产、传播、服务、反馈等各个流程的标准统一，必将推动民族地区公共信息传播综合能力跃上新的台阶。具体而言，民族自治区应以省（区）为单位，整合行政区域内的各种媒体资源，建立统一的公共信息服务平台。行政区域地理空间比较大、人口比较多、经济总量比较大的市（州），也可独立建立公共信息服务平台。在建设中，可以按照“三统一”的标准进行建设。

首先是统一的技术体系。

民族地区公共信息平台建设一定要统一技术标准，省（区）、市（州）、县三级媒体融合的“中央厨房”和采编系统应该按照统一标准进行采购，统一数据标准，系统之间可以兼容并联，既能满足各级各类媒体实际需要，又能够为建立本行政区域内信息资源共享系统奠定基础。同时，便于各级各类媒体相互学习，也有利于调配技术力量进行系统的运行维护。

其次是统一的大数据中心。

良好的公共信息服务是建立在高效运行的数据库基础上的。无论是从用户使用的角度，还是从信息机构服务能力提升的角度，信息数据库的建设都是公共信息服务体系建设的重中之重。在课题组调研过程中，笔者没有发现任何一个民族地区（自治区、自治州、自治县）建立起统一的、功能全面、服务能力强大的数据服务机构。实际上，在民族地区，没有任何一家媒体、企业、政府部门有能力建设功能齐全的大数据中心。信息已成为当今社会最为重要的基础性资源。民族地区应结合自身实际情况，避免重复建设，避免大数据中心建设的小、散、乱，整合各种公共信息数据资源，建立统一的公益性的大数据中心，逐渐吸纳媒体数据资源、政府数据资源、社会数据资源，提升公共信息服务能力。

最后是统一的公共信息发布平台。

平台化是当下媒体发展的基本趋势。例如，新浪、今日头条等媒体平台，成为各种媒体用户、个人用户、政府用户信息传播、共享的主要渠道。犹如超级市场，为商家和客户提供一个场所，各类商家和各种需求都可以在这个场所得到满足。信息传播平台的本质也是一个信息超级市场。21 世纪初期，民族地区纷纷建设政务网站，投入了大量的人力物力财力，但是实际效果并不理想。民族地区特殊的社会、经济现实，决定了它没有条件建立太多的信息超级市场。理性而明智的选择是构建一个融合媒体三微一端一屏（微信、微博、微视频、移动客户端、电视屏）的统一的信息发布传播平台。

平台建设应坚持移动优先策略，打造新型公共信息传播阵地。移动传播与接收是信息产业发展的基本潮流和趋势。民族地区也不例外。目前，民族地区以智能手机和平板电脑为代表的移动终端发展迅速，普及率不断提高。因此，必须确立移动优先战略，丰富移动传播渠道和移动传播载体，扩大移动传播覆盖范围，大力推动移动新媒体建设，将传统媒体宣传舆论阵地迁移到移动端。当下，应重点打造统一的大型移动客户端，实现政府与媒体共建共享，建设成为涵盖政务、行业、便民等全方位的综合信息服务平台。政府用户、媒体用户的融合以及政府信息与媒体信息的融合，必将实现 1 +1 >2 的效果，彼此促进，共同发展。

九、发展民族地区教育事业，提升各族群众的媒介素养

在公共信息服务体系中，信息传播条件建设、信息传播能力建设是从信息传播主体而言的，大众媒体建设是从信息传播渠道而言的，体制机制、法律政策改革和完善是对公共信息传播的保障体系而言的，归根到底，解决的是公众接受公共信息的机会均等问题。公共信息传播效果的验证最终取决于公众——公众乐于接受、方便接受并且能够有效应用公共信息指导生产、生活。实现这一目标仅仅依靠机会均等是不够的，还需要能力均衡，即公众具有认知、选择、使用、评价大众媒体信息传播的能力。在信息爆炸的时代，在公共信息传播系统中，公众的媒介素养往往是短板，影响着传播效果。这一点，在少数民族地区体现得尤为突出。

决定媒介素养的关键因素是教育水平。传播学研究表明，受众的群体背景或社会背景是决定他们对待事物的态度和行动的重要因素，这种影响甚至超过大众传播的影响。受众的群体背景可以分成两个部分：一是人口统计学上的群体，包括性别、年龄、籍贯、民族、职业、学历等；二是社会学意义上的群体，如家庭、单位、团体、政治、经济和文化的归属阶层，宗教信仰群体等。群体归属的不同，意味着他们对信息的需求、接触和反映方式也是

千差万别的。[①] 1970 年，美国明尼苏达大学的蒂奇诺、多诺霍和奥里恩在一篇名为《大众传播流动和知识差别的增长》的论文中最早提出："随着大众传媒向社会传播的信息日益增多，社会经济状况较好的人将比社会经济状况较差的人以更快的速度获取这类（科学与公共事务知识）信息。因此，这两类人之间的知识沟将呈扩大而非缩小之势。"[②] 蒂奇诺等人的研究表明，在一段时间内，媒体对某个话题做过大量宣传之后，教育水平较高的人将比教育水平较低的人以更快的速度吸取科学与公共事务信息；在特定时间里，较之未大量宣传的话题，在媒体大量宣传的话题上，所获取知识与教育程度应该有更高的关系。他们认为，传播技能、个人的知识背景、人际交往的情况、个人兴趣、大众媒体本质等五个方面是造成此种差别的原因。其中，传播技能、个人的知识背景与受教育水平直接相关。而个人兴趣、人际交往也与受教育情况密切相关，社会经济地位较高的人可能与接触社会公共事务、科技信息的人有交往，可以获得更多的讨论此类信息的机会，社会经济地位较低的人可能找不到与他们的价值观和态度相一致的涉及公共事务信息。[③] 基于此，在所有决定受众公共信息接受状况的因素中，教育是关键。教育水平是决定民族地区公众媒介素养的关键条件。

相对于全国平均水平而言，我国少数民族地区的整体教育水平偏低，其直接原因是民族地区地广人稀，经济落后，严重制约着教育事业的发展。为了支持民族地区教育事业发展，国家采取了诸多措施。《民族区域自治法》规定，民族自治地方的自治机关可以为少数民族牧区和经济困难、居住分散的少数民族山区，设立以寄宿为主和助学金为主的公办民族小学和民族中学，"办学经费和助学金由当地财政解决，当地财政困难的，上级财政应当给予补助"。从 2004 年起，国家在西部农村地区开始实行"两免一补"（免杂费、免费提供教科书，补助寄宿生生活）政策，惠及绝大部分少数民族学生。从 2006 年起，国家对特别困难的民族地区，安排专项资金进行补助，实行"三包"（包吃、包住、包学习费用）。

---

① 郭庆光：《传播学教程》（第二版），156 页，北京，中国人民大学出版社，2011。

② 田中阳：《传播学基础》，273 页，长沙，岳麓书社，2009。

③ ［美］沃纳·塞弗林（Werner J. Severin）、詹姆士·坦卡德（James W. Tankard）著，郭镇之主译：《传播理论：起源、方法与应用》（第五版），213～215 页，北京，中国传媒大学出版社，2016。

表 7-1　我国少数民族地区教育发展主要数据一览表（1990—2016）

指标	1990 年	2000 年	2005 年	2008 年	2015 年	2016 年
普通高等学校在校学生（万人）	13.6	34.2	100.0	133	200.8	209.6
普通中学在校学生（万人）	610	873	1082	1061	1172	1194
普通小学在校学生（万人）	1853	1886	1668	1615	1464	1500

据国家民委经济发展司、国家统计局经济综合统计司编：《中国民族统计年鉴》（2017年），北京，中国统计出版社，2018。

在各级政府的大力支持下，全国建有各类民族小学 20906 所、民族中学 3536 所。民族自治地方共建有普通高等院校 237 所，2016 年招生 62 万人，在校本专科学生 209.6 万人。从统计数量的角度看，民族地区教育事业有所发展，人均受教育年限接近甚至超过全国平均水平。如，西藏全区所有县区全面完成九年义务教育普及，实现了从学前到高中阶段 15 年免费教育，西藏农牧区义务教育学生营养改善计划全面落实，政策和资金覆盖率均达到 100%。①

但是，从教育水平和教育质量角度看，民族地区与东部发达地区的差距依然十分明显。造成这一问题的原因既有经济发展落后的因素，但主要还在于民族地区各级各类学校办学条件和师资力量薄弱，这也是制约民族地区整体教育水平提升的关键因素。为了解决这个问题，国家采取了许多措施。例如，从 1984 年起，中央政府做出“在内地为西藏办学培养人才”的重大战略决策，在全国 21 个省市办有西藏班（校）；从 2000 年起在内地部分经济发达城市举办内地新疆高中班。② 同时，《民族区域自治法》规定，国家帮助民族自治地方培养和培训少数民族教师；国家组织和鼓励少数民族教师和符合任职条件的少数民族毕业生到民族自治地方从事教育教学工作，并给予他们相应的优惠待遇。尽管如此，民族地区落后的经济和相对恶劣的自然条件，对于高层次、高水平教师缺乏吸引力，民族地区引得进、用得上、用得好、留得住的人才与实际需求之间还存在很大缺口。

① 国务院新闻办：《民族区域自治制度在西藏的成功实践》，http://politics.people.com.cn/n/2015/0907/c1001-27549223.html。

② 国务院新闻办：《民族区域自治制度在西藏的成功实践》，http://politics.people.com.cn/n/2015/0907/c1001-27549223.html。

受教育人口的增加仅仅可以视作增加了公共信息传播的潜在受众。而把潜在受众转化为实际受众并提高受众公共信息的使用和评价能力，还需要提升公众的媒介素养。媒介素养提升的一般途径包括：在基础教育阶段增加媒介素养课程，纳入到中小学课程体系中；大众媒体加强与社会公众的沟通联系，提升公众对于媒介功能、服务流程的认知。民族地区除了以上途径外，还应充分发挥政府的作用，以政策鼓励和项目引导的方式，推动高等教育和职业教育机构把媒介素养培养纳入到人才培养方案之中。

结　语

交往是人类的基本生存方式。信息和观念的沟通交流则是人类交往的主要方式。人类的交往随着社会进步与科学技术发展而不断发展。互联网和信息技术将人类带入了交往的新时代，新的交往方式不断改造人类社会、创造新的生产生活方式，使人类面临着现实和虚拟两种不同的交往情境的挑战。这种挑战对人类生活的方方面面都产生了极大的影响，尤其是对地处边缘的少数民族地区及少数民族群众来说影响更大。互联网构建的公共领域参与成本低廉，信息丰富而且容易搜寻。互联网的交互、开放、传播迅速等特征，带来了交往主体的平等性，扩大了人们交往的空间和能力，也冲击着现有的社会结构。互联网为公共领域重构提供了契机，提升了公民话语权，也对政府工作、社会治理提出了新的要求。

近年来，在民族地区所发生的诸多重大社会矛盾和冲突，都与信息传播息息相关。可以说，没有平等而有效的沟通就不可能营造民族团结、和谐稳定的社会氛围，离开了民族团结、和谐稳定，社会的发展也难以为继。在社会及传媒生态发生深刻变革的今天，少数民族地区信息传播与公共服务也因之需要做出相应的调整。构建公共信息服务体系，使少数民族群众拥有分享信息资源与获取信息服务的平等机会，进而发挥促进民族团结、维护边疆稳定、实现社会和谐的社会功能，就成为必然选项。

信息时代的少数民族地区和少数民族群众面临着被主流文化和主流社会抛弃的风险：地处偏远、文化差异、经济落后使得他们对新事物、新知识的接受机会和接受能力偏低；生活内容与大众媒体的传播内容距离远较，使其对媒体的接受和利用程度偏低；不熟悉甚至不掌握大众媒体的主流语言，使其处于大众媒体所构筑的信息传播空间的边缘地带，等等。正因为如此，我们尤其需要思考少数民族地区信息传播与公共服务的价值取向以及如何实现少数民族地区信息的有效沟通和交流。

从历史来看，我国信息传播的价值观念总是和政治局势、社会变革联系在一起。中华人民共和国成立之初，由于当时整个世界分成两大阵营的特定国际环境，我国社会生活的各个领域都带上了比较浓厚的意识形态色彩。国家十分强调经济基础和上层建筑的统一性，十分强调社会生产关系和意识形态的统一性。① 因此，信息传播的政治功能就成为单一的社会功能。少数民族地区信息传播亦然——信息传播是民族工作的重要手段。然而，过于强调和夸大信息传播的政治功能，忽视了信息传播的自然功能，即信息的扩散、沟通、交流的作用，极易导致信息传播偏离、违反传播规律，漠视受众的需要。尤其是在传媒生态更为复杂的今天，相对于民族工作中经济层面的问题来说，少数民族地区公共信息传播面临的形势更为复杂、任务更为艰巨。

从外部环境来看，改革开放 40 多年来，我国经济一直保持高增长速度，领跑世界经济发展，既迎来了我国的“黄金发展期”，也进入了“矛盾凸显期”。经济结构不合理、增长方式粗放、体制机制不完善、贫富分化等问题没有根本解决，各类社会热点相互叠加，社会思潮复杂多样，宗教对世俗社会的影响显现，人们的思想观念更加多元多变，社会治理的难度不断加大。在这样的背景下，传统的信息传播观念、传播方式、传播体系，出现了明显的不适应，越来越难以妥善协调、充分兼顾社会不同群体的诉求。

从内部环境来看，传播技术的进步改变了传媒秩序和传播系统，新媒体的兴起以及新媒体与传统媒体共同构成的新的传播系统表现出更为激烈的竞争格局。此种变革，对少数民族地区的影响更为直接且更为深远。随着新媒体的发展，网络、手机等新兴媒体广泛进入大众生活，少数民族地区各族群众的信息来源渠道日益多元，以维护民族团结、国家统一为核心使命的少数民族地区主流媒体在功利化、娱乐化的大众媒体空间中被边缘，少数民族地区主流媒体的影响力和实际传播效果显著下滑。可以说，新媒体的兴起并没有改变少数民族地区信息传播的基础环境，也没有起到巩固和强化主流舆论

① 陈先元：《单一观念和多维取向——试论我国新闻传播价值观念的变化》，载《上海交通大学学报（社会科学版）》，1998（2）。

的作用，在一定程度上还恶化了少数民族地区信息传播工作的大环境。

基于此，在认识、思考、判断少数民族公共信息服务体系时，我们应坚持一个基本原则，即少数民族地区公共信息传播必须把维护社会稳定、促进民族团结、巩固主流舆论作为其核心价值。换句话说，在日益多元的社会中，少数民族地区公共信息服务应以更为丰富的内容服务于更为多元的受众，以有效的信息传播实现维护社会稳定、促进民族团结的核心使命。在价值观念紊乱的时代，消极的、落后的甚至是敌对的观念借助于互联网强大的传播力，不断扩散和蔓延，对于少数民族地区的社会稳定和民族团结产生了负面影响。[①] 正确价值观念的建立在很大程度上取决于传播者的主动性和技巧性。具体来说，就是要建立完善的公共信息服务体系，从源头入手，丰富内容，增强服务性，掌握信息传播主渠道、主动权，传播正能量，维护公众利益。

综上所述，在信息化社会，少数民族公共信息服务体系肩负着为少数民族地区各族群众提供基本公共信息服务以及维护民族团结、国家安全、边疆稳定等多重使命，各级政府应立足于我国民族地区社会发展现实状况，以国家法律和党的民族政策为依据，以维护民族团结、社会稳定、国家安全为目标，以公共信息服务均等化为落脚点，采取切实有效措施，加快少数民族地区公共信息服务体系建设。

① 刘英贵、李海峰：《新媒体传播中精准广告的营销方式研究》，载《当代传播》，2013（4）。

参考文献

一、论文类

［1］石宝芳．谈向公共信息图书馆过渡的问题——“科技咨询”引起的思考．图书馆学研究，1985（2）．

［2］Kuldip R. Rampal. 第三世界大众媒体在教育说服和意见塑造上的功能．田秀萍，译．新闻学研究（台湾），1985.

［3］崔相哲，紫荆．我国朝鲜语广播发展概况．新闻研究资料，1989（1）．

［4］裘正义．传媒市场取向与中国新闻改革中观思路的若干问题．复旦学报，1995（3）．

［5］陈先元．单一观念和多维取向——试论我国新闻传播价值观念的变化．上海交通大学学报（社会科学版），1998（2）．

［6］李绥州．略论政府集权与公共服务效率．南京社会科学，1998（3）．

［7］刘旭涛．公共服务市场化：政府职能转变的重要方向．新视野，1999（1）．

［8］蒙应．民族新闻宣传简论．广西社会科学，1999（2）．

［9］姚西科．我国县级行政组织公开公共信息的义务．河北法学，1999（10）．

［10］佟德志．电子政府的信息过程及分析．政治学研究，2000（1）．

［11］张成福．电子化政府：发展及其前景．中国人民大学学报，2000（3）．

［12］胡鞍钢，周绍杰．中国的信息化战略：缩小信息差距．中国工业经济，2001（1）．

［13］曹荣湘．数字鸿沟引论：信息不平等与数字机遇．马克思主义与现实，2001（3）．

［14］孙国锋，苏竣．电子政府促进民主与发展．清华大学学报（哲学社会科学版），2001（5）．

［15］薛荣久．入世与中国政府职能的转变．国际贸易问题，2001（9）．

［16］孙国锋，苏竣．国外“电子政府”发展及对中国的启示．科学学与科学技术管理，2001（12）．

［17］胡鞍钢，周绍杰．新的全球贫富差距：日益扩大的“数字鸿沟”．中国社会科学，2002（3）．

［18］［澳］欧文·E·休斯．新公共管理的现状．中国人民大学学报，2002（6）．

［19］蔡立辉．电子政务：因特网在政府提供公共服务中的运用．政治学研究，2003（1）．

［20］姚君喜．信息传播与西部贫困地区的社会发展．兰州商学院学报，2003（1）．

［21］钟明．电子政府：现代公共服务型政府的实现途径．中国软科学，2003（9）．

［22］叶乐阳．试论我国大众传媒产业特征．广西社会科学，2003（5）．

［23］杨燕绥．国家公共安全和公民知情权——“非典”事件引起的法律思考．清华大学学报（哲学社会科学版），2003（8）．

［24］夏义堃．公共信息服务的社会选择．中国图书馆学报，2004（3）．

［25］郑杭生．和谐社会与社会学．人民日报，2004－11－30.

［26］万俊人．“和谐社会”及其道德基础．马克思主义与现实，2005（1）．

［27］陈峻俊．试论少数民族地区新闻报道的民族特色．中山大学学报论丛，2005（4）．

［28］杨建新．大力构建公共文化服务体系．今日浙江，2005（5）．

［29］金炳镐，熊坤新．推进民族平等和谐、团结进步事业是构建和谐社会的重要保证．西南民族大学学报，2005（8）．

［30］于良芝．理解信息资源的贫富分化：国外“信息分化”与“数字鸿沟”研究综述．图书馆杂志，2005（12）．

［31］周燕，梁樑．国外公共物品多元化供给观念的演进及启示．首届中国科技政策与管理学术研讨会2005年论文集，2005（12）．

［32］陈力丹．论传媒在构建和谐社会中的作用．冲突·融合：新闻传播与社会发展．北京：新华出版社，2006.

［33］刘永欣．突出中心抓宣传，求真务实搞改革，一心一意谋发展，推动内蒙古广播影视事业和产业快速健康发展．内蒙古广播与电视技术，2006（1）．

［34］周燕，梁樑．国外公共物品多元化供给研究综述．经济纵横，2006（2）．

［35］韦路，张明新．第三道数字鸿沟：互联网上的知识沟．新闻与传播研究，2006（4）．

［36］郑保卫．当代传媒业性质辨析．新闻界，2006（5）．

［37］深圳市文化局公共文化服务体系研究课题组．深圳公共文化服务体系研究．特区实践与理论，2006（5）．

［38］刘筱，闫小培．公共服务业供应模式及其与城市管治的关系——以广州为例．地理研究，2006（9）．

［39］王伟军，孙晶．我国公共信息服务平台建设初探．中国图书馆学报，2007（2）．

［40］黄东英．浅论西部民族地区省级卫视的发展路径．新闻界，2007（4）．

［41］彭学云．构建和谐社会中的民族发展问题．中国民族，2007（4）．

［42］施雪华，邓集文．当前中国政府公共信息服务的问题与对策．行政论坛，2008（2）．

［43］杨圣敏．社会和谐稳定的基础是什么——一个少数民族社区的案例．北京大学学报（哲学社会科学版），2008（5）．

［44］雷振扬．我国民族地区基本公共服务存在的问题与对策思考．中南民族大学学报，2008（6）．

［45］白润生．探索中前进：少数民族新闻事业三十年．中国报业，2008（9）．

[46] 赵晓红．少数民族地区新闻媒介发展的困境与出路．云南财经大学学报（社会科学版），2009（4）．

[47] 朱丽萍．新疆民语广播电视对外宣传策略．新疆师范大学学报，2009（6）．

[48] 廖芸．内蒙古广播电视事业调查研究．中央民族大学2009年硕士论文．

[49] 刘洪．突发事件报道的新突破——央视“乌鲁木齐7·5事件”报道评述及思考．新闻知识，2009（8）．

[50] 孟晓林．提高舆论引导能力，服务西藏发展稳定．西藏日报，2009-11-08.

[51] 高军波，周春山．西方国家城市公共服务设施供给理论及研究进展．世界地理研究，2009（12）．

[52] 岳广鹏．对我国少数民族电视发展的思考．中央民族大学学报，2010（3）．

[53] 肖玉林，张克清．提高藏语节目质量　增强节目影响力和感染力．中国广播，2010（3）．

[54] 肖静芳．做好反对民族分裂的报道．新闻爱好者，2010（6）．

[55] 郑保卫．西藏、新疆新闻业发展现状、问题及对策．当代传播，2010（6）．

[56] 李蕾．电波传递民族情——记中央人民广播电台少数民族语言广播60年．光明日报，2010年12月17日．

[57] 张全庆．广电跨区域深度合作的意义与思考——上海广播电视台与宁夏电视台合办宁夏卫视调研报告．中国广播电视学刊，2010（8）．

[58] 万其刚．我国民族区域自治制度的历史及其发展．中国人大网，http://www.npc.gov.cn/npc/xinwen/rdlt/rdjs/2010-12/29/content_1613535.htm.

[59] 郑明轩，蔡汉路，梁锋．党报少数民族文字版如何提升影响力．新闻前哨，2010（12）．

[60] 车凯强．民族地区新闻宣传的几点思考．中国广播电视学刊，2011（3）．

[61] 许家彪．美国知情权和新闻业的关系．当代传播，2011（5）．

[62] 关世杰，温基．美国之音的前世今生．世界知识，2011（6）．

[63] 张金山．墨子的和谐管理思想．辽宁经济职业技术学院学报，2011（12）．

[64] 本报记者．我国应高度重视新媒体时代的意识形态安全．中国青年报，2011 年 12 月 5 日．

[65] 中央民族干部学院专题调研组：陈乐齐、杨胜勇、石慧玺、严墨、陈辉．关于民族乡科学发展的思考．中南民族大学学报（人文社会科学版），2012（4）．

[66] 李良荣，郑雯．论新传播革命．现代传播，2012（4）．

[67] 胡兆义．包容与开放民族团结的内在逻辑及实现路径．广西民族研究，2013（2）．

[68] 刘英贵，李海峰．新媒体传播中精准广告的营销方式研究．当代传播，2013（4）．

[69] 雷晓庆，李春娇．基于新型城镇化的公共信息服务体系构建．图书馆学研究，2015（2）．

[70] 梁俊山，刘邦凡．基于政务微信的地方治理创新：实践、问题及对策．电子政务，2016（1）．

[71] 李忱．人民日报（藏文版）创刊的前期筹备．人民日报社微信公众号，2018 年 7 月 11 日．

[72] 王福生．罗尔斯《正义论》中的理论退却及其美国元素．辽宁大学学报（哲学社会科学版），2018（6）．

[73] 郑一卉，王金礼，肖珺，纪莉．论知情权和媒体社会史的书写．新闻与传播评论，2018（7）．

二、著作类

[1] 顾炎武．顾亭林文集．成都：新兴书局，1956.

[2] 北京大学哲学系编译．古希腊罗马哲学．北京：商务印书馆，1982.

[3] [法] 让－雅克·卢梭．社会契约论．何兆武，译．北京：商务印书馆，1982.

[4] 毛泽东．毛泽东书信选集．北京：人民出版社，1983.

[5] [法] 贝尔纳·瓦耶纳．当代新闻学．丁雪英，等，译．北京：新华出版社，1986.

[6]［美］斯托尼尔．信息财富：简论后工业经济．吴健民，刘钟仁，译．北京：中国对外翻译出版公司，1987.

[7] 李金铨．大众传播理论．台北：三民书局，1988.

[8]［美］韦尔伯·施拉姆．大众传播与社会发展．金燕宁，等，译．北京：华夏出版社，1990.

[9]［美］阿尔温·托夫勒．权力的转移．北京：中共中央党校出版社，1991.

[10] 邓小平．邓小平文选（第三卷）．北京：人民出版社，1993.

[11] 中共中央文献研究室编．十三大以来重要文献选编．北京：人民出版社，1993.

[12] 何怀宏．契约伦理与社会正义．北京：中国人民大学出版社，1993.

[13]［美］阿尔温·托夫勒．第三次浪潮．北京：新华出版社，1996.

[14] 柏拉图．理想国．北京：商务印书馆，1997.

[15]［美］丹尼尔·贝尔．后工业社会的来临．北京：新华出版社，1997.

[16]［美］尼葛洛庞帝．数字化生存．海口：海南出版社，1997.

[17] 吴文虎主编．新闻事业经营管理．北京：高等教育出版社，1999.

[18]［美］埃弗雷特·M. 罗杰斯（Everett M. Rogers）．创新的扩散．辛欣，译．北京：中央编译出版社，2002.

[19]［英］诺曼·菲尔克拉夫．话语与社会变迁．殷晓蓉，译．华夏出版社，2003.

[20] 谢俊贵．公共信息学．长沙：湖南师范大学出版社，2004.

[21] 吕思勉．先秦学术史概论．昆明：云南人民出版社，2005.

[22] 陈红太．中国政府体系与政治：概念、总结与探索．郑州：河南人民出版社，2005.

[23] 马克思恩格斯全集（第三卷）．北京：人民出版社，2006.

[24] 孙聚成．信息力—新闻传播与国家发展．北京：人民出版社，2006.

[25] 冀昀主编．尚书．北京：线装书局，2007.

[26] 西塞罗．论神性．北京：三联书店，2007.

[27] 白润生．中国少数民族新闻传播通史．北京：中央民族大学出版社，2008.

［28］段鹏．传播效果研究：起源、发展与应用．北京：中国传媒大学出版社，2008.

［29］夏义堃．公共信息资源的多元化管理．武汉：武汉大学出版社，2008.

［30］李岩．传播与文化．杭州：浙江大学出版社，2009.

［31］何梓华等．新闻学概论．北京：高等教育出版社；北京：人民出版社，2009.

［32］田中阳．传播学基础．长沙：岳麓书社，2009.

［33］［美］罗伯特·B. 丹哈特，珍妮特·V. 丹哈特．新公共服务：服务，而不是掌舵．丁煌，译．北京：中国人民大学出版社，2010.

［34］郭庆光．传播学（第二版）．北京：中国人民大学出版社，2011.

［35］王夫之．四书训义．长沙：岳麓书社，2011.

［36］黄健荣．公共管理导论．南京：南京大学出版社，2013.

［37］马一弘主编．孟子．长沙：湖南大学出版社，2014.

［38］墨子．上海：上海古籍出版社，2014.

［39］习近平．摆脱贫困．福州：福建人民出版社，2014.

［40］朱春阳．新媒体时代的政府公共传播．上海：复旦大学出版社，2014.

［41］刘兆伟译注．论语．北京：人民教育出版社，2015.

［42］［美］乔治·吉尔德（George Gilder）．知识与权力：信息如何影响决策和财富创造．北京：中信出版社，2015.

［43］徐祥运，刘杰．社会学概论（第4版）．大连：东北财经大学出版社，2015.

［44］张士玉，董焱．应用信息资源管理．北京：清华大学出版社，2016.

［45］［美］沃纳·塞弗林（Werner J. Severin），詹姆士·坦卡德（James W. Tankard）．传播理论：起源、方法与应用（第五版）．郭镇之，主译．北京：中国传媒大学出版社，2016.

三、年鉴、资料类

［1］国家广播电影电视总局．中国广播电视年鉴（1986）．北京：中国广播电视年鉴社，1986.

［2］国家广播电影电视总局．中国广播电视年鉴（2012）．北京：中国广播电视年鉴社，2012.

［3］国家广播电影电视总局．中国广播电视年鉴（2013）．北京：中国广播电视年鉴社，2013.

［4］国家广播电影电视总局．中国广播电视年鉴（2017）．北京：中国广播电视年鉴社，2017.

［5］新疆统计局．新疆五十年．北京：中国统计出版社，2005.

［6］胡敏谦．改革开放 30 年的内蒙古 1978—2008. 北京：中国统计出版社，2008.

［7］中央人民广播电台民族广播大事记（1950—2010 年）．http://www.cnr.cn/zggbb/yw/201006/t20100604_506530940.html.

［8］白润生主编．当代中国少数民族新闻事业调查报告．北京：中央民族大学出版社，2010.

［9］郑保卫．中国少数民族地区新闻传播发展报告（1949—2010）．北京：人民日报出版社，2012.

［10］高克平主编．库车年鉴 2011. 乌鲁木齐：新疆人民出版社，2012.

［11］国务院新闻办．《中国的民族政策与各民族共同繁荣发展》白皮书．

［12］国务院新闻办．《中国的少数民族政策及其实践》．

［13］国务院新闻办．《中国的民族区域自治制度》．

［14］国务院新闻办．《新疆的文化保护与发展》白皮书．

［15］国务院新闻办．《西藏的发展与进步》白皮书．

［16］国务院新闻办．《民族区域自治制度在西藏的成功实践》白皮书．

［17］腾讯研究院．《2015 微信政务民生白皮书》．

［18］延边广播电视年鉴 2010 年版．延边朝鲜族自治州广播电影电视局编印．

［19］国家民委经济发展司，国家统计局经济综合统计司编．中国民族统计年鉴（2016）．北京：中国统计出版社，2017.

［20］国家民委经济发展司，国家统计局经济综合统计司编．中国民族统计年鉴（2017）．北京：中国统计出版社，2018.

［21］中国互联网信息中心．中国互联网络发展状况统计报告（2016—2018）．

［22］中国新闻年鉴社．中国新闻年鉴 2019 年．

［23］中国民族年鉴编辑部．中国民族年鉴 2019 年．

后　记

少数民族地区公共信息服务体系研究是信息时代民族问题研究的新课题，是信息时代公共服务研究的新领域。本书以公共信息服务与民族地区发展稳定的内在逻辑关系为前提，分析问题，提出对策。少数民族地区公共信息服务体系建设既受到政策的影响，也受到少数民族群众信息接受与使用能力的影响。特别是随着互联网技术的发展，新媒体广泛应用于公共信息服务中的各个层面，民族地区公共信息服务的格局发生了深刻变化，公共信息传播对民族地区的社会稳定、民族团结的作用日益凸显。

公共信息服务是信息时代公共服务的一种新形态。西方的公共服务理论以及我国深厚的民本主义文化传统都为发展公共信息服务提供了丰富的思想资源。改革开放之后，我国的发展速度超越了历史上的任何一个时期，国家的社会经济文化构成也日趋复杂，中国社会面临着从未经历过的社会治理困局。从人类发展的历史看，充分对话、有效沟通是化解人类社会各种风险的基本条件。对话与沟通有赖于建立充分有效的意见表达和公共信息传播体系。在众声喧哗的新媒体环境下，公众更需要一个响亮的“喉舌”，提供权威可靠的信息传播和沟通渠道。这也能够最大规模地为公众节约获取信息的时间成本和经济成本。从这个意义上说，增加公共信息服务供给、提高公共信息服务质量、完善公共信息服务体系就成为完善社会治理的重要内容。

公共信息服务体系可以细化为五个具体组成部分：公共信息基础条件（公共信息设施、各类人员、政策法律保障、工作方针等）、公共信息供给主体（政府及政府授权的公共服务机构，负责公共信息的收集加工、存储、传播、服务等）、公共信息内容（包括涉及公众生产、生活需求方方面面的信息资源）、公共信息服务对象（信息素养差别很大的公众群体）、公共信息传播体系（以各种大众媒体为主的公共信息传播渠道）。其中公共信息传播体系在整个公共信息服务体系中占据着核心位置。所有的公共信息活动实际上都是在围绕公共信息传播体系运行。随着新媒体、新技术的发展，“互联网+政务服务”成为我国开展公共信息服务的新模式。

少数民族地区公共信息服务体系是国家公共信息服务体系的子系统。对于少数民族地区而言，其地理空间、文化、经济等诸多方面的特点，构成了其公共信息服务体系建设的特殊生态环境。从地域上看，我国少数民族地区多处于边疆地区；从文化上看，少数民族地区多属于多元文化交流碰撞的前沿；从经济发展程度上看，少数民族地区多属于欠发达地区，社会发展水平较低。民族地区较为复杂的环境及薄弱的经济基础影响甚至决定着其公共信息服务体系建设的方向、路径和策略。少数民族地区公共信息服务体系不但承担着推动民族地区社会经济发展和传播民族文化的责任，也承担着反对敌对势力借民族地区出现的社会矛盾制造民族分裂、煽动反华舆论的使命。环境的特殊性也促使少数民族地区公共信息服务体系形成了突出的意识形态属性、鲜明的区域特色和民族特色、复杂的舆论工作格局以及独有的双语（多语）信息传播模式等特征。

笔者从1992年开始与少数民族地区信息传播事业结下不解之缘，距今已近30载。1992年至2000年，笔者在民族地区做了8年媒体记者工作，其间，围绕民族地区社会发展尤其是经济发展问题，撰写各类新闻报道50余万字，先后18次获得各级各类新闻奖。2000年，因缘际会，笔者走进了高校，成为高校新闻系一名教师。进入高校后，笔者的主要工作是教学。教学之余，结合自己的工作经历，尝试着做一些分析解读少数民族地区传媒业发展问题的工作。2002年底，笔者向《新闻知识》杂志投了一篇题为《西部传媒业发展的现实思考》的文章。这篇文章以宁夏回族自治区传媒业为研究对象，通过解剖麻雀，揭示西部地区传媒业发展中存在的问题。很快，杂志社便有了反馈，提出了一些修改意见，修改后的文章刊发于2003年第一期《新闻知识》。这篇论文还有幸获得陕西日报社年度好新闻（论文类）二等奖。杂志社寄来的稿费和获奖证书，极大地鼓舞了笔者，也坚定了笔者从事少数民族地区新闻传播事业研究的决心。从此以后，笔者在这个领域不断耕耘，也不断收获，用人生最美好的20年完成了从记者到学者的转型——从报道民族地区社会经济问题到研究民族地区信息传播事业。进入高校 20 年来，笔者先后完成了 10 项省部级以上科研项目，撰写发表了 50 余篇论文，出版了 3 部著作，获得了 6 项副省级以上政府社科成果奖励，有一项成果获国家主要领导人批示。这些成绩，对于名师大家来说也许不值一提。但是，对于半路出家的笔者来说，却也倾注了全部心血。

这本书是在国家社科基金项目《少数民族地区公共信息服务体系建设研究》结项报告的基础上完成的。项目课题组由孙静、张国民、李世亮、朱俊松等组成。宁夏大学的孙静博士参与了课题研究并协助搜集整理文献资料，课题组成员张国民、李世亮、朱俊松等其他课题组成员对课题研究思路的完善也提出了很好的建议。在项目完成的过程中，大连民族大学和宁夏大学的许多老师和学生提供资料、协助调研。笔者的研究生李文婷、高嵘、高思宇、刘孜婕、张嘉仪、金琪佳参与课题调研和资料搜集并参与了第四章、第五章部分内容的初稿写作；大连民族大学人文社科处李晓峰处长、仲天宝副处长在课题研究和结项工作中提供了无私的帮助；本项研究的开展和著作出版得到了部校共建宁夏大学新闻传播学院项目、宁夏哲学社会科学和文化艺术领军人才培养工程项目的支持，在此一并致以诚挚的谢意。同时，感谢民族出版社的宝贵敏和杨蜀艳两位编辑，这部书稿能够顺利出版，离不开她们的辛勤付出。她们认真负责的工作态度和耐心友善的为人之道，令人感动。

少数民族地区信息传播事业是一个牵涉很广的研究领域，其研究对象十分庞杂。由于作者水平有限、掌握的资料有限、写作时间跨度较长等各种主观、客观因素的制约，本书存在许多问题与不足，尤其是在理论建构、问题分析及对策提出等方面还缺乏深入性。另外，近年来，民族地区信息传播事业发展与改革的速度日新月异，很多新情况、新问题、新变化在本书之中都难以及时反映出来，这不能不说是个遗憾。总之，书中的不足之处，敬请各位专家、同行和读者给予批评指正。

本书在完成过程中，参考和引用了许多前人的研究成果，在此，向文中涉及的学者表示敬意。在引用过程中，可能存在对前贤与同行学术观点和文献资料误读误解或引用不当的情况，敬请谅解。尽管有越来越多的学者投身于少数民族地区信息传播事业研究，但是，相对而言，少数民族地区信息传播事业研究是一个新兴且边缘的研究领域，每一个投身于此的学者大概都抱着共同的愿望，即推进少数民族地区信息传播事业研究走向深入，推动少数民族地区信息传播事业不断进步。笔者相信，无论稚嫩或者成熟，每一项成果都将为这项伟大的事业添一块砖瓦。当更多的学者投身于此时，那么少数民族地区信息传播事业的发展与进步也就不远了。

图书在版编目（CIP）数据

少数民族地区公共信息服务体系研究 / 李世举著 .
— 北京：民族出版社，2021.6
ISBN 978-7-105-16442-4

Ⅰ. ①少… Ⅱ. ①李… Ⅲ. ①民族地区—公共服务—信息服务—研究—中国 Ⅳ. ① D63-39

中国版本图书馆 CIP 数据核字（2021）第 111349 号

少数民族地区公共信息服务体系研究

策划编辑：宝贵敏
责任编辑：杨蜀艳
封面设计：金　晔
出版发行：民族出版社
地　　址：北京市东城区和平里北街 14 号
邮　　编：100013
电　　话：010-64228001（汉文编辑二室）
　　　　　010-64224782（发行部）
网　　址：http://www.mzpub.com
印　　刷：北京艺辉印刷有限公司
经　　销：各地新华书店
版　　次：2021 年 6 月第 1 版　2021 年 6 月北京第 1 次印刷
开　　本：787 毫米 ×1092 毫米　1/16
字　　数：240 千字
印　　张：14
定　　价：70.00 元
书　　号：ISBN 978-7-105-16442-4/D · 3252（汉 517）